中华人民共和国行业推荐性标准

公路工程概算定额
JTG/T 3831—2018

（上　册）

主编单位：交通运输部路网监测与应急处置中心
批准部门：中华人民共和国交通运输部
实施日期：2019 年 05 月 01 日

人民交通出版社股份有限公司

律师声明

本书所有文字、数据、图像、版式设计、插图等均受中华人民共和国宪法和著作权法保护。未经人民交通出版社股份有限公司同意，任何单位、组织、个人不得以任何方式对本作品进行全部或局部的复制、转载、出版或变相出版。

任何侵犯本书权益的行为，人民交通出版社股份有限公司将依法追究其法律责任。

有奖举报电话：(010)85285150

北京市星河律师事务所
2017年10月31日

图书在版编目(CIP)数据

公路工程概算定额：JTG/T 3831—2018／交通运输部路网监测与应急处置中心主编. —北京：人民交通出版社股份有限公司，2019.1
ISBN 978-7-114-14365-6

Ⅰ.①公… Ⅱ.①交… Ⅲ.①道路工程—概算定额—中国 Ⅳ.①U415.13

中国版本图书馆 CIP 数据核字(2019)第 002411 号

标准类型：	中华人民共和国行业推荐性标准
	Gonglu Gongcheng Gaisuan Ding'e
标准名称：	公路工程概算定额（上册）
标准编号：	JTG/T 3831—2018
主编单位：	交通运输部路网监测与应急处置中心
责任编辑：	吴有铭　牛家鸣　潘艳霞　石　遥
责任校对：	尹　静
责任印制：	张　凯
出版发行：	人民交通出版社股份有限公司
地　　址：	(100011)北京市朝阳区安定门外外馆斜街3号
网　　址：	http://www.ccpress.com.cn
销售电话：	(010)59757973
总 经 销：	人民交通出版社股份有限公司发行部
经　　销：	各地新华书店
印　　刷：	北京鑫正大印刷有限公司
开　　本：	880×1230　1/32
印　　张：	13.75
字　　数：	443千
版　　次：	2019年1月　第1版
印　　次：	2019年1月　第1次印刷
书　　号：	ISBN 978-7-114-14365-6
定　　价：	270.00元（上、下册）

(有印刷、装订质量问题的图书，由本公司负责调换)

中华人民共和国交通运输部公告

第 86 号

交通运输部关于发布《公路工程建设项目投资估算编制办法》《公路工程建设项目概算预算编制办法》及《公路工程估算指标》《公路工程概算定额》《公路工程预算定额》《公路工程机械台班费用定额》的公告

现发布《公路工程建设项目投资估算编制办法》(JTG 3820—2018)、《公路工程建设项目概算预算编制办法》(JTG 3830—2018)作为公路工程行业标准;《公路工程估算指标》(JTG/T 3821—2018)、《公路工程概算定额》(JTG/T 3831—2018)、《公路工程预算定额》(JTG/T 3832—2018)、《公路工程机械台班费用定额》(JTG/T 3833—2018)作为公路工程行业推荐性标准,自 2019 年 5 月 1 日起施行。原《公路工程基本建设项目投资估算编制办法》(JTG M20—2011)、《公路工程基本建设项目概算预算编制办法》(JTG B06—2007)、《公路工程估算指标》(JTG/T

M21—2011)、《公路工程概算定额》(JTG/T B06-01—2007)、《公路工程预算定额》(JTG/T B06-02—2007)、《公路工程机械台班费用定额》(JTG/T B06-03—2007)同时废止。

上述标准的管理权和解释权归交通运输部,日常解释和管理工作由主编单位交通运输部路网监测与应急处置中心负责。请各有关单位注意在实践中总结经验,及时将发现的问题和修改建议函告交通运输部路网监测与应急处置中心(地址:北京市朝阳区安定路5号院8号楼外运大厦21层,邮政编码:100029)。

特此公告。

中华人民共和国交通运输部
2018 年 12 月 17 日

交通运输部办公厅	2018 年 12 月 19 日印发

《公路工程概算定额》编委会

主 编 单 位：交通运输部路网监测与应急处置中心
参 编 单 位：云南省交通运输厅工程造价管理局
　　　　　　　湖南省交通运输厅交通建设造价管理站
　　　　　　　贵州省交通建设工程造价管理站
　　　　　　　广东省交通运输工程造价事务中心
　　　　　　　江苏省交通运输厅工程定额站
　　　　　　　吉林省交通工程造价管理站
　　　　　　　重庆市交通工程造价管理站
　　　　　　　甘肃省公路工程定额管理站
　　　　　　　西藏自治区交通运输厅工程造价管理站
　　　　　　　宁夏回族自治区交通运输厅工程造价管理站
　　　　　　　天津市公路工程定额管理站
　　　　　　　内蒙古自治区公路工程定额站
　　　　　　　上海市建筑建材业市场管理总站
　　　　　　　国道网(北京)交通科技有限公司

深圳高速工程顾问有限公司
北京交科公路勘察设计研究院有限公司
中交公路规划设计院有限公司
中交第一公路勘察设计研究院有限公司
中交第二公路勘察设计研究院有限公司
四川省交通运输厅公路规划勘察设计研究院
华杰工程咨询有限公司
同望科技股份有限公司

主　　　　编：方　申
主要参编人员：王彩仙　李　宁　帖卉霞　李　燕　杨　莉　杨志朴　陈永真　李　征　刘小燕
　　　　　　　余佩群　陈维龙　张景博　于兴环　李蔚萍　成　红　高　晶　程　静　任金兰
　　　　　　　官卡利　高振燕　周艳青　王潇军　兰祯春　易万中　龙崇美　葛萧亮　王　博

主　　　　审：赵晞伟
参与审查人员：张建军　张慧彧　张冬青　孙　静　桂志敬　唐世强　李春风　黄成造　陈乐生
　　　　　　　郜玉兰　杜洪烈　闫秋波　姚　沅　林　果　张艳平　张　靖　王　荣

总 说 明

一、《公路工程概算定额》(JTG/T 3831—2018)(以下简称本定额)是全国公路专业定额,它是编制初步设计概算的依据,也是编制建设项目投资估算指标的基础,适用于公路建设新建与改扩建工程。

二、本定额是以人工、材料、机械台班消耗量表现的公路工程概算定额。编制概算时,人工费、材料费、机械使用费应按《公路工程建设项目概算预算编制办法》(JTG 3830—2018)的规定计算。

三、本定额包括路基工程、路面工程、隧道工程、桥涵工程、交通工程及沿线设施、绿化及环境保护工程、临时工程共七章。如需使用材料采集加工、材料运输定额,可采用《公路工程预算定额》(JTG/T 3832—2018)中有关项目。

四、本定额是按照合理的施工组织和一般正常的施工条件编制的。定额中所采用的施工方法和工程质量标准,是根据国家现行的公路工程施工技术及验收规范、质量评定标准及安全操作规程取定的,除定额中规定允许换算者外,均不得因具体工程的施工组织、操作方法和材料消耗与定额的规定不同而调整定额。

五、本定额除潜水工作每工日 6h,隧道工作每工日 7h 外,其余均按每工日 8h 计算。

六、本定额中所列的工程内容,除扼要说明了所综合的工程项目外,均包括各项目的全部施工过程的内容和辅助工日。

七、建筑材料、成品、半成品从现场堆放地点或场内加工地点至操作或安装地点的场内水平或垂直运输所需的人工和机械消耗,已按一般正常合理的施工组织设计计算在定额项目内;并考虑了材料发生二次倒运费用和场内运输超运距用工,以及材料从工地仓库运至施工现场用工。除定额中另有说明者外,均不得另行增加。

八、本定额中的材料消耗量系按现行材料标准的合格料和标准规格料计算的。定额内材料、成品、半成品均已包括场内运输及操作损耗。其场外运输损耗、仓库保管损耗应在材料预算价格内考虑。

九、本定额中周转性的材料、模板、支撑、脚手杆、脚手板和挡土板等的数量,已考虑了材料的正常周转次数并计入定额内。其中就地浇筑钢筋混凝土梁用的支架及拱圈用的拱盔、支架,当确因施工安排达不到规定的周转次数时,可根据具体情况进行换算并按规定计算回收,其余工程一般不予抽换。

十、定额中列有的混凝土、砂浆的强度等级和用量,其材料用量依据标准设计图纸规定的混凝土和砂浆强度等级并按《公路工程预算定额》(JTG/T 3832—2018)附录二中配合比表规定的数量列入定额,不得重算。当设计采用的混凝土和砂浆强度等级或用量与定额所列不同时,均不得调整。

十一、本定额中各类混凝土均未考虑外掺剂的费用。当设计需要添加外掺剂时,可按设计要求另行计算外掺剂的费用并调整定额中的水泥用量。

十二、本定额中各类混凝土均按施工现场拌和进行编制。当采用商品混凝土时,可将相关定额中的水泥、中(粗)砂、碎石及拌和设备的消耗量扣除,并按定额中所列的混凝土消耗量增加商品混凝土的消耗。

十三、本定额中只列工程所需的主要材料用量和主要机械台班数量。次要、零星材料和小型机具均未一一列出,分别列入"其他材料费"及"小型机具使用费"内,以元表示,编制概算即按此计算。

十四、本定额中各项目的施工机械种类、规格是按一般合理的施工组织确定的。当施工中实际采用的机械种类、规格与定额规定的不同时,一律不得抽换。

十五、本定额中的施工机械的台班消耗,已考虑了工地合理的停置、空转和必要的备用量等因素。

十六、其他未包括的项目,各省、自治区、直辖市交通运输厅(局)可编制补充定额在本地区执行;还缺少的项目,各设计单位可编制补充定额,随同概算文件一并送审。所有补充定额均应按照本定额的编制原则、方法进行编制。

十七、定额表中注明"某某数以内"或"某某数以下"者,均包括某某数本身;而注明"某某数以外"者或"某某数以上"者,则不包括某某数本身。定额内数量带"(　　)"者,则表示基价中未包括其价值。

十八、定额中凡定额名称中带有"※"号者,均为参考定额,使用定额时,可根据情况进行调整。

十九、本定额的基价是人工费、材料费、机械使用费的合计价值。基价中的人工费、材料费按《公路工程预算定额》(JTG/T 3832—2018)附录四计算,机械使用费按《公路工程机械台班费用定额》(JTG/T 3833—2018)计算。项目所在地海拔超过3000m以上的,人工、材料、机械基价乘以系数1.3。

二十、定额中的"工料机代号"系编制概算采用计算机计算时作为对工、料、机械名称识别的符号,不应随意变动。编制补充定额时,遇有新增材料或机械时,编码采用7位,第1、2位取相近品种的材料或机械代号,第3、4位采用偶数编制,后3位采用顺序编制。

总 目 录

上 册

第一章　路基工程 ·· 1
说明 ·· 1
　第一节　路基土、石方工程 ··· 2
　第二节　特殊路基处理工程 ·· 38
　第三节　排水工程 ··· 63
　第四节　防护工程 ··· 77
第二章　路面工程 ·· 141
说明 ·· 141
　第一节　路面基层及垫层 ··· 143
　第二节　路面面层 ··· 206
　第三节　路面附属工程 ·· 278
第三章　隧道工程 ·· 291
说明 ·· 291
　第一节　洞身工程 ··· 292
　第二节　洞门工程 ··· 335

— 1 —

第三节	辅助坑道	340
第四节	瓦斯隧道※	358

第四章　桥涵工程 …………………………………………………………………………… 382
说明 ………………………………………………………………………………………………… 382
　第一节　涵洞工程 ……………………………………………………………………………… 384

下　册

第二节	基础工程	415
第三节	下部构造	657
第四节	上部构造	688
第五节	钢筋及预应力钢筋、钢丝束、钢绞线	779
第六节	杂项工程	802

第五章　交通工程及沿线设施 ………………………………………………………………… 817
说明 ………………………………………………………………………………………………… 817
　第一节　安全设施 ……………………………………………………………………………… 818
　第二节　监控、收费系统 ……………………………………………………………………… 851
　第三节　通信系统及通信管道 ………………………………………………………………… 879
　第四节　通风及消防设施 ……………………………………………………………………… 915
　第五节　供电、照明系统 ……………………………………………………………………… 933
　第六节　电缆敷设 ……………………………………………………………………………… 965

第七节　配管、配线及铁构件制作安装 …………………………………………… 976
第六章　绿化及环境保护工程 …………………………………………………………… 985
说明 ……………………………………………………………………………………… 985
　　第一节　绿化工程 ……………………………………………………………………… 986
　　第二节　环境保护工程 ……………………………………………………………… 1008
第七章　临时工程 ……………………………………………………………………… 1011
说明 …………………………………………………………………………………… 1011

上 册 目 录

第一章　路基工程 ··· 1

说明 ··· 1

  第一节　路基土、石方工程 ··· 2

    1-1-1　伐树、挖根、除草、清除表土 ···························· 4

    1-1-2　人工挖运土方 ·· 5

    1-1-3　人工装运石方 ·· 6

    1-1-4　挖淤泥、湿土、流沙 ······································· 7

    1-1-5　人工挖及开炸多年冻土 ···································· 8

    1-1-6　夯实填土 ··· 9

    1-1-7　机动翻斗车、手扶拖拉机配合人工运土、石方 ······ 10

    1-1-8　挖掘机挖装土、石方 ····································· 12

    1-1-9　装载机装土、石方 ·· 14

    1-1-10　自卸汽车运土、石方 ··································· 15

    1-1-11　推土机推运土方 ··· 21

    1-1-12　推土机推运石方 ··· 23

    1-1-13　铲运机铲运土方 ··· 25

    1-1-14　人工开炸石方 ·· 26

1-1-15	机械打眼开炸石方	27
1-1-16	控制爆破石方	28
1-1-17	抛坍爆破石方	29
1-1-18	挖掘机带破碎锤破碎石方	30
1-1-19	渗水路堤	31
1-1-20	机械碾压路基	32
	Ⅰ.填方路基	32
	Ⅱ.零填及挖方路基	34
1-1-21	洒水汽车洒水	35
1-1-22	路基零星工程	37

第二节 特殊路基处理工程 38

1-2-1	袋装砂井、塑料排水板处理地基	39
1-2-2	石灰砂桩、振冲碎石桩、挤密桩处理地基	40
1-2-3	粉(浆)体喷射搅拌桩、高压旋喷桩处理地基	42
1-2-4	CFG桩处理地基	44
1-2-5	土工合成材料处理地基	46
1-2-6	强夯处理地基	47
1-2-7	抛石挤淤	49
1-2-8	地基垫层	50
1-2-9	真空预压	51
1-2-10	路基填土掺灰	52

1-2-11 采空区处置※	53
I. 钻孔	53
II. 注浆	55
III. 浇注孔口	56
1-2-12 预应力管桩处理软土地基	57
1-2-13 路基注浆处理	59
1-2-14 冲击压实	60
1-2-15 泡沫轻质土浇筑路堤※	61
第三节 排水工程	63
1-3-1 路基盲沟	64
1-3-2 中央分隔带排水	65
1-3-3 石砌边沟、排水沟、截水沟、急流槽	66
1-3-4 混凝土边沟、排水沟、截水沟、急流槽	67
1-3-5 混凝土排水管铺设	69
1-3-6 双壁波纹管铺设	71
1-3-7 雨水井、检查井	72
1-3-8 井点降水	74
1-3-9 机械铺筑拦水带	76
第四节 防护工程	77
1-4-1 铺草皮、编篱及铁丝(木、竹)笼填石护坡	78
1-4-2 植草护坡	80

  Ⅰ. 挂网 ········· 80
  Ⅱ. 植草 ········· 82
1-4-3 混凝土防护工程 ········· 85
1-4-4 砌石防护工程 ········· 87
  Ⅰ. 干砌 ········· 87
  Ⅱ. 浆砌 ········· 89
1-4-5 灰浆抹面护坡 ········· 91
1-4-6 喷射混凝土护坡 ········· 92
  Ⅰ. 挂网 ········· 92
  Ⅱ. 喷混凝土 ········· 93
  Ⅲ. 锚杆 ········· 94
1-4-7 预应力锚索护坡 ········· 95
  Ⅰ. 脚手架及地梁、锚座 ········· 95
  Ⅱ. 预应力锚索成孔 ········· 97
  Ⅲ. 预应力锚索 ········· 102
  Ⅳ. 锚孔注浆 ········· 108
1-4-8 柔性防护网 ········· 109
1-4-9 木桩填石护岸 ········· 111
1-4-10 抛石防护 ········· 112
1-4-11 防风固沙 ········· 113
1-4-12 防雪、防沙设施 ········· 119

1-4-13	现浇混凝土挡土墙	125
1-4-14	加筋土挡土墙	127
1-4-15	现浇钢筋混凝土锚定板式挡土墙	129
1-4-16	预制、安装钢筋混凝土锚定板式挡土墙	131
1-4-17	钢筋混凝土桩板式挡土墙	133
1-4-18	锚杆挡土墙	135
1-4-19	钢筋混凝土扶壁式、悬臂式挡土墙	137
1-4-20	挡土墙防渗层、泄水层及填内心	138
1-4-21	抗滑桩	139

第二章 路面工程 ·· 141

说明 ·· 141

  第一节 路面基层及垫层 ·· 143

    2-1-1 路面垫层 ·· 145

    2-1-2 路拌法水泥稳定土基层 ································ 147

      Ⅰ.拖拉机带铧犁拌和 ······································ 147

      Ⅱ.稳定土拌和机拌和 ······································ 150

      Ⅲ.拖拉机带铧犁原槽拌和 ·································· 153

    2-1-3 路拌法石灰稳定土基层 ································ 154

      Ⅰ.人工沿路拌和 ·· 154

      Ⅱ.拖拉机带铧犁拌和 ······································ 155

      Ⅲ.稳定土拌和机拌和 ······································ 158

	Ⅳ. 拖拉机带铧犁原槽拌和	161
2-1-4	路拌法石灰、粉煤灰稳定土基层	162
	Ⅰ. 人工沿路拌和	162
	Ⅱ. 拖拉机带铧犁拌和	164
	Ⅲ. 稳定土拌和机拌和	167
2-1-5	路拌法石灰、煤渣稳定土基层	170
	Ⅰ. 人工沿路拌和	170
	Ⅱ. 拖拉机带铧犁拌和	171
	Ⅲ. 稳定土拌和机拌和	173
2-1-6	路拌法水泥、石灰稳定土基层	175
	Ⅰ. 人工沿路拌和	175
	Ⅱ. 拖拉机带铧犁拌和	176
	Ⅲ. 稳定土拌和机拌和	178
2-1-7	厂拌基层稳定土混合料	180
	Ⅰ. 稳定土混合料拌和	180
	Ⅱ. 稳定土混合料铺筑	189
	Ⅲ. 稳定土混合料运输	191
2-1-8	基层稳定土厂拌设备安装、拆除	199
2-1-9	泥灰结碎石基层	201
2-1-10	填隙碎石基层	202
	Ⅰ. 人工铺料	202

II. 机械铺料 ·· 203

　2-1-11　冷再生基层 ·· 204

第二节　路面面层 ·· 206

　2-2-1　泥结碎石路面 ·· 208

　2-2-2　级配碎石路面 ·· 209

　　　I. 人工铺料 ·· 209

　　　II. 机械铺料 ·· 210

　2-2-3　级配砾石路面 ·· 212

　　　I. 人工铺料 ·· 212

　　　II. 机械铺料 ·· 213

　2-2-4　天然砂砾路面 ·· 215

　2-2-5　粒料改善土壤路面 ·· 216

　2-2-6　磨耗层及保护层 ··· 217

　2-2-7　片石混凝土、预制块混凝土路面 ······································· 219

　2-2-8　煤渣、矿渣、石渣路面 ··· 221

　2-2-9　沥青表面处置路面 ·· 222

　　　I. 人工铺料 ·· 222

　　　II. 机械铺料 ·· 224

　2-2-10　沥青贯入式路面 ·· 225

　　　I. 面层 ·· 225

　　　II. 基层或联结层 ··· 227

2-2-11　沥青上拌下贯式路面 ·· 229
2-2-12　沥青混合料路面 ·· 231
　　Ⅰ. 沥青碎石混合料拌和及铺筑 ·· 231
　　Ⅱ. 沥青混凝土混合料拌和及铺筑 ·· 240
　　Ⅲ. 橡胶沥青混凝土混合料拌和及铺筑 ·· 248
　　Ⅳ. 改性沥青混凝土混合料拌和及铺筑 ·· 254
　　Ⅴ. 沥青玛蹄脂碎石混合料拌和及铺筑 ·· 258
　　Ⅵ. 橡胶沥青玛蹄脂碎石拌和及铺筑 ·· 260
　　Ⅶ. 沥青混合料运输 ·· 262
2-2-13　沥青混合料拌和设备安装、拆除 ··· 263
2-2-14　透层、黏层、封层 ·· 265
2-2-15　水泥混凝土路面 ·· 268
　　Ⅰ. 普通混凝土 ·· 268
　　Ⅱ. 钢纤维混凝土 ·· 270
　　Ⅲ. 拉杆、传力杆及钢筋 ··· 272
2-2-16　碾压水泥混凝土路面 ·· 273
2-2-17　自卸汽车运输碾压水泥混凝土 ··· 274
2-2-18　过水路面 ·· 276

第三节　路面附属工程 ··· 278
2-3-1　全部挖除旧路面 ·· 279
2-3-2　挖路槽、培路肩、修筑泄水槽 ··· 282

2-3-3	人行道及路缘石	284
2-3-4	沥青路面镶边	287
2-3-5	土路肩加固	289

第三章 隧道工程 291
说明 291
第一节 洞身工程 292

3-1-1	人工开挖	294
3-1-2	机械开挖轻轨斗车运输	295
3-1-3	正洞机械开挖自卸汽车运输	297
3-1-4	正洞铣挖机配合破碎锤开挖土质隧道	310
3-1-5	钢支撑	312
3-1-6	锚杆及金属网	314
3-1-7	管棚、小导管	316
3-1-8	喷射混凝土	319
3-1-9	现浇混凝土衬砌	320
3-1-10	石料、混凝土预制块衬砌	322
3-1-11	防水板与止水带(条)	324
3-1-12	塑料排水管沟	325
3-1-13	混凝土沟槽	327
3-1-14	洞内排水	329
3-1-15	拱顶压浆	330

3-1-16	明洞	331
	I. 修筑	331
	II. 回填及防水层	333
3-1-17	洞内装饰	334

第二节 洞门工程 335

3-2-1	洞门墙砌筑	335
3-2-2	现浇混凝土洞门墙	337
3-2-3	洞门墙装饰	339

第三节 辅助坑道 340

3-3-1	斜井机械开挖自卸汽车运输	341
3-3-2	斜井机械开挖轨道运输	347
3-3-3	斜井衬砌	349
3-3-4	斜井施工排水	351
3-3-5	竖井开挖	353
3-3-6	竖井支护与衬砌	355

第四节 瓦斯隧道※ 358

3-4-1	瓦斯隧道超前探测钻孔	360
	I. 超前初探钻孔	360
	II. 超前探测钻孔(取芯)	363
	III. 钻屑指标法预测孔	365
3-4-2	瓦斯排放钻孔	366

3-4-3	瓦斯隧道正洞机械开挖自卸汽车运输	367
3-4-4	瓦斯隧道钢支撑	373
3-4-5	瓦斯隧道管棚、小导管	374
3-4-6	瓦斯隧道喷射混凝土	376
3-4-7	瓦斯隧道现浇混凝土衬砌	377
3-4-8	瓦斯隧道施工监测监控系统	380

第四章 桥涵工程 ································ 382

说明 ································ 382

第一节 涵洞工程 ································ 384

4-1-1	涵洞洞身	386
	Ⅰ.砌石洞身	386
	Ⅱ.混凝土洞身	388
	Ⅲ.波纹管洞身	392
4-1-2	涵洞及倒虹吸管洞口	394
4-1-3	石盖板涵	396
	Ⅰ.1道涵洞	396
	Ⅱ.涵长每增减1m	397
4-1-4	浆砌石拱涵	398
4-1-5	钢筋混凝土圆管涵	400
	Ⅰ.1道涵洞	400
	Ⅱ.涵长每增减1m	402

4-1-6 钢筋混凝土盖板涵 ·· 403
  Ⅰ.1 道涵洞 ··· 403
  Ⅱ.涵长每增减 1m ··· 409

第一章 路基工程

说 明

本章定额包括路基土、石方工程,特殊路基处理工程,排水工程和防护工程等项目。
土壤岩石类别划分:
本章定额按开挖的难易程度将土壤、岩石分为六类。
土壤分为三类:松土、普通土、硬土。
岩石分为三类:软石、次坚石、坚石。
本章定额土、石分类与六级土、石分类和十六级土、石分类对照表如下:

本定额分类	松土	普通土	硬土	软石	次坚石	坚石
六级分类	Ⅰ	Ⅱ	Ⅲ	Ⅳ	Ⅴ	Ⅵ
十六级分类	Ⅰ~Ⅱ	Ⅲ	Ⅳ	Ⅴ~Ⅵ	Ⅶ~Ⅸ	Ⅹ~ⅩⅥ

第一节　路基土、石方工程

说　　明

1. 土石方体积的计算。

除定额中另有说明者外,土方挖方按天然密实体积计算,填方按压(夯)实后的体积计算;石方爆破按天然密实体积计算。当以填方压实体积为工程量,采用以天然密实方为计量单位的定额时,所采用的定额应乘以下列系数:

公路等级	土方			石方
	松土	普通土	硬土	
二级及二级以上公路	1.23	1.16	1.09	0.92
三、四级公路	1.11	1.05	1.00	0.84

其中:推土机、铲运机施工土方的增运定额按普通土栏目的系数计算。

2. 下列数量应由施工组织设计提出,并入路基填方数量内计算:

(1)清除表土或零填方地段的基底压实、耕地填前夯(压)实后,回填至原地面高程所需的土、石方数量。

(2)因路基沉陷需增加填筑的土、石方数量。

(3)为保证路基边缘的压实度须加宽填筑时,所需的土、石方数量。

3. 路基土石方开挖定额中,已包括开挖边沟消耗的工、料和机械台班数量,因此开挖边沟的数量应合并在路基土石数量内计算。

4. 路基土石方机械施工定额中,已根据一般路基施工情况,综合了一定比例的因机械达不到而由人工施工的因素,使用定额时,机械施工路段的工程量应全部采用机械施工定额。

5. 各种开炸石方定额中,均已包括清理边坡工作。

6. 抛坍爆破定额中,已根据一般地面横坡的变化情况,进行了适当的综合,其工程量按抛坍爆破设计计算。抛坍爆破的石方清运及增运定额,系按设计数量乘以(1－抛坍率)编制。

7. 自卸汽车运输路基土、石方定额,仅适用于平均运距在15km以内的土、石方运输,当平均运距超过15km时,应按市场价格计算。当运距超过第一个定额运距单位时,其运距尾数不足一个增运定额单位的半数时不计,等于或超过半数时按一个增运定额运距单位计算。

8. 路基零星工程定额已综合了整修路拱、整修路基边坡、挖土质台阶、挖土质截(排)水沟(不进行加固)、填前压实以及其他零星回填土方等工程,使用定额时,不得因具体工程的含量不同而调整定额。

1−1−1 伐树、挖根、除草、清除表土

工程内容 伐树:1)锯(砍)倒;2)断枝;3)截断;4)运出路基外;5)场地清理。
　　　　　挖根:1)起土挖根;2)场地清理;3)运出路基外。
　　　　　除草:1)割草;2)挖根(连根挖);3)场地清理。
　　　　　清除表土:推土机推表土,推出路基外。

单位:表列单位

顺序号	项 目	单位	代 号	伐树及挖根（直径10cm以上）	除草		清除表土		砍挖灌木林（直径10cm以下）	挖竹根
					推土机功率(kW)		推土机功率(kW)			
					90以内	135以内	90以内	135以内		
				10棵	1000m²		100m³		1000m²	10m³
				1	2	3	4	5	6	7
1	人工	工日	1001001	1.7	1.6	1.6	0.4	0.4	8.1	0.3
2	90kW以内履带式推土机	台班	8001003	−	0.24	−	0.21	−	−	−
3	135kW以内履带式推土机	台班	8001006	−	−	0.15	−	0.12	−	−
4	1.0m³以内履带式液压单斗挖掘机	台班	8001027	0.03	−	−	−	−	−	0.05
5	2.0m³以内履带式液压单斗挖掘机	台班	8001030	0.02	−	−	−	−	−	−
6	小型机具使用费	元	8099001	17.9	−	−	−	−	−	−
7	基价	元	9999001	264	421	410	262	235	861	92

注:1.挖芦根按挖竹根乘以系数0.73。
　　2.清除表土和除草定额不可同时套用。清除的表土如需远运,按土方运输定额另行计算。

1-1-2 人工挖运土方

工程内容 1)挖松;2)装土;3)运送;4)卸除;5)空回。

单位:1000m³ 天然密实方

顺序号	项目	单位	代号	人工挖运			
				第一个40m			土方每增运10m
				松土	普通土	硬土	
				1	2	3	4
1	人工	工日	1001001	125.5	157.3	186.4	5.9
2	基价	元	9999001	13338	16718	19811	627

注:1.当采用人工挖、装,机动翻斗车运输时,其挖、装所需的人工按第一个40m挖运定额减去30工日计算。

2.当采用人工挖、装、卸,手扶拖拉机运输时,其挖、装、卸所需的人工按第一个40m挖运定额减去18工日计算。

3.如遇升降坡时,除按水平距离计算运距外,并按下表另加运距:

升降坡度	高度差	
	每升高1m	每降低1m
0%~5%	不增加	不增加
6%~10%	15m	5m
10%以上	25m	8m

1-1-3　人工装运石方

工程内容　1)装石方;2)运送;3)卸除;4)空回。

单位:1000m³ 天然密实方

顺序号	项目	单位	代号	人工装运			
				第一个40m			石方每增运10m
				软石	次坚石	坚石	
				1	2	3	4
1	人工	工日	1001001	183	208.2	237.1	7.7
2	基价	元	9999001	19449	22127	25199	818

注:1. 当采用人工装,机动翻斗车运输时,其装所需的人工按第一个40m装运定额减去52工日计算。

2. 当采用人工装、卸,手扶拖拉机运输时,其装、卸所需的人工按第一个40m装运定额减去32工日计算。

3. 如遇升降坡时,除按水平距离计算运距外,并按下表另加运距:

升降坡度	高度差	
	每升高1m	每降低1m
0%～5%	不增加	不增加
6%～10%	15m	5m
10%以上	25m	8m

4. 本定额仅考虑石方爆破后的人工装车、运输,石方开炸应按相应定额计算。

1-1-4 挖淤泥、湿土、流沙

工程内容 人工挖运:1)挖土;2)装土;3)运输;4)卸除;5)空回。

挖掘机挖装:1)安设挖掘机;2)挖淤泥、流沙;3)装车或堆放一边;4)移动位置;5)清理工作面。

抽水机抽水:1)抽水机就位;2)排水管安放;3)抽水;4)清理。

单位:$1000m^3$

顺序号	项目	单位	代号	人工挖运				挖掘机挖装淤泥、流沙	抽水机抽水
				第一个 20m 挖运			手推车运输每增运 10m		
				淤泥	砂性湿土	黏性湿土			
				1	2	3	4	5	6
1	人工	工日	1001001	386.3	212.9	276.8	8	6.5	3
2	90kW 以内履带式推土机	台班	8001003	-	-	-	-	1.13	-
3	$1.0m^3$ 以内履带式液压单斗挖掘机	台班	8001027	-	-	-	-	3.8	-
4	ϕ150mm 电动单级离心水泵	台班	8013003	-	-	-	-	-	3.23
5	基价	元	9999001	41056	22627	29418	850	6415	785

注:1. 本定额不包括挖掘机的场内支垫费用,发生时按实计算。

2. 挖掘机挖装淤泥、流沙如需远运,按土方运输定额乘以系数 1.1 另行计算。

1-1-5 人工挖及开炸多年冻土

工程内容 人工挖:1)挖、撬、打碎;2)装土;3)运送;4)卸除;5)空回。
人工开炸:1)打眼爆破;2)撬落打碎;3)装土;4)运送;5)卸除;6)空回。

单位:1000m³

顺序号	项目	单位	代号	人工挖运多年冻土 第一个40m	人工开炸运多年冻土 第一个40m	手推车运多年冻土 每增运10m
				1	2	3
1	人工	工日	1001001	705.3	311	9
2	钢钎	kg	2009002	-	18	-
3	煤	t	3005001	-	0.171	-
4	硝铵炸药	kg	5005002	-	180	-
5	非电毫秒雷管	个	5005008	-	385	-
6	导爆索	m	5005009	-	503	-
7	其他材料费	元	7801001	-	16.1	-
8	基价	元	9999001	74959	37681	957

1-1-6 夯实填土

工程内容 1)打碎土块并耙平;2)洒水或风干土壤;3)分层夯实。

单位:1000m³ 压实方

顺序号	项 目	单位	代 号	人工夯实	夯土机夯实
				1	2
1	人工	工日	1001001	85	48.8
2	蛙式夯土机	台班	8001095	-	71.12
3	基价	元	9999001	9034	7312

注:如需洒水,备水费用另行计算。

1-1-7 机动翻斗车、手扶拖拉机配合人工运土、石方

工程内容 1)等待装;2)卸车;3)运送;4)空回。

单位:1000m³ 天然密实方

顺序号	项目	单位	代号	机动翻斗车					
				第一个100m		每增运50m			
						平均运距(m)			
						500以内		1000以内	
				土方	石方	土方	石方	土方	石方
				1	2	3	4	5	6
1	1t以内机动翻斗车	台班	8007046	27.12	32.65	1.81	1.97	1.65	1.79
2	基价	元	9999001	5769	6945	385	419	351	381

续前页

单位:1000m³ 天然密实方

顺序号	项 目	单位	代 号	手扶拖拉机					
				第一个100m		每增运50m			
						平均运距(m)			
						500以内		1000以内	
				土方	石方	土方	石方	土方	石方
				7	8	9	10	11	12
1	手扶拖拉机(带拖斗)	台班	8007054	33.89	39.94	1.8	1.95	1.64	1.78
2	基价	元	9999001	6985	8232	371	402	338	367

注:本定额不包括人工挖土、开炸石方及装、卸车的工料消耗,需要时按"人工挖运土方、装运石方""人工开炸石方"定额附注的有关规定计算。

1-1-8 挖掘机挖装土、石方

工程内容 1)安设挖掘机;2)开辟工作面;3)挖土;4)装车;5)移位;6)清理工作面。

单位:1000m³ 天然密实方

顺序号	项 目	单位	代 号	挖掘机挖装土方								
				斗容量（m³）								
				0.6以内			1.0以内			2.0以内		
				松土	普通土	硬土	松土	普通土	硬土	松土	普通土	硬土
				1	2	3	4	5	6	7	8	9
1	人工	工日	1001001	2.7	3.1	3.4	2.7	3.1	3.4	2.7	3.1	3.4
2	0.6m³以内履带式液压单斗挖掘机	台班	8001025	2.73	3.19	3.68	-	-	-	-	-	-
3	1.0m³以内履带式液压单斗挖掘机	台班	8001027	-	-	-	1.72	2	2.28	-	-	-
4	2.0m³以内履带式液压单斗挖掘机	台班	8001030	-	-	-	-	-	-	1.15	1.31	1.49
5	基价	元	9999001	2560	2985	3425	2342	2719	3086	2013	2296	2598

续前页

单位:1000m³ 天然密实方

顺序号	项 目	单位	代 号	挖掘机装石方					
				斗容量(m³)					
				1.0以内			2.0以内		
				软石	次坚石	坚石	软石	次坚石	坚石
				10	11	12	13	14	15
1	人工	工日	1001001	3.4	3.8	4.2	3.4	3.8	4.2
2	1.0m³以内履带式液压单斗挖掘机	台班	8001027	2.3	2.54	2.92	—	—	—
3	2.0m³以内履带式液压单斗挖掘机	台班	8001030	—	—	—	1.62	1.77	2.04
4	基价	元	9999001	3110	3439	3936	2793	3061	3509

注:土方不需装车时,应乘以系数0.87。

1-1-9 装载机装土、石方

工程内容 1)铲装土方或爆破后石方;2)装车;3)调位;4)清理工作面。

单位:1000m³ 天然密实方

顺序号	项目	单位	代号	土方			软石			次坚石、坚石		
				装载机斗容量(m³)								
				1以内	2以内	3以内	1以内	2以内	3以内	1以内	2以内	3以内
				1	2	3	4	5	6	7	8	9
1	1.0m³以内轮胎式装载机	台班	8001045	2.52	-	-	3.83	-	-	5.07	-	-
2	2.0m³以内轮胎式装载机	台班	8001047	-	1.42	-	-	2.15	-	-	2.84	-
3	3.0m³以内轮胎式装载机	台班	8001049	-	-	1.09	-	-	1.61	-	-	2.12
4	基价	元	9999001	1475	1399	1362	2241	2119	2012	2967	2799	2650

注:1.装载机装土方如需推土机配合推松、集土时,其人工、推土机台班的数量按"推土机推运土方"第一个40m定额乘以系数0.8计算。

2.装载机与自卸汽车可按下表配备:

装载机斗容量(m³)	1以内		2以内		3以内		
汽车装载质量(t)	6以内	8以内	10以内	12以内	15以内	20以内	30以内

1-1-10 自卸汽车运土、石方

工程内容 1)装、运、卸;2)空回。

单位:1000m³ 天然密实方

顺序号	项目	单位	代号	土方					
				自卸汽车装载质量(t)					
				6 以内		8 以内		10 以内	
				第一个1km	每增运 0.5km 平均运距 15km 以内	第一个1km	每增运 0.5km 平均运距 15km 以内	第一个1km	每增运 0.5km 平均运距 15km 以内
				1	2	3	4	5	6
1	6t 以内自卸汽车	台班	8007013	11.3	1.45	-	-	-	-
2	8t 以内自卸汽车	台班	8007014	-	-	8.33	1.16	-	-
3	10t 以内自卸汽车	台班	8007015	-	-	-	-	6.89	0.84
4	基价	元	9999001	6506	835	5666	789	5231	638

续前页

单位：1000m³ 天然密实方

顺序号	项目	单位	代号	土方					
				自卸汽车装载质量(t)					
				12 以内		15 以内		20 以内	
				第一个1km	每增运0.5km 平均运距15km以内	第一个1km	每增运0.5km 平均运距15km以内	第一个1km	每增运0.5km 平均运距15km以内
				7	8	9	10	11	12
1	12t以内自卸汽车	台班	8007016	6.02	0.73	—	—	—	—
2	15t以内自卸汽车	台班	8007017	—	—	5.06	0.59	—	—
3	20t以内自卸汽车	台班	8007019	—	—	—	—	3.88	0.43
4	基价	元	9999001	5066	614	4690	547	4348	482

续前页

单位:1000m³ 天然密实方

顺序号	项 目	单位	代 号	土方	
				自卸汽车装载质量(t)	
				30 以内	
				第一个 1km	每增运 0.5km
					平均运距 15km 以内
				13	14
1	30t 以内自卸汽车	台班	8007020	2.91	0.32
2	基价	元	9999001	3947	434

续前页 单位：1000m³ 天然密实方

顺序号	项　目	单位	代　号	石方					
				自卸汽车装载质量(t)					
				6 以内		8 以内		10 以内	
				第一个 1km	每增运 0.5km 平均运距 15km 以内	第一个 1km	每增运 0.5km 平均运距 15km 以内	第一个 1km	每增运 0.5km 平均运距 15km 以内
				15	16	17	18	19	20
1	6t 以内自卸汽车	台班	8007013	14	1.73	-	-	-	-
2	8t 以内自卸汽车	台班	8007014	-	-	10.82	1.4	-	-
3	10t 以内自卸汽车	台班	8007015	-	-	-	-	8.54	1.15
4	基价	元	9999001	8061	996	7360	952	6483	873

续前页

单位:1000m³ 天然密实方

顺序号	项 目	单位	代 号	石方					
				自卸汽车装载质量(t)					
				12 以内		15 以内		20 以内	
				第一个 1km	每增运 0.5km 平均运距 15km 以内	第一个 1km	每增运 0.5km 平均运距 15km 以内	第一个 1km	每增运 0.5km 平均运距 15km 以内
				21	22	23	24	25	26
1	12t 以内自卸汽车	台班	8007016	7.37	0.97	—	—	—	—
2	15t 以内自卸汽车	台班	8007017	—	—	6.24	0.75	—	—
3	20t 以内自卸汽车	台班	8007019	—	—	—	—	4.8	0.58
4	基价	元	9999001	6202	816	5783	695	5378	650

续前页 单位:1000m³ 天然密实方

顺序号	项目	单位	代号	石方 自卸汽车装载质量(t) 30以内	
				第一个1km	每增运0.5km 平均运距15km以内
				27	28
1	30t以内自卸汽车	台班	8007020	3.6	0.42
2	基价	元	9999001	4882	570

1-1-11 推土机推运土方

工程内容 1)推土;2)空回;3)整理卸土。

单位:1000m³ 天然密实方

顺序号	项目	单位	代号	推土机功率(kW)							
				105 以内				135 以内			
				第一个40m			每增运10m	第一个40m			每增运10m
				松土	普通土	硬土		松土	普通土	硬土	
				1	2	3	4	5	6	7	8
1	人工	工日	1001001	8.6	10.3	12.1	0.3	8.6	10.3	12.1	0.3
2	105kW以内履带式推土机	台班	8001004	2.84	3.02	3.22	0.61	-	-	-	-
3	135kW以内履带式推土机	台班	8001006	-	-	-	-	1.81	1.93	2.05	0.38
4	基价	元	9999001	4265	4658	5085	752	3811	4184	4567	640

续前页

单位：1000m³ 天然密实方

顺序号	项目	单位	代号	推土机功率（kW）							
				165 以内				240 以内			
				第一个40m			每增运10m	第一个40m			每增运10m
				松土	普通土	硬土		松土	普通土	硬土	
				9	10	11	12	13	14	15	16
1	人工	工日	1001001	8.6	10.3	12.1	0.3	8.6	10.3	14.1	0.6
2	165kW 以内履带式推土机	台班	8001007	1.46	1.55	1.65	0.31	-	-	-	-
3	240kW 以内履带式推土机	台班	8001008	-	-	-	-	1.04	1.08	1.16	0.21
4	基价	元	9999001	3681	4032	4413	619	3363	3638	4231	558

1-1-12 推土机推运石方

工程内容 1)推运爆破后石方;2)空回;3)整理。

单位:1000m³ 天然密实方

顺序号	项 目	单位	代 号	推土机功率(kW)							
				105 以内				135 以内			
				第一个40m			每增运10m	第一个40m			每增运10m
				软石	次坚石	坚石		软石	次坚石	坚石	
				1	2	3	4	5	6	7	8
1	人工	工日	1001001	12.2	13.8	15.6	0.4	12.2	13.8	15.6	0.4
2	105kW 以内履带式推土机	台班	8001004	4.33	4.79	5.37	0.92	-	-	-	-
3	135kW 以内履带式推土机	台班	8001006	-	-	-	-	2.77	3.12	3.43	0.57
4	基价	元	9999001	6406	7118	7994	1128	5730	6461	7148	955

续前页

单位:1000m³ 天然密实方

顺序号	项目	单位	代号	推土机功率(kW)							
				165 以内				240 以内			
				第一个40m			每增运10m	第一个40m			每增运10m
				软石	次坚石	坚石		软石	次坚石	坚石	
				9	10	11	12	13	14	15	16
1	人工	工日	1001001	12.2	13.8	15.6	0.4	12.2	13.8	15.6	0.4
2	165kW 以内履带式推土机	台班	8001007	2.21	2.46	2.73	0.46	-	-	-	-
3	240kW 以内履带式推土机	台班	8001008	-	-	-	-	1.57	1.75	1.91	0.33
4	基价	元	9999001	5484	6128	6831	914	4994	5588	6157	820

注:上坡推运的坡度大于10%时,按坡面的斜距乘以表列系数作为运距:

坡度 $i(\%)$	$10 < i \leqslant 20$	$20 < i \leqslant 25$	$25 < i \leqslant 30$
系数	1.5	2.0	2.5

1-1-13 铲运机铲运土方

工程内容 1)铲运土;2)分层铺土;3)空回;4)整理卸土。

单位:1000m³ 天然密实方

顺序号	项目	单位	代号	拖式铲运机斗容(m³)											
				8 以内				10 以内				12 以内			
				第一个 250m			每增运 50m	第一个 250m			每增运 50m	第一个 250m			每增运 50m
				松土	普通土	硬土		松土	普通土	硬土		松土	普通土	硬土	
				1	2	3	4	5	6	7	8	9	10	11	12
1	人工	工日	1001001	16.6	18.6	20.6	1.7	16.6	18.6	20.6	1.7	16.6	18.6	20.6	1.7
2	75kW 以内履带式推土机	台班	8001002	0.25	0.31	0.54	—	0.19	0.23	0.4	—	0.13	0.18	0.31	—
3	8m³ 以内拖式铲运机(含头)	台班	8001022	3.46	3.94	4.56	0.46	—	—	—	—	—	—	—	—
4	10m³ 以内拖式铲运机(含头)	台班	8001023	—	—	—	—	2.59	2.96	3.44	0.34	—	—	—	—
5	12m³ 以内拖式铲运机(含头)	台班	8001024	—	—	—	—	—	—	—	—	1.95	2.31	2.65	0.26
6	基价	元	9999001	5592	6358	7420	660	5381	6122	7124	633	5136	5994	6889	615

注:1. 采用自行式铲运机铲运土方时,铲运机台班数量应乘以系数0.7。

2. 上坡推运的坡度大于10%时,按坡面的斜距乘以表列系数作为运距:

坡度 i(%)	10<i≤20	20<i≤25	25<i≤30
系数	1.5	2.0	2.5

1-1-14 人工开炸石方

工程内容 1)选炮位,打眼,清眼;2)装药,填塞;3)安全警戒;4)引爆及检查结果;5)排险;6)撬落,解小,撬移。

单位:1000m³ 天然密实方

顺序号	项 目	单位	代 号	人工开炸		
				软石	次坚石	坚石
				1	2	3
1	人工	工日	1001001	143.3	202.9	297
2	钢钎	kg	2009002	18	36	45
3	煤	t	3005001	0.171	0.207	0.27
4	硝铵炸药	kg	5005002	132.5	180	228.3
5	非电毫秒雷管	个	5005008	152	196	320
6	导爆索	m	5005009	81	104	126
7	其他材料费	元	7801001	12.1	17.7	22.2
8	基价	元	9999001	17684	24913	36026

注:1.孤石按坚石计算。
　　2.本定额不包括爆破后石方的清运,如需清运,可按相关运输定额计算。

1－1－15　机械打眼开炸石方

工程内容　1)开工作面、收放皮管、换钻头钻杆;2)选炮位、钻眼、清眼;3)装药、填塞;4)安全警戒;5)引爆及检查结果;6)排险;7)撬落、撬移、解小。

单位:$1000m^3$ 天然密实方

顺序号	项　目	单位	代　号	机械打眼开炸		
				软石	次坚石	坚石
				1	2	3
1	人工	工日	1001001	33.5	51.3	77
2	空心钢钎	kg	2009003	9	18	27
3	ϕ50mm 以内合金钻头	个	2009004	17	25	32
4	硝铵炸药	kg	5005002	129	179	228.3
5	非电毫秒雷管	个	5005008	148	195	320
6	导爆索	m	5005009	79	103	126
7	其他材料费	元	7801001	17.6	25.6	33.1
8	$9m^3/min$ 以内机动空压机	台班	8017049	4.64	7.17	12
9	小型机具使用费	元	8099001	242.2	438.3	736.1
10	基价	元	9999001	9934	14962	22789

注:本定额不包括爆破后石方清运,如需清运,可按相关运输定额计算。

1-1-16 控制爆破石方

工程内容 1)开工作面;2)选炮位,打眼,装药;3)爆破、排险;4)清理解小;5)安全警戒全部工作。

单位:1000m^3 天然密实方

顺序号	项目	单位	代号	控制爆破		
				软石	次坚石	坚石
				1	2	3
1	人工	工日	1001001	94.2	133	179.5
2	空心钢钎	kg	2009003	10.8	21.6	32.4
3	ϕ50mm 以内合金钻头	个	2009004	21	30	39
4	硝铵炸药	kg	5005002	232.2	322.2	410.9
5	非电毫秒雷管	个	5005008	266	351	576
6	导爆索	m	5005009	141	186	226
7	其他材料费	元	7801001	32.2	46.5	59.6
8	9m^3/min 以内机动空压机	台班	8017049	5.16	8	12.39
9	小型机具使用费	元	8099001	283.3	499.6	836.7
10	基价	元	9999001	18690	26885	37550

注:本定额不包括爆破石方清运,如需清运,可按相关运输定额计算。

1－1－17　抛坍爆破石方

工程内容　1）小炮改造地形；2）开挖井室、出渣并支撑；3）装药堵塞及敷设导爆线路；4）设立安全警戒、引爆及检查结果；5）排险；6）撬松、解小；7）人工及机械清运。

单位：1000m^3 天然密实方

顺序号	项　目	单位	代　号	抛坍爆破石方	
				人工打眼	机械打眼
				1	2
1	人工	工日	1001001	89.1	19.4
2	钢钎	kg	2009002	20.7	-
3	空心钢钎	kg	2009003	-	13.5
4	ϕ50mm 以内合金钻头	个	2009004	-	12.5
5	煤	t	3005001	0.107	-
6	原木	m^3	4003001	0.54	0.54
7	硝铵炸药	kg	5005002	731.73	712.14
8	非电毫秒雷管	个	5005008	139.4	134.1
9	导爆索	m	5005009	67.9	63.6
10	其他材料费	元	7801001	53.8	56.9
11	9m^3/min 以内机动空压机	台班	8017049	-	4.75
12	小型机具使用费	元	8099001	-	268.9
13	基价	元	9999001	19746	16066

注：1. 本定额仅包括爆破石方，如需清运时，可按相关运输定额计算。

2. 采用推土机清运时，按推土机推软石定额乘以表列系数：

地面横坡	30°以下	30° ~ 50°	50°以上
系数	0.65	0.55	0.35

1-1-18 挖掘机带破碎锤破碎石方

工程内容 1)准备工作;2)破碎、解小石方;3)锤头保养及钢钎更换。

单位:100m³

顺序号	项目	单位	代号	挖掘机带破碎锤破碎石方
				1
1	人工	工日	1001001	3.4
2	破碎锤钢钎	根	2009039	0.25
3	其他材料费	元	7801001	556.7
4	设备摊销费	元	7901001	267.5
5	2.0m³以内履带式液压单斗挖掘机	台班	8001030	2.19
6	基价	元	9999001	5029

1-1-19 渗水路堤

工程内容 1)石料选择与修打;2)挂线、堆砌边坡及填心;3)铺碎石及草皮;4)铺黏土(包括洒水拌和);5)操作范围内的材料运输。

单位:1000m³

顺序号	项目	单位	代号	渗水路堤填片石部分	
				高3m以内	高6m以内
				1	2
1	人工	工日	1001001	243.8	204.4
2	草皮	m²	4013002	438	151.65
3	黏土	m³	5501003	150.8	52.23
4	捡清片石	m³	5505007	1100	1100
5	碎石(8cm)	m³	5505015	84.62	29.31
6	基价	元	9999001	57371	46583

注:定额中的捡清片石,指利用路基或隧道弃渣。

1-1-20 机械碾压路基

工程内容 填方路基:1)机械整平土方,人工解小并摊平石方;2)拖式羊足碾回转碾压;3)压路机前进、后退、往复碾压。
零填及挖方路基:1)机械推松、整平土方;2)压路机前进、后退、往复碾压。

Ⅰ. 填方路基

单位:1000m³ 压实方

顺序号	项目	单位	代号	碾压土方								
				高速、一级公路					二级公路			
				光轮压路机		振动压路机			光轮压路机		振动压路机	
				机械自身质量(t)								
				12~15	18~21	10以内	15以内	20以内	12~15	18~21	10以内	15以内
				1	2	3	4	5	6	7	8	9
1	人工	工日	1001001	2.1	2.1	2.1	2.1	2.1	2.1	2.1	2.1	2.1
2	120kW以内自行式平地机	台班	8001058	1.49	1.49	1.49	1.49	1.49	1.49	1.49	1.49	1.49
3	12~15t光轮压路机	台班	8001081	4.66	—	—	—	—	3.65	—	—	—
4	18~21t光轮压路机	台班	8001083	—	3.52	—	—	—	—	2.67	—	—
5	10t以内振动压路机(单钢轮)	台班	8001088	—	—	3.13	—	—	—	—	2.27	—
6	15t以内振动压路机(单钢轮)	台班	8001089	—	—	—	2.51	—	—	—	—	1.67
7	20t以内振动压路机	台班	8001090	—	—	—	—	1.74	—	—	—	—
8	基价	元	9999001	4730	4645	4823	4701	4546	4137	4005	4046	3795

续前页 单位:1000m³ 压实方

顺序号	项目	单位	代号	碾压土方			碾压石方					
				三、四级公路			高速、一级公路		二级公路		三、四级公路	
				光轮压路机	振动压路机	拖式羊足碾	振动压路机					
				机械自身质量(t)								
				10~12	10以内	6	20以内	25以内	10以内	15以内	10以内	15以内
				10	11	12	13	14	15	16	17	18
1	人工	工日	1001001	2.1	2.1	2.1	10	10	8	8	5	5
2	105kW以内履带式推土机	台班	8001004	–	–	–	1.27	1.27	1.4	1.4	1.54	1.54
3	120kW以内自行式平地机	台班	8001058	1.49	1.49	1.49	–	–	–	–	–	–
4	6t以内拖式羊足碾(含拖头)	台班	8001077	–	–	1.81	–	–	–	–	–	–
5	10~12t光轮压路机	台班	8001080	2.83	–	–	–	–	–	–	–	–
6	10t以内振动压路机(单钢轮)	台班	8001088	–	1.81	–	–	–	2.53	–	2.56	–
7	15t以内振动压路机(单钢轮)	台班	8001089	–	–	–	–	–	–	1.81	–	2
8	20t以内振动压路机	台班	8001090	–	–	–	2.21	–	–	–	–	–
9	25t以内振动压路机	台班	8001091	–	–	–	–	1.74	–	–	–	–
10	9m³/min以内机动空压机	台班	8017049	–	–	–	1.01	1.01	0.81	0.81	–	–
11	小型机具使用费	元	8099001	–	–	–	89.6	89.6	71.6	71.6	–	–
12	基价	元	9999001	3445	3630	3243	6618	6387	5442	5108	4662	4505

II. 零填及挖方路基

单位:1000m²

顺序号	项 目	单位	代 号	高速、一级公路					二级公路				三、四级公路
				光轮压路机		振动压路机			光轮压路机		振动压路机		
				机械自身质量(t)									
				12~15	18~21	10以内	15以内	20以内	12~15	18~21	10以内	15以内	
				19	20	21	22	23	24	25	26	27	28
1	人工	工日	1001001	0.7	0.7	0.7	0.7	0.7	0.7	0.7	0.7	0.7	0.7
2	120kW以内自行式平地机	台班	8001058	0.44	0.44	0.44	0.44	0.44	0.44	0.44	0.44	0.44	0.44
3	10~12t光轮压路机	台班	8001080	-	-	-	-	-	-	-	-	-	1.31
4	12~15t光轮压路机	台班	8001081	3.31	-	-	-	-	2.76	-	-	-	-
5	18~21t光轮压路机	台班	8001083	-	2.54	-	-	-	-	2.02	-	-	-
6	10t以内振动压路机(单钢轮)	台班	8001088	-	-	1.87	-	-	-	-	1.56	-	-
7	15t以内振动压路机(单钢轮)	台班	8001089	-	-	-	1.51	-	-	-	-	1.23	-
8	20t以内振动压路机	台班	8001090	-	-	-	-	1.07	-	-	-	-	-
9	基价	元	9999001	2541	2510	2287	2226	2167	2218	2118	2007	1924	1269

注:如需洒水,洒水费用另行计算。

1-1-21 洒水汽车洒水

工程内容 1)吸水;2)运水;3)洒水;4)空回。

单位:1000m³ 水

顺序号	项 目	单位	代 号	洒水汽车容量(L)			
				4000 以内		6000 以内	
				第一个1km	每增运0.5km 平均运距15km以内	第一个1km	每增运0.5km 平均运距15km以内
				1	2	3	4
1	4000L以内洒水汽车	台班	8007040	15.08	0.96	—	—
2	6000L以内洒水汽车	台班	8007041	—	—	12.49	0.64
3	基价	元	9999001	9454	602	8717	447

续前页

单位:1000m³ 水

顺序号	项目	单位	代号	洒水汽车容量(L)			
				8000 以内		10000 以内	
				第一个 1km	每增运 0.5km 平均运距 15km 以内	第一个 1km	每增运 0.5km 平均运距 15km 以内
				5	6	7	8
1	8000L 以内洒水汽车	台班	8007042	9.49	0.4	-	-
2	10000L 以内洒水汽车	台班	8007043	-	-	7.58	0.26
3	基价	元	9999001	8582	362	8375	287

注:若水需要计费,需另行计算。本定额仅适用于运距在15km以内的情况,超出15km时按社会运输计价。

1-1-22 路基零星工程

工程内容 1)整修路拱;2)整修边坡;3)开挖截(排)水沟(不进行加固);4)挖土质台阶;5)填前压实;6)零星回填土方。

单位:1km

顺序号	项目	单位	代号	高速、一级公路		二级公路		三、四级公路	
				平原微丘区	山岭重丘区	平原微丘区	山岭重丘区	平原微丘区	山岭重丘区
				1	2	3	4	5	6
1	人工	工日	1001001	342.7	454.2	267.7	345.6	149.4	189.2
2	空心钢钎	kg	2009003	0.05	5.8	0.14	4.88	0.03	2.85
3	ϕ50mm 以内合金钻头	个	2009004	0.08	9.02	0.22	7.59	0.05	4.44
4	硝铵炸药	kg	5005002	0.6	66.13	1.63	55.67	0.34	32.56
5	非电毫秒雷管	个	5005008	0.68	75.88	1.87	63.87	0.39	37.35
6	导爆索	m	5005009	0.36	40.28	0.99	33.91	0.21	19.83
7	其他材料费	元	7801001	0.1	9.3	0.2	7.8	-	4.6
8	0.6m^3 以内履带式液压单斗挖掘机	台班	8001025	6.55	7.14	6.56	6.4	2.08	2.83
9	1.0m^3 以内履带式液压单斗挖掘机	台班	8001027	1.46	-	1.29	-	0.3	-
10	120kW 以内自行式平地机	台班	8001058	1.86	1.47	0.63	0.48	0.31	0.43
11	8~10t 光轮压路机	台班	8001079	3.01	2.38	1.01	0.78	0.5	0.69
12	12~15t 光轮压路机	台班	8001081	0.93	-	0.62	-	-	-
13	蛙式夯土机	台班	8001095	14.19	-	9.16	-	4.53	-
14	3m^3/min 以内机动空压机	台班	8017047	0.05	5.07	0.13	4.27	0.03	2.5
15	小型机具使用费	元	8099001	1.30	146.1	3.6	123	0.80	71.9
16	基价	元	9999001	48023	60012	37319	45552	18688	24778

第二节 特殊路基处理工程

说 明

1. 袋装砂井及塑料排水板处理软土地基,工程量为设计深度,定额材料消耗中已包括砂袋或塑料排水板的预留长度。

2. 振冲碎石桩定额中不包括污泥排放处理的费用,需要时另行计算。

3. 挤密碎石桩、灰土桩、砂桩和石灰砂桩处理软土地基定额的工程量为设计桩断面积乘以设计桩长。

4. 水泥搅拌桩和高压旋喷桩处理软土地基定额的工程量为设计桩长。

5. 高压旋喷桩定额中的浆液是按普通水泥浆编制的;当设计采用添加剂或水泥用量与定额不同时,可按设计要求进行抽换。

6. 土工布的铺设面积为锚固沟外边缘所包围的面积,包括锚固沟的底面积和侧面积。定额中不包括排水内容,需要时另行计算。

7. 强夯定额适用于处理松、软的碎石土、砂土、低饱和度的粉土与黏性土、湿陷性黄土、杂填土和素填土等地基。定额中已综合考虑夯坑的排水费用,使用定额时不得另行增加费用。每 $100m^2$ 夯击点数和击数应根据地基土的性质由设计确定。

1-2-1 袋装砂井、塑料排水板处理地基

工程内容 袋装砂井:1)轨道铺、拆;2)装砂袋;3)定位;4)打钢管;5)下砂袋;6)拔钢管;7)起重机、门架、桩机移位。

塑料排水板:1)轨道铺、拆;2)定位;3)穿塑料排水板;4)安桩靴;5)打拔钢管;6)剪断排水板;7)起重机、门架、桩机移位。

单位:1000m

顺序号	项目	单位	代号	袋装砂井	塑料排水板
				1	2
1	人工	工日	1001001	4.5	2.6
2	钢轨	t	2003007	0.008	0.008
3	铁件	kg	2009028	0.9	0.9
4	枕木	m^3	4003003	0.006	0.006
5	塑料排水板	m	5001051	-	1071
6	塑料编织袋	个	5001052	1087	-
7	中(粗)砂	m^3	5503005	4.56	-
8	其他材料费	元	7801001	11	121.7
9	15t以内履带式起重机	台班	8009002	0.95	0.62
10	袋装砂井机(不带门架)	台班	8011058	0.91	0.6
11	袋装砂井机(门架式)	台班	8011059	0.3	0.19
12	基价	元	9999001	3856	6355

注:本定额按砂井直径7cm编制。当砂井直径不同时,可按砂井截面积的比例关系调整中(粗)砂的用量,其他消耗不作调整。

1-2-2 石灰砂桩、振冲碎石桩、挤密桩处理地基

工程内容 石灰砂桩:1)整平路基;2)放样;3)成孔;4)配料、拌料;5)填料并捣实;6)耙土封顶整平;7)压路机碾压。
振冲碎石桩:1)安、拆振冲器;2)振冲、填碎石;3)疏导泥浆;4)场内临时道路维护。
挤密桩:1)桩机就位;2)打拔钢管;3)运送填料、填充、夯实;4)桩机移位;5)清理工作面。

单位:$10m^3$

顺序号	项目	单位	代号	石灰砂桩	振冲碎石桩	挤密桩		
						砂桩	石灰(30%)土桩	碎石桩
				1	2	3	4	5
1	人工	工日	1001001	15.1	3.1	3.4	3.6	3.9
2	水	m^3	3005004	-	-	2.4	2.97	-
3	土	m^3	5501002	-	-	-	12.15	-
4	黏土	m^3	5501003	2.28	-	-	-	-
5	熟石灰	t	5503003	7.723	-	-	4.476	-
6	中(粗)砂	m^3	5503005	5.04	-	13.23	-	-
7	碎石	m^3	5505016	-	13.26	-	-	13.26
8	其他材料费	元	7801001	21.8	62.8	23.3	26.4	24.8
9	设备摊销费	元	7901001	-	-	39.6	51.3	50.9
10	$1.0m^3$ 以内轮胎式装载机	台班	8001045	-	0.21	0.86	-	0.71
11	12~15t 光轮压路机	台班	8001081	0.15	-	-	-	-
12	1t 以内机动翻斗车	台班	8007046	-	-	-	0.63	-

续前页

单位:$10m^3$

顺序号	项目	单位	代号	石灰砂桩	振冲碎石桩	挤密桩		
						砂桩	石灰(30%)土桩	碎石桩
				1	2	3	4	5
13	10t 以内履带式起重机	台班	8009001	–	–	0.63	–	–
14	15t 以内履带式起重机	台班	8009002	–	0.35	–	–	–
15	300kN 以内振动打拔桩机	台班	8011008	–	–	–	0.59	0.7
16	400kN 以内振动打拔桩机	台班	8011009	–	–	–	–	0.13
17	300kN 以内振动打拔桩锤	台班	8011012	–	–	0.6	–	–
18	55kW 以内振冲器	台班	8011062	–	0.34	–	–	–
19	ϕ600mm 以内螺旋钻孔机	台班	8011065	0.44	–	–	–	–
20	ϕ150mm 电动多级水泵(≤180m)	台班	8013013	–	0.3	–	–	–
21	小型机具使用费	元	8099001	–	–	–	6.6	–
22	基价	元	9999001	4637	2130	2827	2552	2764

1-2-3 粉(浆)体喷射搅拌桩、高压旋喷桩处理地基

工程内容 粉(浆)体喷射搅拌桩:1)清理场地;2)放样定位;3)钻机安、拆;4)钻进搅拌、提钻、喷粉(浆)搅拌、复拌;5)移位;6)机具清洗及操作范围内料具搬运。

高压旋喷桩:1)清理场地;2)放样定位;3)钻机就位、钻孔、移位;4)配置浆液;5)喷射装置就位、喷射注浆、移位;6)泥浆池清理;7)机具清洗及操作范围内料具搬运。

单位:10m

顺序号	项目	单位	代号	搅拌桩			高压旋喷桩		
				粉体喷射		浆体喷射			
				含量			单管法	二重管法	三重管法
				水泥 15%	石灰 25%	水泥 12%			
				1	2	3	4	5	6
1	人工	工日	1001001	0.3	0.6	0.5	3.2	5.1	9
2	水	m^3	3005004	-	-	0.8	2	5	20
3	熟石灰	t	5503003	-	1.005	-	-	-	-
4	32.5 级水泥	t	5509001	0.557	-	0.473	2.346	5.279	13.196
5	其他材料费	元	7801001	29.1	29.1	9.5	13.1	26.1	39.9
6	设备摊销费	元	7901001	-	-	-	19.2	23.1	32.1
7	200L 以内灰浆搅拌机	台班	8005009	-	-	0.11	-	-	-
8	压浆机(含拌浆机)	台班	8005083	-	-	0.12	-	-	-
9	高压旋喷钻机	台班	8011072	-	-	-	0.37	0.45	0.51

续前页

单位:10m

顺序号	项目	单位	代号	搅拌桩			高压旋喷桩		
				粉体喷射		浆体喷射	单管法	二重管法	三重管法
				含量					
				水泥15%	石灰25%	水泥12%			
				1	2	3	4	5	6
10	粉体发送设备	台班	8011073	0.1	0.1	-	-	-	-
11	高压注浆泵	台班	8011074	-	-	-	0.33	0.33	0.33
12	15m以内深层喷射搅拌机	台班	8011075	0.07	0.08	0.12	-	-	-
13	25m以内深层喷射搅拌机	台班	8011077	0.02	0.02	-	-	-	-
14	ϕ100mm 电动多级水泵($\leq$120m)	台班	8013011	-	-	-	-	-	0.35
15	3m^3/min 以内机动空压机	台班	8017047	0.1	0.1	-	-	-	-
16	6m^3/min 以内机动空压机	台班	8017048	-	-	-	-	0.37	0.37
17	小型机具使用费	元	8099001	6.7	6.7	2.7	60.5	79.8	142.6
18	基价	元	9999001	338	482	314	1407	2788	5870

注:本定额中粉体喷射搅拌桩是按桩径50cm编制的。当设计桩径不同时,桩径每增加5cm,定额人工和机械增加5%。

1-2-4 CFG桩处理地基

工程内容 钻孔成桩:1)清理场地、整平;2)测量放样、钻机就位;3)准备钻具、钻孔;4)混凝土配运料、拌和、灌注、提管移位;5)凿桩头及操作范围内料具搬运。

沉管成孔:1)清理场地、整平;2)测量放样、机具就位;3)振动沉管;4)混凝土配运料、拌和、灌注、拔管移位;5)凿桩头及操作范围内料具搬运。

单位:10m³ 实体

顺序号	项目	单位	代号	钻孔成桩	沉管成桩
				1	2
1	人工	工日	1001001	8.3	12.3
2	水	m³	3005004	3	3
3	一级粉煤灰	t	5501009	1.35	1.35
4	中(粗)砂	m³	5503005	6.64	6.64
5	碎石(4cm)	m³	5505013	8.58	8.58
6	32.5级水泥	t	5509001	2.901	2.901
7	其他材料费	元	7801001	30.8	22
8	设备摊销费	元	7901001	22.8	91.3
9	1.0m³以内轮胎式装载机	台班	8001045	0.63	0.63
10	250L以内强制式混凝土搅拌机	台班	8005002	0.56	0.56
11	60m³/h以内混凝土输送泵	台班	8005051	0.22	—
12	25t以内履带式起重机	台班	8009004	—	0.45

续前页

单位:10m³ 实体

顺序号	项目	单位	代号	钻孔成桩	沉管成桩
				1	2
13	600kN 以内振动打拔桩锤	台班	8011014	-	0.44
14	ϕ600mm 以内螺旋钻孔机	台班	8011065	0.47	-
15	小型机具使用费	元	8099001	27.1	17.7
16	基价	元	9999001	4468	5116

1-2-5　土工合成材料处理地基

工程内容　土工布处理:1)清理整平路基;2)挖填锚固沟;3)铺设土工布;4)缝合及锚固土工布;5)场内取运料。
土工格栅处理:1)清理整平路基(或路面基层);2)铺设土工格栅;3)固定土工格栅;4)场内取运料。
土工格室处理:1)清理整平路基(或路面基层);2)铺设土工格室;3)固定土工格室;4)场内取运料。

单位:1000m^2 处理面积

顺序号	项　目	单位	代　号	土工布处理	土工格栅处理	土工格室处理
				1	2	3
1	人工	工日	1001001	28	25.3	33.3
2	铁钉	kg	2009030	5.44	-	-
3	U形锚钉	kg	2009034	-	32.4	53.1
4	土工布	m^2	5007001	1085.12	-	-
5	土工格栅	m^2	5007003	-	1094.6	-
6	土工格室	m^2	5007004	-	-	1050
7	大卵石	m^3	5505008	2.22	-	-
8	其他材料费	元	7801001	68.2	45.4	57.9
9	基价	元	9999001	7845	11947	22671

1-2-6 强夯处理地基

工程内容 强夯片石墩:1)清理并平整施工场地;2)开挖、填片石;3)夯击;4)平整及压实;5)操作范围内料具搬运。
点夯:1)清理并平整施工场地;2)测设夯点、机械就位、夯击、移位;3)平整夯坑;4)操作范围内料具搬运。
满夯:1)搭接1/4连接夯击;2)移位。

单位:1000m² 处理面积

顺序号	项目	单位	代号	强夯片石墩	点夯(每100m² 按7个夯点)							
					夯击能(kN·m)							
					1000 以内			2000 以内			3000 以内		
					每7点7击	每增减1点	每增减1击	每7点7击	每增减1点	每增减1击	每7点7击	每增减1点	每增减1击
				1	2	3	4	5	6	7	8	9	10
1	人工	工日	1001001	62.2	1.9	0.3	0.2	2.3	0.4	0.2	3	0.4	0.3
2	片石	m³	5505005	180	-	-	-	-	-	-	-	-	-
3	其他材料费	元	7801001	73	17.3	-	-	18.2	-	-	19.2	-	-
4	90kW 以内履带式推土机	台班	8001003	-	0.02	-	-	0.03	-	-	0.04	-	-
5	15t 以内振动压路机(单钢轮)	台班	8001089	2.3	-	-	-	-	-	-	-	-	-
6	1200kN·m 以内强夯机	台班	8001097	14.87	0.43	0.06	0.05	-	-	-	-	-	-
7	2000kN·m 以内强夯机	台班	8001098	-	-	-	-	0.53	0.07	0.06	-	-	-
8	3000kN·m 以内强夯机	台班	8001099	-	-	-	-	-	-	-	0.78	0.11	0.08
9	基价	元	9999001	33839	625	86	66	927	126	93	1530	205	150

续前页

单位:1000m² 处理面积

顺序号	项目	单位	代号	点夯(每100m² 按7个夯点)						满夯	
				夯击能(kN·m)							
				4000 以内			5000 以内			1000 以内	
				每7点7击	每增减1点	每增减1击	每7点7击	每增减1点	每增减1击	1遍1击	每增减1击
				11	12	13	14	15	16	17	18
1	人工	工日	1001001	5.8	0.8	0.7	11.5	1.6	1.2	0.5	0.3
2	其他材料费	元	7801001	23.1	-	-	27.4	-	-	-	-
3	90kW 以内履带式推土机	台班	8001003	0.07	-	-	0.17	-	-	-	-
4	1200kN·m 以内强夯机	台班	8001097	-	-	-	-	-	-	0.29	0.15
5	4000kN·m 以内强夯机	台班	8001100	1.33	0.19	0.15	-	-	-	-	-
6	5000kN·m 以内强夯机	台班	8001101	-	-	-	2.77	0.4	0.31	-	-
7	基价	元	9999001	2914	399	323	6601	917	707	313	166

注:本定额未包括因强夯而地基下沉后,回填至原地面高程所需的土石数量。

1-2-7 抛石挤淤

工程内容 1)填片石;2)整平;3)碾压。

单位:1000m³ 设计抛石量

顺序号	项目	单位	代号	抛石挤淤
				1
1	人工	工日	1001001	43.9
2	石渣	m³	5503012	70.45
3	片石	m³	5505005	1100
4	165kW 以内履带式推土机	台班	8001007	2.77
5	15t 以内振动压路机(单钢轮)	台班	8001089	0.1
6	基价	元	9999001	82179

1-2-8 地基垫层

工程内容 1)铺筑;2)整平;3)分层碾压。

单位:1000m³

顺序号	项目	单位	代号	垫层			
				砂	砂砾	石渣	碎石
				1	2	3	4
1	人工	工日	1001001	8.8	9.3	17.6	17.6
2	砂	m³	5503004	1271	—	—	—
3	砂砾	m³	5503007	—	1237	—	—
4	石渣	m³	5503012	—	—	1207	—
5	碎石	m³	5505016	—	—	—	1207
6	75kW以内履带式推土机	台班	8001002	0.68	0.72	1.84	1.84
7	12~15t光轮压路机	台班	8001081	0.77	0.81	2.01	2.01
8	基价	元	9999001	100707	59745	51545	96084

1-2-9 真空预压

工程内容 1)测量放线;2)制、安、拆滤排水管;3)铺设砂垫层及薄膜;4)施工密封沟;5)安、拆真空设备;6)抽真空,观测。

单位:$1000m^2$ 处理面积

顺序号	项目	单位	代号	真空预压	
				预压期(月)	
				3	每增减0.5
				1	2
1	人工	工日	1001001	185.8	8
2	铁件	kg	2009028	20	-
3	塑料编织袋	个	5001052	160	-
4	其他材料费	元	7801001	18280.2	-
5	ϕ100mm 电动单级离心水泵	台班	8013002	201.08	40.25
6	$204m^3/h$ 以内真空泵	台班	8013029	201.08	40.25
7	小型机具使用费	元	8099001	60.7	12.1
8	基价	元	9999001	63069	5798

1-2-10 路基填土掺灰

工程内容 掺灰,翻拌,闷料。

单位:1000m³

顺序号	项 目	单位	代 号	路基填土掺灰				路基填土掺水泥		
				石灰含量5%			石灰每增减1%	水泥含量3%		水泥每增减1%
				稳定土拌和机拌和	拖拉机带铧犁拌和	挖掘机拌和		稳定土拌和机拌和	拖拉机带铧犁拌和	
				1	2	3	4	5	6	7
1	人工	工日	1001001	51.80	56.20	47.7	-	19.3	15	-
2	熟石灰	t	5503003	90.619	90.619	90.619	17.263	-	-	-
3	32.5级水泥	t	5509001	-	-	-	-	52.525	52.525	17
4	1.0m³以内履带式液压单斗挖掘机	台班	8001027	-	-	1.22	-	-	-	-
5	75kW以内履带式拖拉机	台班	8001066	-	1.08	-	-	-	1.08	-
6	235kW以内稳定土拌和机	台班	8003005	1.34	-	-	-	1.34	-	-
7	基价	元	9999001	33278	31754	31602	4777	20911	18463	5231

1-2-11 采空区处置※

工程内容 钻孔:1)平整工作面;2)钻机就位、钻机钻孔;3)清孔、孔位转移。
注浆:1)冲洗钻孔;2)运料;3)集中制浆;4)灌浆;5)孔位转移。
孔口管安放及浇注:1)孔口(套管)管加工、安放;2)浇注水泥浆封孔。

Ⅰ.钻　孔

单位:100m

顺序号	项　目	单位	代　号	钻注浆孔孔深(m)						
				150以内				250以内		
				砂、土等	砾石、卵石	软石	次坚石	砂、土等	砾石、卵石	软石
				1	2	3	4	5	6	7
1	人工	工日	1001001	9.50	11.20	12.6	52.3	10.3	12.3	13.9
2	ϕ89mm全破碎复合片钻头	个	2009037	-	-	0.33	2.1	-	-	0.33
3	ϕ127mm全破碎复合片钻头	个	2009038	0.25	-	-	-	0.25	0.24	-
4	ϕ73mm复合片取芯钻头	个	2009041	-	-	0.24	-	-	-	0.24
5	ϕ127mm金刚石取芯钻头	个	2009042	-	0.20	0.2	-	-	0.2	0.2
6	水	m^3	3005004	60.00	354.00	398	780	60	354	398
7	其他材料费	元	7801001	13.70	13.70	13.7	13.7	13.7	13.7	13.7
8	设备摊销费	元	7901001	235.90	843.40	946	1359	235.9	843.4	946
9	液压工程地质钻机	台班	8001121	2.46	3.14	3.53	15.69	2.7	3.14	3.75
10	基价	元	9999001	3268	4783	5838	19298	3477	5454	6089

续前页

单位:100m

顺序号	项　目	单位	代　号	钻注浆孔孔深(m)					多次(层)成孔
				250 以内	250 以上				
				次坚石	砂、土等	砾石、卵石	软石	次坚石	
				8	9	10	11	12	13
1	人工	工日	1001001	57.4	11.1	13.3	14.9	62.5	5.7
2	ϕ89mm 全破碎复合片钻头	个	2009037	2.1	-	-	0.33	2.1	0.3
3	ϕ127mm 全破碎复合片钻头	个	2009038	-	0.25	0.24	-	-	-
4	ϕ73mm 复合片取芯钻头	个	2009041	-	-	-	0.24	-	-
5	ϕ127mm 金刚石取芯钻头	个	2009042	-	-	-	0.2	-	-
6	水	m^3	3005004	780	60	354	398	780	9
7	其他材料费	元	7801001	13.7	13.7	13.7	13.7	13.7	13.7
8	设备摊销费	元	7901001	1359	235.9	843.4	946	1359	235.9
9	液压工程地质钻机	台班	8001121	17.25	2.96	3.64	4.09	18.82	1.35
10	基价	元	9999001	20644	3696	5664	6371	21996	1844

Ⅱ. 注 浆

单位：100m³

顺序号	项 目	单位	代 号	采空区注浆
				14
1	人工	工日	1001001	3.3
2	水	m³	3005004	64
3	一级粉煤灰	t	5501009	54.683
4	32.5级水泥	t	5509001	11.58
5	其他材料费	元	7801001	11.8
6	1.0m³以内轮胎式装载机	台班	8001045	0.36
7	φ50mm电动单级离心水泵	台班	8013001	0.31
8	φ50mm以内泥浆泵	台班	8013023	1.41
9	小型机具使用费	元	8099001	67.8
10	基价	元	9999001	12444

III. 浇注孔口

单位：表列单位

顺序号	项　目	单位	代　号	浇注孔口 10个 15	孔口管安放 100m 16
1	人工	工日	1001001	1	5.2
2	钢管	t	2003008	-	0.648
3	电焊条	kg	2009011	1.5	0.48
4	水	m³	3005004	4.8	-
5	32.5级水泥	t	5509001	3.2	-
6	其他材料费	元	7801001	345.3	73.4
7	液压工程地质钻机	台班	8001121	-	1.24
8	21kV·A以内交流电弧焊机	台班	8015027	0.58	0.09
9	小型机具使用费	元	8099001	1.8	45.2
10	基价	元	9999001	1557	4037

注：本定额注浆采用水泥、粉煤灰浆液，其水固比为1:1.2，固相比为15:85（即水泥占15%，粉煤灰占85%），若设计配合比与定额不同时可调整定额消耗，其余不得调整。

1-2-12 预应力管桩处理软土地基

工程内容 打压桩:1)准备移动打压桩机具;2)吊装定位、校正;3)打压桩;4)填心料拌和、运输;5)填心。
接桩:1)准备接桩机具;2)对接上下桩节;3)桩顶垫平;4)放置接桩材料;5)焊接。

单位:表列单位

顺序号	项目	单位	代号	打压桩	接桩
				桩径400mm	
				100m	10个
				1	2
1	人工	工日	1001001	24.4	5.3
2	电焊条	kg	2009011	—	29.4
3	水	m³	3005004	39.57	—
4	锯材	m³	4003002	0.07	—
5	中(粗)砂	m³	5503005	21.44	—
6	碎石(2cm)	m³	5505012	18.95	—
7	32.5级水泥	t	5509001	7.284	—
8	预应力管桩	m	5511003	102	—
9	其他材料费	元	7801001	71.2	46.5
10	250L以内强制式混凝土搅拌机	台班	8005002	0.77	—
11	15t以内履带式起重机	台班	8009002	0.37	—
12	2.5t以内轨道式柴油打桩机	台班	8011005	0.41	0.28

续前页 单位：表列单位

顺序号	项目	单位	代号	打压桩	接桩
				桩径400mm	
				100m	10个
				1	2
13	2000kN以内液压式静力压桩机	台班	8011020	0.39	0.28
14	32kV·A以内交流电弧焊机	台班	8015028	-	1.65
15	小型机具使用费	元	8099001	44.6	-
16	基价	元	9999001	18678	1959

1-2-13 路基注浆处理

工程内容 钻孔:1)准备;2)确定孔位;3)钻孔;4)钻机移位;5)场地清理。

注浆:1)制备水泥浆;2)清孔、插拔注浆管、压浆;3)清洗压浆设备;4)清理现场。

单位:表列单位

顺序号	项目	单位	代号	钻孔	注浆
				100m	$10m^3$
				1	2
1	人工	工日	1001001	8.6	4.2
2	ϕ150mm 以内合金钻头	个	2009005	0.8	-
3	水	m^3	3005004	5	6
4	32.5 级水泥	t	5509001	-	11.475
5	其他材料费	元	7801001	24.3	8
6	设备摊销费	元	7901001	209.4	-
7	液压工程地质钻机	台班	8001121	3.57	-
8	压浆机(含拌浆机)	台班	8005083	-	0.77
9	小型机具使用费	元	8099001	32.1	46.8
10	基价	元	9999001	3100	4160

1-2-14 冲击压实

工程内容 1)推土机平整;2)放线、布点;3)冲压;4)平整;5)碾压。

单位:1000m²

顺序号	项目	单位	代号	冲击压实
				1
1	人工	工日	1001001	1
2	其他材料费	元	7801001	7
3	165kW以内履带式推土机	台班	8001007	0.51
4	20t以内振动压路机	台班	8001090	0.3
5	25t以内冲击式压路机	台班	8001093	0.44
6	小型机具使用费	元	8099001	1
7	基价	元	9999001	2936

1-2-15 泡沫轻质土浇筑路堤※

工程内容 挡板制安:1)挡板预制:模板安装、拆除、修理、涂脱模剂、堆放,混凝土配运料、拌和、运输、浇筑、捣固、养护;2)挡板安装:整理构件,安装钢筋除锈、制作、绑扎、焊接,安装就位,拌、运砂浆,砌筑,勾缝;3)角钢:角钢除锈,打入角钢成桩,角钢接长焊接。

浇筑泡沫轻质土:1)浇筑:场地清理,变形缝板制作、安装、固定,泡沫轻质土拌和、输送,轻质土浇筑,泡沫轻质土专用设备清洗,轻质土养护;2)钢筋网制作安装:钢筋网制作、绑扎、入模定位。

单位:表列单位

顺序号	项目	单位	代号	混凝土挡板预制 10m³ 1	混凝土挡板安装 10m³ 2	浇筑泡沫轻质土 100m³ 3	型钢立柱安装 1t 4	钢筋网制作安装 1t 5
1	人工	工日	1001001	23.6	31.1	25.7	4.6	4.3
2	HPB300钢筋	t	2001001	-	0.448	-	0.052	1.025
3	20~22号铁丝	kg	2001022	-	26.65	-	0.4	2.6
4	铁丝编织网	m²	2001026	250	-	-	-	-
5	型钢	t	2003004	-	-	0.027	1.04	-
6	钢模板	t	2003025	0.015	-	-	-	-
7	电焊条	kg	2009011	-	23.52	-	0.3	3.5
8	水	m³	3005004	17	-	21.4	-	-
9	锯材	m³	4003002	0.064	-	0.31	-	-

续前页 单位：表列单位

顺序号	项 目	单位	代 号	混凝土挡板预制 10m³	混凝土挡板安装 10m³	浇筑泡沫轻质土 100m³	型钢立柱安装 1t	钢筋网制作安装 1t
				1	2	3	4	5
10	竹胶模板	m²	4005002	-	-	35.5	-	-
11	高压钢丝缠绕胶管	m	5001047	-	-	10	-	-
12	发泡剂	kg	5003008	-	-	112.2	-	-
13	中(粗)砂	m³	5503005	5.28	-	-	-	-
14	碎石(2cm)	m³	5505012	8.08	-	-	-	-
15	32.5级水泥	t	5509001	3.824	-	-	-	-
16	42.5级水泥	t	5509002	-	-	36.72	-	-
17	其他材料费	元	7801001	115.4	-	345.6	-	-
18	250L以内强制式混凝土搅拌机	台班	8005002	0.28	-	-	-	-
19	60m³/h以内混凝土搅拌站	台班	8005060	-	-	1.18	-	-
20	60m³/h泡沫轻质土生产设备	台班	8005086	-	-	0.78	-	-
21	32kV·A以内交流电弧焊机	台班	8015028	-	4.59	-	0.83	0.53
22	小型机具使用费	元	8099001	8.2	-	109.7	37	16.3
23	基价	元	9999001	10364	5907	27357	4500	4020

第三节 排 水 工 程

说　　明

1. 本章定额砌筑工程的工程量为砌体的实际体积,包括构成砌体的砂浆体积。
2. 本章定额预制混凝土构件的工程量为预制构件的实际体积,不包括预制构件中空心部分的体积。
3. 挖截水沟、排水沟的工程量为设计水沟断面积乘以水沟长度与水沟圬工体积之和。
4. 路基盲沟、中央分隔带盲沟(纵向、横向)的工程量按设计的工程内容计算。
5. 轻型井点降水定额按 50 根井管为一套,不足 50 根的按一套计算。井点使用天数按日历天数计算,使用时按施工组织设计确定。
6. 雨水箅子的规格与定额不同时,可按设计用量抽换定额中铸铁箅子的消耗。

1-3-1 路基盲沟

工程内容 1)挖盲沟;2)铺设土工布;3)埋设 PVC 管;4)回填碎石、覆盖。

单位:表列单位

顺序号	项 目	单位	代 号	盲沟 PVC 管安装 100m	铺设盲沟土工布 1000m²	回填盲沟碎石 100m³
				1	2	3
1	人工	工日	1001001	2.2	15.2	16
2	8~12 号铁丝	kg	2001021	-	1.33	-
3	U 形锚钉	kg	2009034	-	69.06	-
4	塑料打孔波纹管(φ100mm)	m	5001031	106	-	-
5	土工布	m²	5007001	-	1062.5	-
6	碎石	m³	5505016	-	-	110
7	其他材料费	元	7801001	286.2	95.5	-
8	0.6m³ 以内履带式液压单斗挖掘机	台班	8001025	-	-	0.51
9	2.0m³ 以内轮胎式装载机	台班	8001047	-	-	0.31
10	基价	元	9999001	2150	6549	10761

1−3−2 中央分隔带排水

工程内容 干拌砂拌和、回填。

单位：10m³

顺序号	项 目	单位	代 号	超高路段干拌砂混凝土过水槽（水泥5%）
				1
1	人工	工日	1001001	3.5
2	水	m³	3005004	0.3
3	中(粗)砂	m³	5503005	12.74
4	32.5级水泥	t	5509001	0.96
5	基价	元	9999001	1781

1-3-3　石砌边沟、排水沟、截水沟、急流槽

工程内容　1)挖基;2)铺设垫层;3)拌、运砂浆;4)选修石料;5)砌筑、勾缝、养护。

单位:10m³ 实体

顺序号	项目	单位	代号	边沟、排水沟		急流槽		截水沟	
				浆砌片石	浆砌块石	浆砌片石	浆砌块石	浆砌片石	浆砌块石
				1	2	3	4	5	6
1	人工	工日	1001001	10.1	10	8.6	8.4	13.7	13.6
2	水	m³	3005004	18	18	18	18	18	18
3	中(粗)砂	m³	5503005	4.17	3.16	4.17	3.16	4.17	3.16
4	砂砾	m³	5503007	6.29	6.29	3.34	3.34	6.29	6.29
5	片石	m³	5505005	11.5	-	11.5	-	11.5	-
6	块石	m³	5505025	-	10.5	-	10.5	-	10.5
7	32.5级水泥	t	5509001	1.037	0.782	1.037	0.782	1.037	0.78
8	其他材料费	元	7801001	2.3	2.3	2.3	2.3	2.3	2.3
9	0.6m³以内履带式液压单斗挖掘机	台班	8001025	0.04	0.04	0.05	0.05	0.07	0.07
10	1.0m³以内轮胎式装载机	台班	8001045	0.08	0.08	0.08	0.08	0.1	0.1
11	400L以内灰浆搅拌机	台班	8005010	0.15	0.12	0.15	0.12	0.15	0.12
12	基价	元	9999001	2928	2999	2639	2700	3347	3418

1-3-4 混凝土边沟、排水沟、截水沟、急流槽

工程内容 1)挖基;2)铺设垫层;3)现浇、预制混凝土的全部工序;4)混凝土预制块运输;5)拌、运砂浆;6)安砌混凝土块;7)泄水管及伸缩缝的设置等。

单位:10m³

顺序号	项目	单位	代号	边沟、排水沟		截水沟		水沟盖板	急流槽	
				混凝土预制块	现浇混凝土	混凝土预制块	现浇混凝土	混凝土预制	混凝土预制块	现浇混凝土
				1	2	3	4	5	6	7
1	人工	工日	1001001	32.2	15.6	34.3	19.9	33.2	33.8	19.1
2	HPB300 钢筋	t	2001001	-	-	-	-	0.072	-	-
3	HRB400 钢筋	t	2001002	-	-	-	-	0.548	0.154	-
4	20~22 号铁丝	kg	2001022	-	-	-	-	6.96	-	-
5	钢模板	t	2003025	0.044	-	0.036	-	0.022	0.094	-
6	组合钢模板	t	2003026	-	0.026	-	0.026	-	-	0.02
7	铁件	kg	2009028	-	7.80	-	7.8	-	-	6.1
8	石油沥青	t	3001001	0.014	0.014	0.014	0.014	-	-	0.013
9	水	m³	3005004	29.00	12.00	29	12	26	29	12
10	锯材	m³	4003002	0.022	-	0.022	-	0.022	0.022	-
11	中(粗)砂	m³	5503005	5.42	5.00	5.42	5	5.36	5.56	5

续前页

单位：10m³

顺序号	项目	单位	代号	边沟、排水沟		截水沟		水沟盖板	急流槽	
				混凝土预制块	现浇混凝土	混凝土预制块	现浇混凝土	混凝土预制	混凝土预制块	现浇混凝土
				1	2	3	4	5	6	7
12	砂砾	m³	5503007	6.29	6.29	6.29	6.29	—	3.34	3.34
13	碎石(2cm)	m³	5505012	8.28	8.36	8.28	8.36	8.28	8.28	8.36
14	32.5级水泥	t	5509001	3.319	3.213	3.319	3.213	3.3	3.359	3.213
15	其他材料费	元	7801001	36.10	17.80	36.1	18.3	33	59.4	14.9
16	0.6m³以内履带式液压单斗挖掘机	台班	8001025	0.04	0.04	0.07	0.07	—	0.07	0.07
17	250L以内强制式混凝土搅拌机	台班	8005002	0.27	0.27	0.27	0.27	0.27	0.27	0.27
18	4t以内载货汽车	台班	8007003	0.78	—	0.78	—	0.78	0.78	—
19	小型机具使用费	元	8099001	5.10	—	5.1	—	8.9	5.1	—
20	基价	元	9999001	6843	4468	7048	4950	8476	7655	4684

注：本定额水沟盖板的钢筋含量按0.6t/10m³计算。当设计钢筋含量与定额不同时，可按设计数量抽换定额中的钢筋消耗量。

1-3-5 混凝土排水管铺设

工程内容 现浇排水管基础混凝土:1)基底清理、夯实;2)混凝土配运料、拌和、运输、浇筑、养护。
安装混凝土排水管:1)排管、下管、调直、找平;2)清理管口、调运砂浆、填缝、抹带、压实、养护。

单位:100m

顺序号	项目	单位	代号	现浇排水管基础混凝土								
				管径(mm)								
				200以内	300以内	400以内	500以内	600以内	700以内	800以内	900以内	1000以内
				1	2	3	4	5	6	7	8	9
1	人工	工日	1001001	2.2	4.9	7.7	10.5	13.2	16	18.8	21.5	24.2
2	水	m³	3005004	7.00	10.00	13.00	16.00	21.00	25.00	30.00	36.00	43
3	中(粗)砂	m³	5503005	2.82	4.03	5.28	6.67	9.08	11.32	14.79	18.77	23.15
4	碎石(4cm)	m³	5505013	4.79	6.84	8.97	11.33	15.43	19.25	25.14	31.91	39.36
5	32.5级水泥	t	5509001	1.506	2.149	2.817	3.559	4.848	6.046	7.898	10.022	12.364
6	其他材料费	元	7801001	1.2	1.7	2.1	2.7	3.6	4.3	5	6	7.3
7	500L以内强制式混凝土搅拌机	台班	8005004	0.25	0.32	0.42	0.56	0.72	0.93	1.21	1.58	2.05
8	1t以内机动翻斗车	台班	8007046	0.66	0.85	1.1	1.43	1.87	2.42	3.15	4.1	5.32
9	小型机具使用费	元	8099001	125.40	163.00	211.90	275.50	358.20	465.60	605.30	786.90	1022.9
10	基价	元	9999001	1711	2584	3518	4550	6032	7517	9581	11955	14632

续前页　　　　单位:100m

顺序号	项目	单位	代号	安装混凝土排水管								
				管径(mm)								
				200 以内	300 以内	400 以内	500 以内	600 以内	700 以内	800 以内	900 以内	1000 以内
				10	11	12	13	14	15	16	17	18
1	人工	工日	1001001	4.6	6.6	9.2	11.7	13.8	16.3	18.3	22.1	26.2
2	水	m^3	3005004	1.00	1.00	2.00	2.00	2.00	3.00	3.00	3.00	4.00
3	中(粗)砂	m^3	5503005	0.39	0.57	0.76	0.95	1.15	1.34	1.52	1.71	1.91
4	32.5 级水泥	t	5509001	0.112	0.165	0.221	0.277	0.333	0.389	0.442	0.498	0.554
5	ϕ200mm 以内混凝土排水管	m	5511004	101.00	–	–	–	–	–	–	–	–
6	ϕ300mm 以内混凝土排水管	m	5511005	–	101.00	–	–	–	–	–	–	–
7	ϕ400mm 以内混凝土排水管	m	5511006	–	–	101.00	–	–	–	–	–	–
8	ϕ500mm 以内混凝土排水管	m	5511007	–	–	–	101.00	–	–	–	–	–
9	ϕ600mm 以内混凝土排水管	m	5511008	–	–	–	–	101.00	–	–	–	–
10	ϕ700mm 以内混凝土排水管	m	5511009	–	–	–	–	–	101.00	–	–	–
11	ϕ800mm 以内混凝土排水管	m	5511010	–	–	–	–	–	–	101.00	–	–
12	ϕ900mm 以内混凝土排水管	m	5511011	–	–	–	–	–	–	–	101.00	–
13	ϕ1000mm 以内混凝土排水管	m	5511012	–	–	–	–	–	–	–	–	101.00
14	其他材料费	元	7801001	55.5	81.6	107.9	134.5	161.4	188.6	216.4	244.7	273.7
15	8t 以内汽车式起重机	台班	8009026	0.35	0.42	0.51	0.61	0.73	0.87	1.05	1.25	1.51
16	小型机具使用费	元	8099001	5.4	6.5	7.8	9.3	11.2	13.4	16.2	19.3	23.2
17	基价	元	9999001	4526	6676	8812	14332	20874	25006	35184	42187	50551

1-3-6 双壁波纹管铺设

工程内容 检查及清扫管材、切管、搬运、下管、铺设、对口、套胶圈，材料场内运输。

单位：100m

顺序号	项目	单位	代号	管径(mm)							
				300 以内	400 以内	500 以内	600 以内	700 以内	800 以内	900 以内	1000 以内
				1	2	3	4	5	6	7	8
1	人工	工日	1001001	9.8	12.3	16.6	19.6	23.1	27.7	33.8	45.8
2	ϕ300mm 以内双壁波纹管	m	5001023	101.00	–	–	–	–	–	–	–
3	ϕ400mm 以内双壁波纹管	m	5001024	–	101.00	–	–	–	–	–	–
4	ϕ500mm 以内双壁波纹管	m	5001025	–	–	101.00	–	–	–	–	–
5	ϕ600mm 以内双壁波纹管	m	5001026	–	–	–	101.00	–	–	–	–
6	ϕ700mm 以内双壁波纹管	m	5001027	–	–	–	–	101.00	–	–	–
7	ϕ800mm 以内双壁波纹管	m	5001028	–	–	–	–	–	101.00	–	–
8	ϕ900mm 以内双壁波纹管	m	5001029	–	–	–	–	–	–	101.00	–
9	ϕ1000mm 以内双壁波纹管	m	5001030	–	–	–	–	–	–	–	101.00
10	其他材料费	元	7801001	7.9	97.7	117.1	136.5	155.9	175.3	194.8	214.2
11	5t 以内载货汽车	台班	8007004	0.09	0.14	0.3	0.3	0.42	0.42	0.85	0.85
12	5t 以内汽车式起重机	台班	8009025	–	–	0.2	0.29	0.44	0.44	0.65	0.85
13	ϕ500mm 以内木工圆锯机	台班	8015013	0.1	0.1	0.12	0.14	0.16	0.18	0.2	0.22
14	基价	元	9999001	7683	9264	17661	22128	26303	39050	45138	55010

1-3-7 雨水井、检查井

工程内容 钢筋混凝土井身:1)挖基及回填;2)模板制作、安装、拆除、修理、涂脱模剂、堆放;3)混凝土配运料、拌和、运输、浇注、养护;4)钢筋制作、绑扎、安放、定位、校正,安装梯蹬。

钢筋混凝土井盖:1)模板制作、安装、拆除、修理、涂脱模剂、堆放;2)混凝土配运料、拌和、运输、浇注、养护;3)钢筋制作、绑扎、安放、定位、校正,拉手制作安装;4)井盖安装。

雨水箅安放:清理井口,箅子安放。

砖砌井身:挖基及回填、混凝土搅拌、浇筑、养护、砌砖、勾缝、安装铸铁爬梯。

单位:表列单位

顺序号	项目	单位	代号	现浇井身混凝土	钢筋混凝土井盖制作安装	铸铁箅子安放	砖砌井身
				10m³		10套	10m³
				1	2	3	4
1	人工	工日	1001001	17.2	18.7	1.6	19.7
2	HPB300 钢筋	t	2001001	0.046	0.45	-	-
3	8~12 号铁丝	kg	2001021	1.8	-	-	-
4	20~22 号铁丝	kg	2001022	1	-	-	-
5	铁钉	kg	2009030	15.4	0.1	-	-
6	铸铁箅子	kg	2009032	-	-	60	-
7	水	m^3	3005004	12	16	-	1.25
8	锯材	m^3	4003002	1.25	0.19	-	-

续前页

单位:表列单位

顺序号	项　目	单位	代　号	现浇井身混凝土	钢筋混凝土井盖制作安装	铸铁箅子安放	砖砌井身
				$10m^3$		10 套	$10m^3$
				1	2	3	4
9	中(粗)砂	m^3	5503005	5	4.95	0.27	4.11
10	碎石(2cm)	m^3	5505012	8.36	8.28	-	0.91
11	青(红)砖	千块	5507003	-	-	-	5.13
12	32.5 级水泥	t	5509001	3.213	3.182	0.154	1.141
13	其他材料费	元	7801001	182	103.2	38.6	171.6
14	250L 以内强制式混凝土搅拌机	台班	8005002	0.26	0.26	-	0.03
15	小型机具使用费	元	8099001	91.9	7.3	-	11.6
16	基价	元	9999001	6464	6117	654	5083

1-3-8 井点降水

工程内容 安装拆除:1)挖排水沟及管槽;2)井管装配及地面试管;3)铺总管,装水泵、水箱;4)冲孔、沉管;5)灌砂封口;6)连接试抽;7)拔井管,拆管,清洗;8)整理、堆放。

使用:1)抽水;2)井管堵漏。

单位:表列单位

顺序号	项目	单位	代号	轻型井点管及总管		大口径井点降水			
						井点管及总管15m深		井点管及总管25m深	
				安装、拆除	使用	安装、拆除	使用	安装、拆除	使用
				10根	套天	10根	套天	10根	套天
				1	2	3	4	5	6
1	人工	工日	1001001	5.3	1.8	143.9	3.6	185.5	3.8
2	水	m^3	3005004	37	-	660	-	990	-
3	中(粗)砂	m^3	5503005	2.14	-	129.13	-	189.21	-
4	轻型井点总管	m	6009001	0.42	-	-	-	-	-
5	轻型井点管	m	6009002	2.86	-	-	-	-	-
6	大口径井点总管 ϕ159mm	m	6009003	-	-	0.05	0.12	0.05	0.12
7	大口径井点管 ϕ400mm	m	6009004	-	-	1.95	1.5	2.93	2.25
8	其他材料费	元	7801001	23.2	0.6	43.1	4.7	69.5	4.7
9	10t以内履带式起重机	台班	8009001	0.29	-	4.75	-	6.39	-
10	400kN以内振动打拔桩机	台班	8011009	-	-	3.28	-	4.74	-

续前页

单位:表列单位

顺序号	项　目	单位	代　号	轻型井点管及总管		大口径井点降水			
						井点管及总管 15m 深		井点管及总管 25m 深	
				安装、拆除	使用	安装、拆除	使用	安装、拆除	使用
				10 根	套天	10 根	套天	10 根	套天
				1	2	3	4	5	6
11	ϕ150mm 电动多级水泵(≤180m)	台班	8013013	0.44	–	8.43	2.18	11.14	2.2
12	ϕ100mm 以内污水泵	台班	8013021	–	–	12.78	–	17.55	–
13	射流井点泵	台班	8013028	–	3.18	–	–	–	–
14	小型机具使用费	元	8099001	35.9	–	1383.9	–	1852.4	–
15	基价	元	9999001	1372	376	52864	2130	72201	2301

注:1. 遇有天然水源可利用时,不计水费。

2. 本定额适用于地下水位较高的轻亚黏土、砂性土或淤泥质土层地带。

1-3-9 机械铺筑拦水带

工程内容 放样,挖槽,修整;混凝土配运料、拌和、运输、铺筑及养护。

单位:$10m^3$

顺序号	项目	单位	代号	水泥混凝土拦水带	沥青混凝土拦水带
				1	2
1	人工	工日	1001001	5.4	3.3
2	石油沥青	t	3001001	-	1.763
3	水	m^3	3005004	12	-
4	砂	m^3	5503004	-	6.28
5	中(粗)砂	m^3	5503005	4.9	-
6	矿粉	t	5503013	-	1.7
7	石屑	m^3	5503014	-	8.79
8	碎石(2cm)	m^3	5505012	8.16	-
9	32.5 级水泥	t	5509001	3.754	-
10	其他材料费	元	7801001	26	1.6
11	15t/h 以内电动黑色粒料拌和机	台班	8003041	-	0.31
12	250L 以内强制式混凝土搅拌机	台班	8005002	0.37	-
13	4t 以内载货汽车	台班	8007003	-	0.36
14	1t 以内机动翻斗车	台班	8007046	0.42	0.23
15	小型机具使用费	元	8099001	33.5	33.5
16	基价	元	9999001	3125	10719

第四节 防护工程

说 明

1. 本节定额中除注明者外,均已包括挖基、基础垫层的工程内容。
2. 本节定额中除注明者外,均已包括按设计要求需要设置的伸缩缝、沉降缝的费用。
3. 本节定额中除注明者外,均已包括水泥混凝土的拌和费用。
4. 植草护坡定额中均已考虑黏结剂、保水剂、营养土、肥料、覆盖薄膜等的费用,使用定额时不得另行计算。
5. 现浇拱形骨架护坡可参考本节定额中的现浇框格(架)式护坡进行计算。
6. 预应力锚索护坡定额中的脚手架系按钢管脚手架编制的,脚手架宽度按 2.5m 考虑。
7. 工程量计算规则:
(1)铺草皮工程量按所铺边坡的坡面面积计算。
(2)以 $10m^3$ 为计量单位的子目工程量为设计的实体体积。
(3)木笼、竹笼、铁丝笼填石护坡的工程量按填石体积计算。
(4)本节定额砌筑工程的工程量为砌体的实际体积,包括构成砌体的砂浆体积。
(5)本节定额预制混凝土构件的工程量为预制构件的实际体积,不包括预制构件中空心部分的体积。
(6)预应力锚索的工程量含工作长度的质量。
(7)加筋土挡土墙及现浇锚定板式挡土墙的工程量为墙体混凝土的体积。加筋土挡土墙墙体混凝土体积为混凝土面板、基础垫板及檐板的体积之和。现浇锚定板式挡土墙墙体混凝土体积为墙体现浇混凝土的体积,定额中已综合了锚定板的数量,使用定额时不得将锚定板的数量计入工程量内。
(8)抗滑桩挖孔工程量按护壁外缘所包围的面积乘以设计孔深计算。

1-4-1 铺草皮、编篱及铁丝(木、竹)笼填石护坡

工程内容 铺草皮:1)铺筑;2)拍紧;3)木橛钉固草皮;4)铺花格草皮挖槽。
编篱填石:1)整修边坡;2)制桩打桩;3)编篱;4)铺砂砾垫层;5)填石。
铁丝(木、竹)笼填石:1)平整地基;2)制作木笼;3)编竹笼;4)编铁丝笼;5)安设;6)填石。

单位:表列单位

顺序号	项目	单位	代号	铺草皮护坡		填石护坡			
				满铺式	花格式	编篱	木笼	竹笼	铁丝笼
				1000m²		10m³			
				1	2	3	4	5	6
1	人工	工日	1001001	17.5	15.4	274.5	16.8	5.2	3
2	HPB300 钢筋	t	2001001	-	-	-	-	-	0.067
3	8~12 号铁丝	kg	2001021	-	-	-	-	-	185.5
4	铁件	kg	2009028	-	-	-	30.55	-	-
5	铁钉	kg	2009030	-	-	-	6.45	-	-
6	原木	m³	4003001	-	-	-	3.015	-	-
7	锯材	m³	4003002	-	-	-	0.035	-	-
8	毛竹	根	4005001	-	-	-	-	52.5	-
9	草皮	m²	4013002	1100	381.15	-	-	-	-
10	片石	m³	5505005	-	-	408.0	10.2	10.2	10.2

续前页
单位:表列单位

顺序号	项目	单位	代号	铺草皮护坡		填石护坡			
				满铺式	花格式	编篱	木笼	竹笼	铁丝笼
				1000m²		10m³			
				1	2	3	4	5	6
11	其他材料费	元	7801001	990	623.7	7907.5	0.6	-	-
12	小型机具使用费	元	8099001	-	-	-	3.2	-	-
13	基价	元	9999001	6260	3442	62830	6523	2223	1995

注:采用叠铺草皮时,定额中人工工日和草皮数量加倍计算,其他材料费不变。

1-4-2 植草护坡

工程内容 挂网:1)清理整平边坡坡面;2)铺网、固定;3)钢筋框条制作、绑扎及焊接。

人工植草:1)边坡整理;2)人工撒草籽、植草;3)初期养护。

机械液压喷播植草:1)边坡整理;2)喷播植草、加覆盖物、固定;3)初期养护。

喷混、客土喷播植草:1)边坡整理;2)植生混合料拌和;3)喷植生混合料、加覆盖物、固定;4)初期养护。

CS混合纤维喷灌护坡:1)坡面清理;2)锚固件制作安装;3)挂铁丝网固定;4)架设基盘平台;5)喷射基材混合料、加覆盖物、固定;6)初期养护。

码砌植生袋:1)边坡整理;2)基质配料、拌和,基质装袋,植生袋码砌、固定;3)覆盖无纺布;4)初期养护。

Ⅰ. 挂 网

单位:表列单位

顺序号	项目	单位	代号	挂土工格栅	挂三维植被网	挂铁丝网	钢筋
				1000m²			1t
				1	2	3	4
1	人工	工日	1001001	34.7	38.6	20.7	5.4
2	HPB300 钢筋	t	2001001	-	-	-	1.025
3	8~12号铁丝	kg	2001021	-	-	3.8	-
4	铁丝编织网	m²	2001026	-	-	1140.1	-
5	电焊条	kg	2009011	-	-	-	0.9
6	U形锚钉	kg	2009034	138	315.2	-	-
7	三维植被网	m²	5001009	-	1249	-	-
8	土工格栅	m²	5007003	1142.6	-	-	-

续前页

单位:表列单位

顺序号	项目	单位	代号	挂土工格栅	挂三维植被网	挂铁丝网	钢筋
				1000m²			1t
				1	2	3	4
9	其他材料费	元	7801001	42.9	111.3	-	-
10	32kV·A 以内交流电弧焊机	台班	8015028	-	-	-	0.12
11	小型机具使用费	元	8099001	-	-	-	19.7
12	基价	元	9999001	13792	16721	25509	4036

Ⅱ．植 草

单位：1000m²

顺序号	项目	单位	代号	人工植草		机械液压喷播植草		喷混植草	客土喷播植草	
				撒草籽	植草根	填方边坡	挖方边坡	植草厚度（cm）		
								10	6	8
				5	6	7	8	9	10	11
1	人工	工日	1001001	13.8	10.9	15.7	18	38.8	31.7	36.6
2	水	m³	3005004	-	-	90	100	300	-	-
3	草籽	kg	4013001	10.3	-	20	20	17.5	30	30
4	黏土	m³	5501003	-	-	-	-	52	-	-
5	种植土	m³	5501007	71.4	71.4	71.4	71.4	-	30.6	40.8
6	植物营养土	m³	5501008	-	-	-	-	51	30.6	40.8
7	32.5级水泥	t	5509001	-	-	-	-	1.02	-	-
8	其他材料费	元	7801001	267	3498.1	4142.7	4575.7	557.3	2591.3	3732
9	液压喷播机	台班	8001132	-	-	1.02	1.02	-	2.25	2.65
10	250L以内强制式混凝土搅拌机	台班	8005002	-	-	-	-	1.93	1.15	1.54
11	混凝土喷射机	台班	8005011	-	-	-	-	3.36	-	-
12	4t以内载货汽车	台班	8007003	-	-	0.81	0.86	3.52	2.1	2.45
13	6000L以内洒水汽车	台班	8007041	-	-	0.77	0.82	3.75	2.13	2.32
14	9m³/min以内机动空压机	台班	8017049	-	-	0.86	1.06	4.32	2.55	3.02
15	小型机具使用费	元	8099001	-	-	45.6	51.8	27.3	61	74.6
16	基价	元	9999001	3295	5488	10241	11154	31328	22709	28317

续前页

单位:1000m²

顺序号	项　　目	单位	代　号	CS 混合纤维喷灌护坡(厚 8cm)	码砌植生袋
				12	13
1	人工	工日	1001001	18.5	99.1
2	HRB400 钢筋	t	2001002	0.185	–
3	8 ~ 12 号铁丝	kg	2001021	0.54	–
4	20 ~ 22 号铁丝	kg	2001022	1.69	–
5	铁丝编织网	m^2	2001026	119.5	–
6	钢钎	kg	2009002	7.02	–
7	ϕ50mm 以内合金钻头	个	2009004	5	–
8	U 形锚钉	kg	2009034	–	89.3
9	水	m^3	3005004	32	–
10	稻草纤维	kg	4001003	255	–
11	木粉	m^3	4003006	3.06	–
12	木纤维	kg	4003008	20.4	–
13	草籽	kg	4013001	30	20.6
14	植生袋	个	5001058	–	16800
15	高次团粒剂	kg	5003002	30.6	–
16	泥炭	m^3	5501001	2.04	–
17	种植土	m^3	5501007	3.57	214.2

续前页

单位:1000m^2

顺序号	项目	单位	代号	CS 混合纤维喷灌护坡(厚 8cm)	码砌植生袋
				12	13
18	椰粉	m^3	5503001	1.02	-
19	中(粗)砂	m^3	5503005	0.35	-
20	32.5 级水泥	t	5509001	0.209	-
21	其他材料费	元	7801001	286.9	1369.9
22	250L 以内强制式混凝土搅拌机	台班	8005002	0.25	-
23	混凝土喷射机	台班	8005011	0.38	-
24	4t 以内载货汽车	台班	8007003	0.37	-
25	6000L 以内洒水汽车	台班	8007041	-	0.77
26	5t 以内汽车式起重机	台班	8009025	-	0.42
27	9m^3/min 以内机动空压机	台班	8017049	1.52	-
28	小型机具使用费	元	8099001	87.4	-
29	基价	元	9999001	12632	38547

注:1. 本定额挂铁丝网未包括锚固筋(或锚杆)的消耗,应按相应定额另行计算。

2. 挂网定额中钢筋项目仅适用于挂铁丝网的钢筋框条。

3. 本定额中植草项目可根据设计用量调整定额中的草籽或种子的消耗。

1-4-3 混凝土防护工程

工程内容 1)整修边坡;2)铺垫层;3)现浇、预制混凝土的全部工序;4)混凝土预制块件运输;5)拌、运砂浆;6)安砌混凝土块;7)沉降缝的设置。

单位:表列单位

顺序号	项目	单位	代号	预制、铺砌混凝土				满铺式现浇混凝土护坡	框格(架)式现浇混凝土护坡	护坡钢筋
				席块护坡	预制块护坡	菱形格护坡	骨架格护坡			
				$10m^3$						$1t$
				1	2	3	4	5	6	7
1	人工	工日	1001001	35.00	32.90	36.1	33.4	13.7	18.2	7.1
2	HPB300 钢筋	t	2001001	0.08	-	-	-	-	-	0.946
3	HRB400 钢筋	t	2001002	-	-	-	-	-	-	0.079
4	20~22 号铁丝	kg	2001022	-	-	-	-	-	-	3.97
5	型钢	t	2003004	0.012	0.012	-	-	-	0.022	-
6	组合钢模板	t	2003026	-	-	0.065	0.065	-	0.014	-
7	电焊条	kg	2009011	0.2	0.2	-	-	-	-	1.33
8	铁件	kg	2009028	1.1	1.1	8.6	8.6	-	1.9	-
9	石油沥青	t	3001001	0.001	0.024	0.001	0.024	0.022	0.005	-
10	水	m^3	3005004	16	27	16	27	12	12	-
11	锯材	m^3	4003002	0.022	0.022	0.052	0.052	0.01	0.01	-
12	中(粗)砂	m^3	5503005	4.95	5.37	4.95	5.37	5	5	-

续前页

单位：表列单位

顺序号	项目	单位	代号	预制、铺砌混凝土				满铺式现浇混凝土护坡	框格(架)式现浇混凝土护坡	护坡钢筋
				席块护坡	预制块护坡	菱形格护坡	骨架格护坡			
				$10m^3$						1t
				1	2	3	4	5	6	7
13	砂砾	m^3	5503007	7.01	7.01	7.01	7.01	7.01	7.01	–
14	碎石(4cm)	m^3	5505013	8.48	8.48	8.48	8.48	8.57	8.57	–
15	32.5 级水泥	t	5509001	3.01	3.131	3.01	3.131	3.04	3.04	–
16	其他材料费	元	7801001	126.5	99.3	15.3	90.7	69	17	–
17	250L 以内强制式混凝土搅拌机	台班	8005002	0.33	0.33	0.38	0.33	0.33	0.33	–
18	4t 以内载货汽车	台班	8007003	0.79	0.79	0.79	0.79	–	–	–
19	32kV·A 以内交流电弧焊机	台班	8015028	0.02	0.02	–	–	–	–	0.59
20	小型机具使用费	元	8099001	0.10	0.1	–	–	–	2.5	6.8
21	基价	元	9999001	7094	6785	7180	7167	4171	4674	4307

注：码砌菱形格护坡定额未包括框格间缝隙的填塞费用，需要时应另行计算。

1-4-4 砌石防护工程

工程内容 1)挖基;2)搭、拆脚手架;3)护坡、护面墙、挡土墙铺垫层;4)拌、运砂浆;5)砌筑、勾缝;6)防水层、滤水层、泄水管、沉降缝设置等。

Ⅰ.干 砌

单位:$10m^3$ 实体

顺序号	项目	单位	代号	片石		
				护坡	护脚	挡土墙
				1	2	3
1	人工	工日	1001001	5.5	6.1	7.3
2	8~12号铁丝	kg	2001021	-	0.2	1.4
3	空心钢钎	kg	2009003	-	-	0.03
4	ϕ50mm以内合金钻头	个	2009004	-	-	0.04
5	铁钉	kg	2009030	-	-	0.07
6	原木	m^3	4003001	-	-	0.014
7	锯材	m^3	4003002	-	-	0.007
8	硝铵炸药	kg	5005002	-	-	0.33
9	非电毫秒雷管	个	5005008	-	-	0.42
10	导爆索	m	5005009	-	-	0.19
11	砂砾	m^3	5503007	5.1	-	3.83
12	片石	m^3	5505005	12.5	12.5	12.5

续前页　　　　　　　　　　　　　　　　　　　　　　　　　　　　　　　　　　　单位：10m³ 实体

顺序号	项　目	单位	代　号	片石		
				护坡	护脚	挡土墙
				1	2	3
13	1.0m³ 以内履带式机械单斗挖掘机	台班	8001035	-	0.02	0.03
14	1.0m³ 以内轮胎式装载机	台班	8001045	0.1	0.1	0.1
15	9m³/min 以内机动空压机	台班	8017049	-	-	0.02
16	小型机具使用费	元	8099001	-	-	0.7
17	基价	元	9999001	1670	1518	1890

Ⅱ.浆　砌

单位:10m³ 实体

顺序号	项　目	单位	代　号	片石					块石			
				护坡	护坡脚	护面墙	窗口式护面墙	挡土墙	护坡	护面墙	窗口式护面墙	挡土墙
				4	5	6	7	8	9	10	11	12
1	人工	工日	1001001	8.9	9.6	10.2	12.3	9.7	9.7	10	11.9	9.3
2	8~12 号铁丝	kg	2001021	–	–	4.04	6.07	2.03	–	4.04	6.07	2.03
3	空心钢钎	kg	2009003	–	–	0.03	0.03	0.11	–	0.03	0.03	0.11
4	ϕ50mm 以内合金钻头	个	2009004	–	–	0.04	0.04	0.16	–	0.04	0.04	0.16
5	铁钉	kg	2009030	–	–	0.2	0.37	0.08	–	0.2	0.37	0.08
6	石油沥青	t	3001001	0.001	0.001	0.001	0.001	–	0.001	0.001	0.001	–
7	水	m³	3005004	16	16	7	7	7	16	7	7	7
8	原木	m³	4003001	–	–	0.03	0.056	0.023	–	0.03	0.056	0.023
9	锯材	m³	4003002	–	–	0.02	0.029	0.015	–	0.02	0.029	0.015
10	PVC 塑料管(ϕ50mm)	m	5001013	–	–	–	–	1.35	–	–	–	1.35
11	硝铵炸药	kg	5005002	–	–	0.33	0.33	1.21	–	0.33	0.33	1.21
12	非电毫秒雷管	个	5005008	–	–	0.42	0.42	1.55	–	0.42	0.42	1.55
13	导爆索	m	5005009	–	–	0.19	0.19	0.7	–	0.19	0.19	0.7
14	黏土	m³	5501003	–	–	0.18	0.18	0.14	–	0.18	0.18	0.14
15	中(粗)砂	m³	5503005	4.06	4.06	3.89	3.89	3.87	3.09	2.99	2.99	2.98

续前页

单位:10m³ 实体

顺序号	项目	单位	代号	片石					块石			
				护坡	护坡脚	护面墙	窗口式护面墙	挡土墙	护坡	护面墙	窗口式护面墙	挡土墙
				4	5	6	7	8	9	10	11	12
16	砂砾	m³	5503007	5.1	5.1	-	-	3.83	5.1	-	-	3.83
17	片石	m³	5505005	11.5	11.5	11.5	11.5	11.5	-	-	-	-
18	碎石(8cm)	m³	5505015	-	-	0.11	0.11	0.08	-	0.11	0.11	0.08
19	块石	m³	5505025	-	-	-	-	-	10.5	10.5	10.5	10.5
20	32.5级水泥	t	5509001	1.003	1.003	0.953	0.953	0.948	0.762	0.73	0.73	0.727
21	其他材料费	元	7801001	7	4.9	4.5	4.5	4.1	7	6	6	4.1
22	1.0m³以内履带式机械单斗挖掘机	台班	8001035	-	0.02	0.03	0.03	0.04	-	0.03	0.03	0.04
23	1.0m³以内轮胎式装载机	台班	8001045	0.1	0.1	0.1	0.1	0.1	0.1	0.1	0.1	0.1
24	400L以内灰浆搅拌机	台班	8005010	0.15	0.15	0.15	0.15	0.15	0.12	0.13	0.13	0.12
25	9m³/min以内机动空压机	台班	8017049	-	-	0.02	0.02	0.06	-	0.02	0.02	0.06
26	小型机具使用费	元	8099001	-	-	0.70	0.70	2.70	-	0.70	0.70	2.70
27	基价	元	9999001	2707	2800	2702	2982	2860	2882	2785	3044	2921

1-4-5 灰浆抹面护坡

工程内容 1)清理坡面;2)洒水湿润坡面;3)搭、拆简单脚手架;4)人工配、拌、运混合灰浆;5)抹平,养护。

单位:100m² 抹面面积

顺序号	项目	单位	代号	灰浆材料				
				石灰、煤渣	石灰、煤渣、黏土	石灰、煤渣、黏土、砂	水泥、石灰、砂	石灰、砂
				抹面厚度(cm)				
				3	6	8	3	4
				1	2	3	4	5
1	人工	工日	1001001	5.3	7.2	7.7	4.7	5.8
2	8~12号铁丝	kg	2001021	2	2	2	2	2
3	铁钉	kg	2009030	0.1	0.1	0.1	0.1	0.1
4	水	m³	3005004	23	45	60	23	30
5	原木	m³	4003001	0.02	0.02	0.02	0.02	0.02
6	锯材	m³	4003002	0.02	0.02	0.02	0.02	0.02
7	黏土	m³	5501003	-	1.87	2.18	-	-
8	熟石灰	t	5503003	0.773	1.421	0.989	0.309	0.828
9	中(粗)砂	m³	5503005	-	-	3.33	3.12	4.37
10	煤渣	m³	5503010	3.06	6.73	9.79	-	-
11	32.5级水泥	t	5509001	-	-	-	0.357	-
12	其他材料费	元	7801001	75	-	-	-	-
13	基价	元	9999001	1161	1766	2216	1095	1374

1-4-6 喷射混凝土护坡

工程内容 挂钢筋网或铁丝网:1)钢筋网制作;2)挂网、绑扎、混凝土块支垫、点焊锚杆。
喷混凝土:1)坡面清理及湿润;2)脚手架的搭设、移动、拆除;3)排水孔的设置;4)混凝土配运料、拌和、运输、喷射、养护。
锚杆:1)放样布孔;2)钻孔、清孔、移动钻具;3)锚杆制作、安设;4)砂浆拌和、灌浆。

Ⅰ. 挂 网

单位:1t

顺序号	项目	单位	代号	钢筋网			铁丝网		
				边坡高度(m)					
				10以内	20以内	20以上	10以内	20以内	20以上
				1	2	3	4	5	6
1	人工	工日	1001001	8.4	10.3	12.6	13.9	15.9	17.5
2	HPB300钢筋	t	2001001	1.025	1.025	1.025	-	-	-
3	20~22号铁丝	kg	2001022	0.8	0.9	0.9	0.5	0.5	0.5
4	铁丝编织网	m²	2001026	-	-	-	284.1	284.1	284.1
5	电焊条	kg	2009011	10.2	10.2	10.2	-	-	-
6	32kV·A以内交流电弧焊机	台班	8015028	2.47	3.44	3.88	-	-	-
7	小型机具使用费	元	8099001	17.7	17.7	17.7	-	-	-
8	基价	元	9999001	4844	5226	5551	7284	7496	7666

Ⅱ. 喷 混 凝 土

单位：10m³

顺序号	项目	单位	代号	边坡高度(m)		
				10 以内	20 以内	20 以上
				7	8	9
1	人工	工日	1001001	9.2	10.5	11.9
2	钢管	t	2003008	0.006	0.007	0.007
3	铁件	kg	2009028	2.1	2.3	2.4
4	水	m³	3005004	21	21	21
5	中(粗)砂	m³	5503005	6.53	6.53	6.53
6	碎石(2cm)	m³	5505012	6.11	6.11	6.11
7	32.5级水泥	t	5509001	4.766	4.766	4.766
8	其他材料费	元	7801001	529.9	527.8	525.7
9	250L以内强制式混凝土搅拌机	台班	8005002	1.49	1.7	1.93
10	混凝土喷射机	台班	8005011	1.64	1.89	2.13
11	9m³/min以内机动空压机	台班	8017049	1.48	1.69	1.81
12	小型机具使用费	元	8099001	2.5	2.5	2.6
13	基价	元	9999001	6030	6439	6790

III. 锚　杆

单位：1t

顺序号	项　目	单位	代　号	边坡高度(m)		
				10以内	20以内	20以上
				10	11	12
1	人工	工日	1001001	43.6	51.3	63.9
2	HPB300钢筋	t	2001001	0.007	0.007	0.007
3	HRB400钢筋	t	2001002	1.025	1.025	1.025
4	空心钢钎	kg	2009003	21.7	21.7	21.7
5	ϕ50mm以内合金钻头	个	2009004	9	9	9
6	电焊条	kg	2009011	0.1	0.1	0.1
7	水	m^3	3005004	66	66	66
8	中(粗)砂	m^3	5503005	0.76	0.76	0.76
9	32.5级水泥	t	5509001	0.323	0.323	0.323
10	其他材料费	元	7801001	28.3	28.3	28.3
11	气腿式风动凿岩机	台班	8001103	12.17	13.15	15.21
12	32kV·A以内交流电弧焊机	台班	8015028	0.02	0.02	0.02
13	9m^3/min以内机动空压机	台班	8017049	5.77	6.24	7.22
14	小型机具使用费	元	8099001	266.3	273.9	286.5
15	基价	元	9999001	13444	14626	16721

注：本定额中锚杆埋设仅适用于锚喷联合施工时的锚杆。

1-4-7 预应力锚索护坡

工程内容 脚手架:1)平整场地;2)底座、垫脚架设;3)搭、拆脚手及跳板;4)完工清理及保养。

地梁及锚座混凝土:1)坡面清理;2)模板安装、拆除、修理、涂脱模剂、堆放;3)混凝土配运料、拌和、运输、浇筑、养护。

地梁及锚座钢筋:钢筋除锈、制作、焊接、绑扎。

预应力锚索成孔:测量放样,操作平台搭设,钻孔机具安装、钻孔、清孔、移动、拆除,套管装拔。

预应力锚索:1)钢绞线除锈、穿架线环、涂油、穿防护管、绑扎成束;2)锚索入孔、就位、固定;3)安装锚具、张拉、封锚。

锚孔注浆:1)浆液制作、注浆;2)锚索入孔、就位、固定;3)安装锚具、张拉、封锚。

Ⅰ.脚手架及地梁、锚座 单位:表列单位

顺序号	项目	单位	代号	脚手架	地梁		锚座	
					混凝土	钢筋	混凝土	钢筋
				$100m^2$	$10m^3$	1t	$10m^3$	1t
				1	2	3	4	5
1	人工	工日	1001001	6.9	21.6	7.2	27.2	9.6
2	HPB300 钢筋	t	2001001	-	-	0.128	-	0.202
3	HRB400 钢筋	t	2001002	-	-	0.897	-	0.823
4	20~22 号铁丝	kg	2001022	1	-	4.6	-	4.4
5	型钢	t	2003004	-	0.015	-	0.013	-
6	钢管	t	2003008	0.025	-	-	-	-
7	组合钢模板	t	2003026	-	0.051	-	0.04	-
8	电焊条	kg	2009011	-	-	4	-	4.4

续前页
单位:表列单位

顺序号	项目	单位	代号	脚手架 100m²	地梁 混凝土 10m³	地梁 钢筋 1t	锚座 混凝土 10m³	锚座 钢筋 1t
				1	2	3	4	5
9	铁件	kg	2009028	10.6	24.6	-	21.6	-
10	水	m³	3005004	-	12	-	12	-
11	锯材	m³	4003002	0.06	0.01	-	0.09	-
12	中(粗)砂	m³	5503005	-	4.9	-	4.9	-
13	碎石(4cm)	m³	5505013	-	8.47	-	8.47	-
14	32.5级水泥	t	5509001	-	3.417	-	3.417	-
15	其他材料费	元	7801001	6.6	40.8	-	33.5	-
16	250L以内强制式混凝土搅拌机	台班	8005002	-	0.34	-	0.34	-
17	4t以内载货汽车	台班	8007003	0.04	-	-	-	-
18	32kV·A以内交流电弧焊机	台班	8015028	-	-	1.65	-	1.79
19	小型机具使用费	元	8099001	2.7	33.6	7.9	33.6	4
20	基价	元	9999001	1009	5093	4462	5729	4747

Ⅱ.预应力锚索成孔

单位：10m

顺序号	项目	单位	代号	孔径120mm以内							
				孔深20m以内				孔深30m以内			
				土层	软石	次坚石	坚石	土层	软石	次坚石	坚石
				6	7	8	9	10	11	12	13
1	人工	工日	1001001	1.2	2.4	3.6	4.7	1.4	2.8	4.1	5.5
2	20~22号铁丝	kg	2001022	0.3	0.3	0.3	0.3	0.3	0.3	0.3	0.3
3	钢管	t	2003008	0.003	0.005	0.007	0.008	0.003	0.005	0.007	0.008
4	ϕ150mm以内合金钻头	个	2009005	0.1	0.2	0.2	0.2	0.1	0.2	0.2	0.2
5	钻杆	kg	2009007	2.7	4.3	5.2	6	3.3	4.8	5.7	6.5
6	铁钉	kg	2009030	1.9	1.9	1.9	1.9	1.9	1.9	1.9	1.9
7	冲击器	个	2009035	0.01	0.02	0.02	0.04	0.01	0.02	0.02	0.05
8	偏心冲击锤	个	2009036	0.01	0.01	0.01	0.02	0.01	0.01	0.01	0.02
9	锯材	m^3	4003002	0.01	0.01	0.01	0.01	0.01	0.01	0.01	0.01
10	其他材料费	元	7801001	5.7	7.9	9.9	14	5.8	8.3	10.2	14.6
11	ϕ38~170mm液压锚固钻机	台班	8001116	0.34	0.51	0.67	0.87	0.4	0.61	0.79	1.02
12	17m^3/min以内机动空压机	台班	8017051	0.27	0.41	0.53	0.68	0.31	0.46	0.6	0.78
13	小型机具使用费	元	8099001	17.2	38.8	65	102	20.1	40.9	70.5	111.4
14	基价	元	9999001	596	972	1303	1708	680	1096	1466	1958

续前页

单位:10m

顺序号	项目	单位	代号	孔径120mm以内							
				孔深40m以内				孔深50m以内			
				土层	软石	次坚石	坚石	土层	软石	次坚石	坚石
				14	15	16	17	18	19	20	21
1	人工	工日	1001001	1.6	3.1	4.7	6.2	1.7	3.4	5.1	6.7
2	20~22号铁丝	kg	2001022	0.3	0.3	0.3	0.3	0.3	0.3	0.3	0.3
3	钢管	t	2003008	0.003	0.005	0.007	0.008	0.003	0.005	0.007	0.008
4	ϕ150mm以内合金钻头	个	2009005	0.1	0.2	0.2	0.2	0.1	0.2	0.2	0.3
5	钻杆	kg	2009007	5.8	9.1	11	12.9	8.6	13.5	16.4	19.1
6	铁钉	kg	2009030	1.9	1.9	1.9	1.9	1.9	1.9	1.9	1.9
7	冲击器	个	2009035	0.01	0.02	0.03	0.05	0.01	0.02	0.03	0.05
8	偏心冲击锤	个	2009036	0.01	0.01	0.01	0.02	0.01	0.01	0.01	0.02
9	锯材	m^3	4003002	0.01	0.01	0.01	0.01	0.01	0.01	0.01	0.01
10	其他材料费	元	7801001	6.3	9	11.3	15.9	6.9	9.9	12.4	17.7
11	ϕ38~170mm液压锚固钻机	台班	8001116	0.45	0.68	0.88	1.15	0.5	0.75	0.98	1.27
12	17m^3/min以内机动空压机	台班	8017051	0.36	0.53	0.69	0.9	0.39	0.59	0.77	0.99
13	小型机具使用费	元	8099001	23.8	43.2	76.4	121.2	25.9	46.4	83.2	130.4
14	基价	元	9999001	785	1248	1700	2241	861	1392	1893	2477

续前页

单位:10m

顺序号	项目	单位	代号	孔径 120mm 以内 孔深 60m 以内				孔径 150mm 以内 孔深 20m 以内			
				土层	软石	次坚石	坚石	土层	软石	次坚石	坚石
				22	23	24	25	26	27	28	29
1	人工	工日	1001001	1.9	3.7	5.7	7.4	1.3	2.5	3.8	4.9
2	20~22 号铁丝	kg	2001022	0.3	0.3	0.3	0.3	0.3	0.3	0.3	0.3
3	钢管	t	2003008	0.003	0.005	0.007	0.008	0.004	0.007	0.009	0.01
4	ϕ150mm 以内合金钻头	个	2009005	0.1	0.2	0.2	0.3	0.1	0.2	0.2	0.3
5	钻杆	kg	2009007	10.4	15.2	18	20.7	2.9	4.6	5.7	6.9
6	铁钉	kg	2009030	1.9	1.9	1.9	1.9	1.9	1.9	1.9	1.9
7	冲击器	个	2009035	0.01	0.02	0.03	0.05	0.01	0.02	0.03	0.05
8	偏心冲击锤	个	2009036	0.01	0.01	0.01	0.02	0.01	0.01	0.02	0.02
9	锯材	m^3	4003002	–	–	–	–	0.01	0.01	0.01	0.01
10	其他材料费	元	7801001	7.2	10.4	13	18.5	6	8.6	11.1	16
11	ϕ38~170mm 液压锚固钻机	台班	8001116	0.54	0.81	1.05	1.37	0.37	0.55	0.72	0.93
12	17m^3/min 以内机动空压机	台班	8017051	0.43	0.64	0.84	1.09	0.29	0.42	0.55	0.71
13	小型机具使用费	元	8099001	6.7	9.7	12.1	17.2	5.6	8.1	10.3	14.9
14	基价	元	9999001	911	1450	1970	2561	629	983	1338	1725

续前页

单位:10m

顺序号	项目	单位	代号	孔径150mm以内							
				孔深30m以内				孔深40m以内			
				土层	软石	次坚石	坚石	土层	软石	次坚石	坚石
				30	31	32	33	34	35	36	37
1	人工	工日	1001001	1.4	2.2	2.8	3.7	1.6	3.1	4.1	5.4
2	20~22号铁丝	kg	2001022	0.3	0.3	0.3	0.3	0.3	0.3	0.3	0.3
3	钢管	t	2003008	0.004	0.007	0.009	0.01	0.004	0.007	0.009	0.01
4	ϕ150mm以内合金钻头	个	2009005	0.1	0.2	0.2	0.3	0.1	0.2	0.2	0.3
5	钻杆	kg	2009007	3.5	5.2	6.3	7.5	6.1	9.8	12.2	14.7
6	铁钉	kg	2009030	1.9	1.9	1.9	1.9	1.9	1.9	1.9	1.9
7	冲击器	个	2009035	0.01	0.02	0.03	0.05	0.01	0.02	0.03	0.06
8	偏心冲击锤	个	2009036	0.01	0.01	0.02	0.02	0.01	0.01	0.02	0.02
9	锯材	m^3	4003002	0.01	0.01	0.01	0.01	0.01	0.01	0.01	0.01
10	其他材料费	元	7801001	6.1	8.9	11.3	16.5	6.7	9.8	12.5	18.3
11	ϕ38~170mm液压锚固钻机	台班	8001116	0.42	0.62	0.81	1.06	0.47	0.7	0.91	1.18
12	17m^3/min以内机动空压机	台班	8017051	0.32	0.48	0.62	0.81	0.37	0.55	0.71	0.93
13	小型机具使用费	元	8099001	20.5	43	73.4	115.1	26.2	49.4	83.7	130
14	基价	元	9999001	701	1068	1393	1836	810	1293	1699	2247

续前页

单位:10m

顺序号	项目	单位	代号	孔径150mm以内							
				孔深50m以内				孔深60m以内			
				土层	软石	次坚石	坚石	土层	软石	次坚石	坚石
				38	39	40	41	42	43	44	45
1	人工	工日	1001001	1.7	3.5	5.3	6.9	2	4	6	7.8
2	20~22号铁丝	kg	2001022	0.3	0.3	0.3	0.3	0.3	0.3	0.3	0.3
3	钢管	t	2003008	0.004	0.007	0.009	0.01	0.004	0.007	0.009	0.01
4	ϕ150mm以内合金钻头	个	2009005	0.1	0.2	0.2	0.3	0.1	0.2	0.2	0.3
5	钻杆	kg	2009007	9.1	14.6	18.2	21.8	10.9	16.4	20	23.7
6	铁钉	kg	2009030	1.9	1.9	1.9	1.9	1.9	1.9	1.9	1.9
7	冲击器	个	2009035	0.01	0.02	0.03	0.06	0.01	0.02	0.03	0.06
8	偏心冲击锤	个	2009036	0.01	0.01	0.02	0.02	0.01	0.01	0.02	0.02
9	锯材	m^3	4003002	0.01	0.01	0.01	0.01	–	–	–	–
10	其他材料费	元	7801001	7.3	10.8	14	20.3	7.6	11.3	14.6	21.2
11	ϕ38~170mm液压锚固钻机	台班	8001116	0.51	0.77	1	1.3	0.58	0.86	1.12	1.46
12	17m^3/min以内机动空压机	台班	8017051	0.41	0.6	0.79	1.02	0.45	0.68	0.89	1.15
13	小型机具使用费	元	8099001	30.3	52.8	92.1	140.7	33.3	56.3	96.5	145.9
14	基价	元	9999001	896	1441	1981	2588	986	1599	2188	2860

Ⅲ. 预应力锚索

单位：1t 钢绞线

顺序号	项目	单位	代号	束长(m) 20以内 锚具型号					
				4孔		5孔		6孔	
				每t 13.34束	每增减1束	每t 10.68束	每增减1束	每t 8.89束	每增减1束
				46	47	48	49	50	51
1	人工	工日	1001001	34.7	1.3	31.1	1.4	25.6	1.4
2	HPB300钢筋	t	2001001	0.051	0.004	0.041	0.004	0.035	0.004
3	钢绞线	t	2001008	1.04	-	1.04	-	1.04	-
4	8~12号铁丝	kg	2001021	3.4	0.3	2.7	0.3	2.3	0.3
5	20~22号铁丝	kg	2001022	1.3	0.1	1.1	0.1	0.9	0.1
6	铁丝编织网	m²	2001026	5.9	0.44	4.61	0.44	3.84	0.44
7	钢管	t	2003008	0.034	0.002	0.027	0.002	0.023	0.002
8	塑料软管	kg	5001017	62.8	-	62.8	-	62.8	-
9	塑料扩张环	个	5001055	34	3	28	3	23	3
10	钢绞线群锚(4孔)	套	6005006	13.61	1.02	-	-	-	-
11	钢绞线群锚(5孔)	套	6005007	-	-	10.89	1.02	-	-
12	钢绞线群锚(6孔)	套	6005008	-	-	-	-	8.86	1.02
13	钢绞线群锚(8孔)	套	6005010	-	-	-	-	-	-

续前页

单位:1t 钢绞线

顺序号	项 目	单位	代 号	束长(m)					
				20 以内					
				锚具型号					
				4 孔		5 孔		6 孔	
				每 t 13.34 束	每增减 1 束	每 t 10.68 束	每增减 1 束	每 t 8.89 束	每增减 1 束
				46	47	48	49	50	51
14	其他材料费	元	7801001	362.4	8.6	326.9	10.5	304.8	12.8
15	钢绞线拉伸设备	台班	8005078	2.47	0.18	1.98	0.18	1.69	0.18
16	小型机具使用费	元	8099001	49.6	3.7	42.7	3.8	38.3	4
17	基价	元	9999001	11887	296	11294	329	10554	353

续前页　　　　　　　　　　　　　　　　　　　　　　　　　　单位:1t 钢绞线

顺序号	项　目	单位	代　号	束长(m) 40以内 锚具型号 4孔 每t 7.09束	4孔 每增减1束	5孔 每t 5.67束	5孔 每增减1束	6孔 每t 4.73束	6孔 每增减1束	8孔 每t 3.54束	8孔 每增减1束
				52	53	54	55	56	57	58	59
1	人工	工日	1001001	20.6	1.7	18.8	1.8	17.9	1.9	17.1	2
2	HPB300 钢筋	t	2001001	0.027	0.004	0.022	0.004	0.018	0.004	0.015	0.004
3	钢绞线	t	2001008	1.04	-	1.04	-	1.04	-	1.04	-
4	8~12 号铁丝	kg	2001021	3.9	0.6	3.1	0.6	2.6	0.6	2.1	0.6
5	20~22 号铁丝	kg	2001022	1.6	0.2	1.2	0.2	1	0.2	0.8	0.2
6	铁丝编织网	m^2	2001026	3.13	0.44	2.47	0.44	2.06	0.44	1.54	0.44
7	钢管	t	2003008	0.019	0.002	0.015	0.002	0.012	0.002	0.009	0.002
8	塑料软管	kg	5001017	94.1	-	94.1	-	94.1	-	94.1	-
9	塑料扩张环	个	5001055	18	3	15	3	12	3	9	3
10	钢绞线群锚(4孔)	套	6005006	7.23	1.02	-	-	-	-	-	-
11	钢绞线群锚(5孔)	套	6005007	-	-	5.78	1.02	-	-	-	-
12	钢绞线群锚(6孔)	套	6005008	-	-	-	-	4.82	1.02	-	-
13	钢绞线群锚(8孔)	套	6005010	-	-	-	-	-	-	3.61	1.02

续前页

单位:1t 钢绞线

顺序号	项目	单位	代号	束长(m) 40以内 锚具型号							
				4孔		5孔		6孔		8孔	
				每t 7.09束	每增减 1束	每t 5.67束	每增减 1束	每t 4.73束	每增减 1束	每t 3.54束	每增减 1束
				52	53	54	55	56	57	58	59
14	其他材料费	元	7801001	350.2	10.5	312.5	12.8	291.7	15.3	261.1	16.6
15	钢绞线拉伸设备	台班	8005078	2.12	0.3	1.69	0.3	1.41	0.3	1.06	0.3
16	小型机具使用费	元	8099001	38.8	5.6	33.1	6	29.2	6.2	24.2	6.7
17	基价	元	9999001	9998	360	9648	394	9449	428	9240	482

续前页 单位:1t 钢绞线

顺序号	项目	单位	代号	束长(m) 60以内							
				锚具型号							
				4孔		5孔		6孔		8孔	
				每t 4.36束	每增减 1束	每t 3.49束	每增减 1束	每t 2.91束	每增减 1束	每t 2.18束	每增减 1束
				60	61	62	63	64	65	66	67
1	人工	工日	1001001	13.8	2.1	12.8	2.2	12.3	2.3	11.8	2.5
2	HPB300钢筋	t	2001001	0.022	0.004	0.018	0.004	0.014	0.004	0.012	0.004
3	钢绞线	t	2001008	1.04	—	1.04	—	1.04	—	1.04	—
4	8~12号铁丝	kg	2001021	4.3	1	3.5	1	2.9	1	2.1	1
5	20~22号铁丝	kg	2001022	1.7	0.4	1.4	0.4	1.2	0.4	0.9	0.4
6	铁丝编织网	m²	2001026	1.93	0.44	1.52	0.44	1.27	0.44	0.94	0.44
7	钢管	t	2003008	0.011	0.002	0.009	0.002	0.007	0.002	0.005	0.002
8	塑料软管	kg	5001017	107.8	—	107.8	—	107.8	—	107.8	—
9	塑料扩张环	个	5001055	11	3	9	3	7	3	6	3
10	钢绞线群锚(4孔)	套	6005006	4.45	1.02	—	—	—	—	—	—
11	钢绞线群锚(5孔)	套	6005007	—	—	3.56	1.02	—	—	—	—
12	钢绞线群锚(6孔)	套	6005008	—	—	—	—	2.97	1.02	—	—
13	钢绞线群锚(8孔)	套	6005010	—	—	—	—	—	—	2.22	1.02

续前页 单位:1t 钢绞线

顺序号	项目	单位	代号	束长(m) 60以内							
				锚具型号							
				4孔		5孔		6孔		8孔	
				每t 4.36束	每增减1束	每t 3.49束	每增减1束	每t 2.91束	每增减1束	每t 2.18束	每增减1束
				60	61	62	63	64	65	66	67
14	其他材料费	元	7801001	339.6	13.6	302.1	16.2	278.5	19.4	246.9	20.6
15	钢绞线拉伸设备	台班	8005078	1.48	0.34	1.18	0.34	0.99	0.34	0.75	0.34
16	小型机具使用费	元	8099001	27	6	23	6.4	21.7	6.7	18	7
17	基价	元	9999001	9042	414	8816	448	8679	483	8529	548

Ⅳ. 锚孔注浆

单位:10m³ 浆液

顺序号	项 目	单位	代 号	水泥浆				水泥砂浆	
				一次注浆		二次(劈裂)注浆			
				孔径(mm)					
				120以内	150以内	120以内	150以内	120以内	150以内
				68	69	70	71	72	73
1	人工	工日	1001001	5.3	5.3	5.9	5.9	4.4	4.4
2	铸铁管	kg	2009033	-	-	1768.4	1131.8	-	-
3	水	m³	3005004	57	57	57	57	16	16
4	PVC注浆管	m	5001043	972.6	622.5	-	-	972.6	622.5
5	中(粗)砂	m³	5503005	-	-	-	-	10.4	10.4
6	32.5级水泥	t	5509001	14.154	14.154	14.154	14.154	5.375	5.375
7	其他材料费	元	7801001	1.5	0.9	29	18.5	14.2	9
8	200L以内灰浆搅拌机	台班	8005009	0.86	0.86	1	1	0.91	0.91
9	3m³/h以内灰浆输送泵	台班	8005013	0.96	0.96	-	-	1.03	1.03
10	单液压电动注浆泵	台班	8005021	-	-	1.19	1.13	-	-
11	3t以内载货汽车	台班	8007002	0.4	0.4	0.4	0.4	0.3	0.3
12	小型机具使用费	元	8099001	3.6	3.6	5.2	5.2	3.8	3.8
13	基价	元	9999001	7661	6883	11789	9587	5652	4870

注:注浆定额中未包括外掺剂的费用,需要时另行计算。

1-4-8 柔性防护网

工程内容 主动防护网:1)清理坡面危岩;2)安装纵横支撑绳、预张拉、紧固;3)铺挂格栅网;4)铺设钢丝绳网并缝合固定。
钢立柱:立柱及拉锚绳安装。
被动防护网:1)上下支撑绳安装;2)钢绳网安装;3)格栅网铺挂。
锚杆:1)测量定位及凿槽;2)钻孔、清孔、移动钻机;3)安放钢绳锚杆;4)浆液制作,压浆,养护。

单位:表列单位

顺序号	项目	单位	代号	主动		被动		
				防护锚杆	防护网	防护锚杆	防护钢立柱	防护网
				1t	100m²	1t	1t	100m²
				1	2	3	4	5
1	人工	工日	1001001	22.8	8.3	15.4	4.6	22.7
2	HRB400 钢筋	t	2001002	-	0.059	-	0.229	-
3	钢丝绳	t	2001019	-	0.106	-	0.121	0.138
4	8~12 号铁丝	kg	2001021	-	1	-	-	1.5
5	格栅网	m²	2001028	-	110	-	-	110
6	钢绳网	m²	2001029	-	100	-	-	100
7	钢板	t	2003005	-	-	-	0.069	-
8	型钢立柱	t	2003016	-	-	-	1	-
9	空心钢钎	kg	2009003	21	-	24	-	-
10	ϕ50mm 以内合金钻头	个	2009004	7	-	10	-	-

续前页　　　　　　　　　　　　　　　　　　　　　　　　　　　　　　　　单位：表列单位

顺序号	项目	单位	代号	主动		被动		
				防护锚杆	防护网	防护锚杆	防护钢立柱	防护网
				1t	100m²	1t	1t	100m²
				1	2	3	4	5
11	钢绳锚杆	t	2009010	1	—	1	—	—
12	铁件	kg	2009028	—	—	—	11	—
13	滑动槽	kg	2009031	—	—	—	—	8
14	水	m³	3005004	73	—	73	—	—
15	中(粗)砂	m³	5503005	0.89	—	0.89	—	—
16	32.5级水泥	t	5509001	0.458	—	0.458	—	—
17	其他材料费	元	7801001	37.2	339.4	40.2	26.6	187.7
18	手持式风动凿岩机	台班	8001102	15.3	—	18.36	—	—
19	2t以内载货汽车	台班	8007001	—	—	—	0.41	—
20	5t以内载货汽车	台班	8007004	—	—	—	0.38	—
21	30kN以内单筒慢动卷扬机	台班	8009080	—	1.22	—	—	0.85
22	9m³/min以内机动空压机	台班	8017049	9.71	—	9.71	—	—
23	小型机具使用费	元	8099001	168.5	6.9	188.6	7.9	4.7
24	基价	元	9999001	18351	8159	17757	7334	9628

1-4-9 木桩填石护岸

工程内容 1)制桩;2)打桩;3)钉横木;4)填石。

单位:10m³ 木桩实体

顺序号	项目	单位	代号	木桩填石护岸
				1
1	人工	工日	1001001	19.7
2	铁件	kg	2009028	2.4
3	铁钉	kg	2009030	20.2
4	原木	m³	4003001	10.62
5	锯材	m³	4003002	0.07
6	片石	m³	5505005	24.11
7	其他材料费	元	7801001	1
8	基价	元	9999001	17455

1-4-10 抛石防护

工程内容 陆上抛填:1)运输;2)抛填;3)测量检查。
水上抛填:1)装船;2)拖轮拖至抛填地点、移船定位;3)人工抛填;4)测量检查。

单位:100m³ 设计抛石量

顺序号	项目	单位	代号	陆上抛填		水上抛填	
				人工抛填	机械抛填	运距1km以内	每增运1km
				1	2	3	4
1	人工	工日	1001001	23.2	0.5	11.9	-
2	片石	m³	5505005	102	102	102	-
3	75kW以内履带式推土机	台班	8001002	-	0.08	-	-
4	2.0m³以内轮胎式装载机	台班	8001047	-	0.25	0.19	-
5	15t以内履带式起重机	台班	8009002	-	-	0.19	-
6	147kW以内内燃拖轮	台班	8019003	-	-	0.19	0.04
7	200t以内工程驳船	台班	8019023	-	-	2.37	0.05
8	基价	元	9999001	8903	6807	8867	75

1-4-11 防风固沙

工程内容 黏土、砂砾压盖:1)铺料;2)耙平;3)压实。

草方格沙障:1)选点放样;2)人工栽麦草;3)撒草籽。

黏土埂挡风墙:1)放样;2)堆土成埂;3)拍实。

杂柴挡风墙:1)叠铺杂柴;2)培土夯实。

柳条笆防沙栏:1)人工编篱笆;2)熬沥青;3)加固桩防腐;4)埋放加固桩;5)安装篱笆铁丝绑扎固定。

人工、机械清除流沙:1)挖、运;2)将流沙清除到路基以外。

黏土封闭路基:1)铺砌;2)整平;3)夯实。

边坡和平整带卵石铺砌:1)挂线;2)整平;3)铺砌;4)灌沙。

芦苇、棉秆方格固沙:放样,挖沟,分拣、切割,摆放,踩(埋)栽芦苇、棉秆,整形,封沙,踩实。

土工物固沙:放样、装袋、捆扎、摆放、整形。

编织方格网固沙:放样、打桩、挂网、固结。

土工格室固沙:放样、初平压实路面、打桩挂网、铺设土工格室、固定、回填、放线整平、压实。

单位:表列单位

顺序号	项 目	单位	代 号	压盖 黏土	压盖 砂砾 厚10cm	压盖 砂砾 每增减1cm	草方格沙障	黏土埂挡风墙
				1000m²	1000m²	1000m²	1000m²	1000m
				1	2	3	4	5
1	人工	工日	1001001	9.2	20.4	1.4	6.9	52.1
2	草籽	kg	4013001	-	-	-	1.5	-
3	黏土	m³	5501003	43.68	-	-	-	130
4	砂砾	m³	5503007	-	102	10.2	-	142.8
5	其他材料费	元	7801001	-	38.8	-	47.3	9.7
6	8~10t光轮压路机	台班	8001079	0.3	-	-	-	-
7	基价	元	9999001	1606	6960	624	887	13716

续前页　　单位:表列单位

顺序号	项目	单位	代号	杂柴挡风墙 墙高1.0m	杂柴挡风墙 墙高1.5m	杂柴挡风墙 墙高2.0m	柳条笆防沙栏	清除流沙 人工	清除流沙 机械	沙路基加固 黏土封闭	沙路基加固 边坡和平整带卵石铺砌
				1000m				$1000m^3$			$1000m^2$
				6	7	8	9	10	11	12	13
1	人工	工日	1001001	35.4	44.1	52.9	555	315.1	6.1	34.4	26
2	8~12号铁丝	kg	2001021	–	–	–	81.6	–	–	–	–
3	原木	m^3	4003001	–	–	–	4.7	–	–	–	–
4	木柴	kg	4003007	11000	15000	20000	–	–	–	–	–
5	黏土	m^3	5501003	–	–	–	–	–	–	115.6	–
6	砂砾	m^3	5503007	–	–	–	–	–	–	15.8	–
7	大卵石	m^3	5505008	–	–	–	–	–	–	–	104
8	其他材料费	元	7801001	9.7	9.7	11.7	1539.8	–	–	9.7	4.9
9	75kW以内履带式推土机	台班	8001002	–	–	–	–	–	2.12	–	–
10	$0.6m^3$以内履带式液压单斗挖掘机	台班	8001025	–	–	–	–	–	6.55	–	–
11	基价	元	9999001	11582	15347	19834	66912	33489	7975	5749	9433

续前页　　　　　　　　　　　　　　　　　　　　　　　　　　　　单位：1000m²

顺序号	项目	单位	代号	中、轻沙区		重沙区		中、轻沙区		重沙区	
				踩栽（kg/m²）				挖沟埋栽（kg/m²）			
				1.0	1.2	1.0	1.2	1.0	1.2	1.0	1.2
				芦苇方格（1m×1m)							
				14	15	16	17	18	19	20	21
1	人工	工日	1001001	3	3.3	3.9	4.4	5.3	5.6	7.9	8.9
2	芦苇	kg	4001004	1080	1296	1080	1296	1080	1296	1080	1296
3	其他材料费	元	7801001	4.9	4.9	4.9	4.9	5.3	5.3	5.3	5.3
4	基价	元	9999001	1901	2248	1996	2365	2145	2493	2422	2843

续前页

单位:1000m²

顺序号	项目	单位	代号	中、轻沙区			重沙区		
				1.2kg/m²	1.5kg/m²	2.0kg/m²	1.2kg/m²	1.5kg/m²	2.0kg/m²
				棉秆方格(1m×1m)固沙					
				22	23	24	25	26	27
1	人工	工日	1001001	10.2	12	15.6	22.7	27.6	32.4
2	棉秆	kg	4001005	1296	1620	2160	1296	1620	2160
3	其他材料费	元	7801001	6.8	7.8	8.7	6.8	7.8	8.7
4	基价	元	9999001	2102	2547	3351	3430	4205	5137

续前页　　　　单位：$1000m^2$

顺序号	项　目	单位	代　号	1m×1m方格固沙			土工物固沙		
				棉秆把	稻草把	草帘	土工袋(1m×1m)	编织方格网(1m×1m)	土工格室
				用量(kg/m^2)					
				1.2			0.175	0.185	
				28	29	30	31	32	33
1	人工	工日	1001001	21.7	16.2	16	12.8	17.5	39.4
2	20~22号铁丝	kg	2001022	66.1	42.3	–	3.7	8.8	–
3	圆丝编织网	m	2001032	–	–	–	–	2010	–
4	U形锚钉	kg	2009034	–	–	–	–	–	403
5	棉秆	kg	4001005	1260	53.1	–	–	–	–
6	稻草	kg	4001006	–	1260	–	–	–	–
7	草帘	kg	4001007	–	–	1155	–	–	–
8	原木	m^3	4003001	–	–	–	–	0.81	1.6
9	土工格室	m^2	5007004	–	–	–	–	–	1103
10	长桶形土工袋	个	5007005	–	–	–	1050	–	–
11	其他材料费	元	7801001	4.9	4.9	5.3	–	–	1942
12	75kW以内履带式推土机	台班	8001002	–	–	–	–	–	4.08
13	8~10t光轮压路机	台班	8001079	–	–	–	–	–	9.18
14	基价	元	9999001	3611	2525	3946	2901	4489	36950

注：1.草方格沙障定额中的其他材料费包括麦草600kg的费用。
2.柳条笆防沙栏定额中的其他材料费包括柳条12500kg的费用。
3.备水费用另计。

1-4-12 防雪、防沙设施

工程内容 高立式阻沙栅栏:放样、打木桩、拉线固定,挖沟、分拣、切割、排栽芦苇或安装编织网,设肋部芦苇束、绑扎、整形、回填、踩实。

柳条笆防沙栏:人工编篱笆,熬沥青,加固桩防腐,埋放加固桩,安装篱笆铁丝绑扎固定。

土工阻沙墙(堤):放样、堆土成埂、机械初平、压实,黏土砂砾表面封固。

木栅板下导风板(聚风板):1)挖洞埋入钢管立柱,浇筑柱脚混凝土;2)安装横撑木、固定螺栓;3)安装栅板。

钢丝网下导风板:挖洞埋入钢管立柱,立柱防腐,熬沥青,安装铁丝网绑扎固定。

防雪、防沙墙:预制安装混凝土:挖基、回填,立柱墙体预制、安装全部工序。

现浇混凝土墙:混凝土及钢筋的全部工序。

石砌墙式防雪、防沙墙:1)挖基;2)洗石;3)挂线;4)拌运砂浆;5)铺浆、砌筑、勾缝。

单位:表列单位

顺序号	项 目	单位	代 号	高立式阻沙栅栏				土工堤	下导风板
				芦苇用量(kg/m)			编织网(kg/m)		钢管立柱埋设
				1.75	2	2.5	0.24		
				1000m				1000m³	1t
				1	2	3	4	5	6
1	人工	工日	1001001	34.7	37.2	41.9	24.7	9.5	9.3
2	8~12号铁丝	kg	2001021	84.5	84.5	84.5	246.5	-	-
3	铁丝编织网	m²	2001026	-	-	-	1050	-	-
4	钢管立柱	t	2003015	-	-	-	-	-	1.00
5	电焊条	kg	2009011	-	-	-	-	-	9.4

续前页

单位:表列单位

顺序号	项 目	单位	代号	高立式阻沙栅栏				土工堤	下导风板
				芦苇用量(kg/m)			编织网(kg/m)		钢管立柱埋设
				1.75	2	2.5	0.24		
				1000m				1000m^3	1t
				1	2	3	4	5	6
6	铁件	kg	2009028	-	-	-	-	-	21.4
7	水	m^3	3005004	-	-	-	-	-	1.2
8	芦苇	kg	4001004	1925	2200	2750	-	-	-
9	原木	m^3	4003001	1.7	1.7	1.7	1.76	-	-
10	黏土	m^3	5501003	-	-	-	-	13	-
11	中(粗)砂	m^3	5503005	-	-	-	-	-	0.5
12	砂砾	m^3	5503007	-	-	-	-	14.2	-
13	碎石(2cm)	m^3	5505012	-	-	-	-	-	0.84
14	32.5级水泥	t	5509001	-	-	-	-	-	0.321
15	其他材料费	元	7801001	6.8	6.8	7.8	-	9.7	26.2
16	105kW以内履带式推土机	台班	8001004	-	-	-	-	7.12	-
17	250L以内强制式混凝土搅拌机	台班	8005002	-	-	-	-	-	0.87
18	32kV·A以内交流电弧焊机	台班	8015028	-	-	-	-	-	1.63
19	小型机具使用费	元	8099001	-	-	-	-	180.8	90.4
20	基价	元	9999001	9055	9722	11026	27410	10414	7059

续前页　　单位:表列单位

顺序号	项　目	单位	代　号	下导风板		防雪、防沙墙			
				板体、网面安装		预制安装钢筋混凝土			
				木栅板	铁丝网	立柱预制混凝土	安装	立柱钢筋	板体预制混凝土
				10 延米	$100m^2$	$10m^3$		1t	$10m^3$
				7	8	9	10	11	12
1	人工	工日	1001001	0.7	8.7	25.5	10.1	8.1	17.5
2	HPB300 钢筋	t	2001001	–	–	–	–	0.088	–
3	HRB400 钢筋	t	2001002	–	–	–	–	0.937	–
4	8～12 号铁丝	kg	2001021	0.6	12.4	–	–	–	5.4
5	20～22 号铁丝	kg	2001022	–	–	–	–	5.1	–
6	钢板网	m^2	2001025	–	102	–	–	–	–
7	铁皮	m^2	2003044	–	–	–	–	1	1
8	电焊条	kg	2009011	–	–	–	–	1.6	0.01
9	铁件	kg	2009028	–	–	15.1	–	–	2.2
10	铁钉	kg	2009030	1.8	–	5.8	–	–	1.6
11	水	m^3	3005004	–	–	16	4	–	16
12	原木	m^3	4003001	–	–	–	0.28	–	–
13	锯材	m^3	4003002	1.81	–	0.41	–	–	0.41
14	黏土	m^3	5501003	–	–	–	–	–	–

续前页 单位:表列单位

顺序号	项目	单位	代号	下导风板		防雪、防沙墙			
				板体、网面安装		预制安装钢筋混凝土			
				木栅板	铁丝网	立柱预制混凝土	安装	立柱钢筋	板体预制混凝土
				10延米	100m²	10m³		1t	10m³
				7	8	9	10	11	12
15	中(粗)砂	m³	5503005	-	-	4.65	0.12	-	4.85
16	碎石(2cm)	m³	5505012	-	-	7.89	-	-	8.08
17	32.5级水泥	t	5509001	-	-	4.101	0.073	-	3.717
18	其他材料费	元	7801001	48.5	77.7	51.2	14.6	-	14.6
19	105kW以内履带式推土机	台班	8001004	-	-	-	-	-	-
20	250L以内强制式混凝土搅拌机	台班	8005002	-	-	0.67	-	-	-
21	80kV·A以内交流电弧焊机	台班	8015031	-	-	-	-	0.42	-
22	小型机具使用费	元	8099001	10.8	108.5	23.4	37.9	15.5	9.1
23	基价	元	9999001	2868	3274	6025	1529	4393	4889

续前页

单位:表列单位

顺序号	项目	单位	代号	防雪、防沙墙					
				预制安装钢筋混凝土		现浇混凝土墙		石砌墙式	
				板体钢筋	安装	混凝土	钢筋	浆砌片石	浆砌块石
				1t	10m³		1t	10m³	
				13	14	15	16	17	18
1	人工	工日	1001001	7	4	16.1	8.9	9.9	10.2
2	HPB300 钢筋	t	2001001	1.025	–	0.001	1.025	–	–
3	20~22 号铁丝	kg	2001022	5.1	–	–	5.1	–	–
4	钢模板	t	2003025	–	–	0.101	–	–	–
5	电焊条	kg	2009011	0.9	–	–	–	–	–
6	铁件	kg	2009028	0.9	–	13.3	–	–	–
7	水	m³	3005004	–	3	12	–	17	17
8	原木	m³	4003001	–	0.28	0.04	–	–	–
9	锯材	m³	4003002	–	–	0.06	–	–	–
10	中(粗)砂	m³	5503005	–	0.1	4.9	–	4.3	3.23
11	片石	m³	5505005	–	–	–	–	11.5	–
12	碎石(4cm)	m³	5505013	–	–	8.47	–	–	–
13	块石	m³	5505025	–	–	–	–	–	10.5
14	32.5 级水泥	t	5509001	–	0.028	3.417	–	1.071	0.802
15	其他材料费	元	7801001	–	14.6	14.2	–	13.6	13.6

续前页

单位:表列单位

顺序号	项　　目	单位	代　号	防雪、防沙墙					
				预制安装钢筋混凝土		现浇混凝土墙		石砌墙式	
				板体钢筋	安装	混凝土	钢筋	浆砌片石	浆砌块石
				1t	$10m^3$		1t	$10m^3$	
				13	14	15	16	17	18
16	105kW 以内履带式推土机	台班	8001004	-	-	-	-	-	-
17	250L 以内强制式混凝土搅拌机	台班	8005002	0.67	-	0.41	-	-	-
18	1t 以内机动翻斗车	台班	8007046	-	-	0.37	-	-	-
19	5t 以内汽车式起重机	台班	8009025	-	0.73	-	-	-	-
20	75kV·A 以内交流对焊机	台班	8015047	0.18	1.13	-	-	-	-
21	小型机具使用费	元	8099001	18.3	-	4.9	10.9	-	-
22	基价	元	9999001	4381	1597	4875	4398	2543	2652

1-4-13 现浇混凝土挡土墙

工程内容 1)挖基并回填;2)铺垫层;3)搭、拆脚手架;4)钢筋、混凝土的全部工序;5)泄水管及伸缩缝的设置。

单位:表列单位

顺序号	项目	单位	代号	片石混凝土 10m³ 实体	混凝土 10m³ 实体	钢筋 1t
				1	2	3
1	人工	工日	1001001	14.8	20.2	6.7
2	HPB300 钢筋	t	2001001	—	—	1.025
3	8~12 号铁丝	kg	2001021	2.1	2.1	—
4	20~22 号铁丝	kg	2001022	—	—	2.6
5	组合钢模板	t	2003026	0.016	0.016	—
6	空心钢钎	kg	2009003	0.03	0.03	—
7	φ50mm 以内合金钻头	个	2009004	0.04	0.05	—
8	电焊条	kg	2009011	—	—	3.5
9	铁件	kg	2009028	50.7	50.7	—
10	石油沥青	t	3001001	0.001	0.001	—
11	水	m³	3005004	10	10	—
12	原木	m³	4003001	0.04	0.04	—
13	PVC 塑料管(φ50mm)	m	5001013	1.8	1.8	—
14	硝铵炸药	kg	5005002	0.33	0.33	—

续前页
单位:表列单位

顺序号	项目	单位	代号	片石混凝土	混凝土	钢筋
				10m³ 实体		1t
				1	2	3
15	非电毫秒雷管	个	5005008	0.42	0.42	-
16	导爆索	m	5005009	0.19	0.19	-
17	中(粗)砂	m³	5503005	4.69	5.51	-
18	砂砾	m³	5503007	2.55	2.55	-
19	片石	m³	5505005	2.19	-	-
20	碎石(8cm)	m³	5505015	7.14	8.36	-
21	32.5级水泥	t	5509001	2.448	2.876	-
22	其他材料费	元	7801001	22.6	22.6	-
23	1.0m³ 以内履带式机械单斗挖掘机	台班	8001035	0.06	-	-
24	250L以内强制式混凝土搅拌机	台班	8005002	0.28	0.32	-
25	8t以内汽车式起重机	台班	8009026	0.19	0.24	-
26	32kV·A以内交流电弧焊机	台班	8015028	-	-	0.48
27	3m³/min 以内机动空压机	台班	8017047	-	0.03	-
28	9m³/min 以内机动空压机	台班	8017049	0.02	-	-
29	小型机具使用费	元	8099001	14.2	14.2	16.3
30	基价	元	9999001	4298	5012	4266

1-4-14 加筋土挡土墙

工程内容 1)挖基;2)铺垫层;3)预制、安装混凝土面板的全部工序;4)墙背填砂砾;5)加筋拉带铺设;6)泄水管及伸缩缝的设置。

单位:10m³ 实体

顺序号	项目	单位	代号	平面面板	内凹面板
				1	2
1	人工	工日	1001001	100.1	122
2	HPB300 钢筋	t	2001001	0.203	0.372
3	20~22号铁丝	kg	2001022	0.71	1.31
4	钢模板	t	2003025	0.008	0.021
5	电焊条	kg	2009011	0.22	0.4
6	铁件	kg	2009028	0.7	8.86
7	铸铁管	kg	2009033	28	20.3
8	石油沥青	t	3001001	0.001	0.001
9	水	m³	3005004	18.98	18.26
10	锯材	m³	4003002	0.048	0.058
11	塑料拉筋带	t	5001054	0.26	0.461
12	黏土	m³	5501003	6.49	3.66
13	生石灰	t	5503002	1.79	1.011
14	中(粗)砂	m³	5503005	5.85	5.87

续前页

单位：$10m^3$ 实体

顺序号	项目	单位	代号	平面面板	内凹面板
				1	2
15	砂砾	m^3	5503007	30.29	22.13
16	碎石(2cm)	m^3	5505012	-	4.83
17	碎石(4cm)	m^3	5505013	8.49	3.43
18	32.5 级水泥	t	5509001	3.234	3.642
19	其他材料费	元	7801001	158.7	407.4
20	250L 以内强制式混凝土搅拌机	台班	8005002	0.29	0.29
21	32kV·A 以内交流电弧焊机	台班	8015028	0.03	0.06
22	小型机具使用费	元	8099001	1.1	2.7
23	基价	元	9999001	18674	23451

1-4-15 现浇钢筋混凝土锚定板式挡土墙

工程内容 1)挖基;2)铺砂砾垫层;3)预制锚定板,现浇混凝土墙身的全部工序;4)钢筋及拉杆制作;5)拉杆及锚定板安装的全部工序;6)回填、夯实;7)泄水管及沉陷缝的设置。

单位:10m³

顺序号	项目	单位	代号	锚定板式挡土墙
				1
1	人工	工日	1001001	22
2	HPB300 钢筋	t	2001001	0.067
3	HRB400 钢筋	t	2001002	0.183
4	8~12 号铁丝	kg	2001021	0.2
5	20~22 号铁丝	kg	2001022	0.5
6	钢管	t	2003008	0.008
7	组合钢模板	t	2003026	0.024
8	电焊条	kg	2009011	1.57
9	铁件	kg	2009028	10
10	铁钉	kg	2009030	0.43
11	铸铁管	kg	2009033	10.36
12	石油沥青	t	3001001	0.64

续前页 单位:10m³

顺序号	项 目	单位	代 号	锚定板式挡土墙
				1
13	煤	t	3005001	0.218
14	水	m³	3005004	12.37
15	原木	m³	4003001	0.05
16	锯材	m³	4003002	0.048
17	中(粗)砂	m³	5503005	5.01
18	砂砾	m³	5503007	6.92
19	碎石(4cm)	m³	5505013	8.66
20	32.5级水泥	t	5509001	3.495
21	其他材料费	元	7801001	44.1
22	250L以内强制式混凝土搅拌机	台班	8005002	0.29
23	8t以内汽车式起重机	台班	8009026	0.25
24	30kN以内单筒慢动卷扬机	台班	8009080	0.05
25	32kV·A以内交流电弧焊机	台班	8015028	0.24
26	小型机具使用费	元	8099001	35.3
27	基价	元	9999001	9534

1-4-16 预制、安装钢筋混凝土锚定板式挡土墙

工程内容 1)混凝土、钢筋的全部工序;2)拌运砂浆,砌筑,勾缝;3)修整构件,安装就位;4)拉杆防锈处理。

单位:表列单位

顺序号	项目	单位	代号	混凝土			钢筋	拉杆
				挡土板	锚定板	立柱		
				10m³ 实体			1t	
				1	2	3	4	5
1	人工	工日	1001001	35.1	35.2	28.8	7.7	6.3
2	HPB300 钢筋	t	2001001	—	—	—	1.025	—
3	HRB400 钢筋	t	2001002	—	—	—	—	1
4	20~22 号铁丝	kg	2001022	—	—	—	3.6	—
5	型钢	t	2003004	—	—	0.008	—	—
6	钢模板	t	2003025	0.018	0.015	—	—	—
7	组合钢模板	t	2003026	—	—	0.01	—	—
8	电焊条	kg	2009011	—	—	—	1.1	—
9	铁件	kg	2009028	4.25	—	8.1	—	414.4
10	石油沥青	t	3001001	—	—	—	—	0.164
11	煤	t	3005001	—	—	—	—	0.034
12	水	m³	3005004	17	17	17	—	1
13	原木	m³	4003001	—	—	0.02	—	—

续前页 单位:表列单位

顺序号	项目	单位	代号	混凝土			钢筋	拉杆
				挡土板	锚定板	立柱		
				10m³ 实体			1t	
				1	2	3	4	5
14	锯材	m³	4003002	0.055	0.06	0.02	-	-
15	中(粗)砂	m³	5503005	6.19	5.58	5.29	-	0.71
16	碎石(2cm)	m³	5505012	8.08	8.08	8.31	-	-
17	32.5级水泥	t	5509001	4.084	3.929	3.884	-	0.205
18	其他材料费	元	7801001	270.1	115.3	117	-	559
19	设备摊销费	元	7901001	-	-	-	-	1.8
20	250L以内强制式混凝土搅拌机	台班	8005002	0.29	0.29	0.29	-	-
21	30kN以内单筒慢动卷扬机	台班	8009080	-	-	2.09	-	-
22	32kV·A以内交流电弧焊机	台班	8015028	-	-	-	0.16	-
23	小型机具使用费	元	8099001	6.5	5.2	4.8	6.6	-
24	基价	元	9999001	6815	6541	6161	4295	7245

1-4-17 钢筋混凝土桩板式挡土墙

工程内容 1)挖基及回填;2)现浇、预制混凝土的全部工序;3)挡土板吊装就位;4)钢筋的全部工序。

单位:表列单位

顺序号	项目	单位	代号	混凝土		钢筋
				现浇桩(柱)	预制、安装挡土板	
				10m³ 实体		1t
				1	2	3
1	人工	工日	1001001	16.9	28.8	7
2	HPB300 钢筋	t	2001001	-	-	0.307
3	HRB400 钢筋	t	2001002	-	-	0.718
4	20~22 号铁丝	kg	2001022	-	-	4.35
5	型钢	t	2003004	0.022	0.029	-
6	组合钢模板	t	2003026	0.014	0.026	-
7	钢钎	kg	2009002	0.04	-	-
8	电焊条	kg	2009011	-	1.2	3.5
9	铁件	kg	2009028	20.16	12.6	-
10	水	m³	3005004	10.4	16	-
11	原木	m³	4003001	0.066	0.02	-
12	锯材	m³	4003002	0.032	0.07	-

续前页 单位:表列单位

顺序号	项 目	单位	代 号	混凝土		钢筋
				现浇桩(柱)	预制、安装挡土板	
				10m³ 实体		1t
				1	2	3
13	硝铵炸药	kg	5005002	0.53	—	—
14	非电毫秒雷管	个	5005008	0.68	—	—
15	中(粗)砂	m³	5503005	4.9	4.85	—
16	碎石(4cm)	m³	5505013	8.47	8.38	—
17	32.5级水泥	t	5509001	3.417	3.384	—
18	其他材料费	元	7801001	69.9	41.4	0.3
19	250L以内强制式混凝土搅拌机	台班	8005002	0.29	0.29	—
20	8t以内汽车式起重机	台班	8009026	0.68	—	—
21	12t以内汽车式起重机	台班	8009027	—	1.12	—
22	30kN以内单筒慢动卷扬机	台班	8009080	—	—	0.05
23	50kN以内单筒慢动卷扬机	台班	8009081	0.81	—	—
24	32kV·A以内交流电弧焊机	台班	8015028	—	0.21	0.25
25	9m³/min以内机动空压机	台班	8017049	0.03	—	—
26	小型机具使用费	元	8099001	13.9	2.7	9
27	基价	元	9999001	5193	6797	4203

1－4－18　锚杆挡土墙

工程内容　1)挖基及回填;2)现浇、预制混凝土的全部工序;3)安装肋柱、墙面板;4)钢筋的全部工序;5)钻孔及压浆的全部工序;6)锚杆制作、安装、锚固。

单位:表列单位

顺序号	项　　目	单位	代　号	现浇基础混凝土	预制、安装肋柱、墙面板		钻孔及压浆	锚杆制作、安装、锚固
					混凝土	钢筋		
				10m³		1t	100m	1t
				1	2	3	4	5
1	人工	工日	1001001	13.3	27.6	6.8	39	9.2
2	HPB300 钢筋	t	2001001	–	–	0.355	–	0.023
3	HRB400 钢筋	t	2001002	–	–	0.67	–	1.025
4	20～22 号铁丝	kg	2001022	–	–	4.6	–	–
5	型钢	t	2003004	0.015	0.027	–	–	–
6	钢板	t	2003005	–	–	–	–	0.038
7	组合钢模板	t	2003026	0.026	0.025	–	–	–
8	空心钢钎	kg	2009003	0.01	–	–	–	–
9	ϕ50mm 以内合金钻头	个	2009004	0.02	–	–	–	–
10	电焊条	kg	2009011	–	–	1.6	–	2.9
11	铁件	kg	2009028	12.7	11.9	–	12.6	–
12	水	m³	3005004	12	16	–	4	–
13	原木	m³	4003001	–	0.02	–	0.1	–

续前页

单位:表列单位

顺序号	项目	单位	代号	现浇基础混凝土	预制、安装肋柱、墙面板		钻孔及压浆	锚杆制作、安装、锚固
					混凝土	钢筋		
				$10m^3$		1t	100m	1t
				1	2	3	4	5
14	锯材	m^3	4003002	-	0.07	-	-	-
15	硝铵炸药	kg	5005002	0.17	-	-	-	-
16	非电毫秒雷管	个	5005008	0.21	-	-	-	-
17	导爆索	m	5005009	0.1	-	-	-	-
18	中(粗)砂	m^3	5503005	5.61	4.85	-	1.29	0.09
19	碎石(4cm)	m^3	5505013	-	8.38	-	-	0.15
20	碎石(8cm)	m^3	5505015	8.47	-	-	-	-
21	32.5 级水泥	t	5509001	2.581	3.384	-	0.796	0.06
22	其他材料费	元	7801001	31.1	39	0.3	149.4	39.5
23	ϕ38 ~ 170mm 液压锚固钻机	台班	8001116	-	-	-	7.08	-
24	250L 以内强制式混凝土搅拌机	台班	8005002	0.29	0.29	-	-	-
25	12t 以内汽车式起重机	台班	8009027	0.35	0.57	-	1.17	-
26	30kN 以内单筒慢动卷扬机	台班	8009080	-	-	0.1	-	0.1
27	32kV · A 以内交流电弧焊机	台班	8015028	-	-	0.14	-	0.27
28	$3m^3$/min 以内机动空压机	台班	8017047	0.01	-	-	-	-
29	$9m^3$/min 以内机动空压机	台班	8017049	-	-	-	1.91	-
30	小型机具使用费	元	8099001	9.5	2.5	6.7	212.7	6.7
31	基价	元	9999001	4057	6140	4161	9203	4686

1-4-19　钢筋混凝土扶壁式、悬臂式挡土墙

工程内容　1)脚手架的搭、拆;2)混凝土、钢筋的全部工序。

单位:表列单位

顺序号	项　目	单位	代　号	现浇墙身混凝土	钢筋
				10m³ 实体	1t
				1	2
1	人工	工日	1001001	14.0	5.6
2	HPB300 钢筋	t	2001001	-	1.025
3	20~22 号铁丝	kg	2001022	-	3.6
4	型钢	t	2003004	0.006	-
5	组合钢模板	t	2003026	0.018	-
6	电焊条	kg	2009011	-	2.7
7	铁件	kg	2009028	53.9	-
8	水	m³	3005004	8	-
9	原木	m³	4003001	0.04	-
10	中(粗)砂	m³	5503005	5	-
11	碎石(4cm)	m³	5505013	8.57	-
12	32.5 级水泥	t	5509001	3.04	-
13	其他材料费	元	7801001	30.7	0.3
14	250L 以内强制式混凝土搅拌机	台班	8005002	0.29	-
15	8t 以内汽车式起重机	台班	8009026	0.26	-
16	32kV·A 以内交流电弧焊机	台班	8015028	-	0.48
17	小型机具使用费	元	8099001	4.4	6.7
18	基价	元	9999001	4296	4140

1-4-20 挡土墙防渗层、泄水层及填内心

工程内容 铺筑沥青防渗层:1)清扫基层;2)安锅设灶、熬油;3)人工拌和,摊铺,整形,碾压;4)初期养护。
铺筑砂砾泄水层:1)装卸砂砾石;2)捡平;3)夯实。
填内心:1)人工铺料;2)找平;3)洒水;4)碾压、夯实。

单位:表列单位

顺序号	项目	单位	代号	铺筑沥青防渗层	铺筑砂砾泄水层	填内心
				$1000m^2$	$100m^3$	
				1	2	3
1	人工	工日	1001001	13.5	34.3	9.3
2	石油沥青	t	3001001	1.339	-	-
3	煤	t	3005001	0.287	-	-
4	水	m^3	3005004	-	12	-
5	砂砾	m^3	5503007	-	127.5	-
6	石屑	m^3	5503014	6.63	-	-
7	其他材料费	元	7801001	14.5	-	-
8	8~10t 光轮压路机	台班	8001079	0.22	-	-
9	12~15t 光轮压路机	台班	8001081	-	-	0.53
10	小型机具使用费	元	8099001	-	-	86.7
11	基价	元	9999001	8253	9620	1386

注:填内心所需填料的挖运,按路基土方定额计算。

1-4-21 抗滑桩

工程内容 挖孔:挖(石方包括打眼爆破、清理解小)、装、运、卸、空回,并包括临时支撑及警戒防护等。

护壁、桩身混凝土:1)准备工作;2)模板及支撑的制作、安装、拆除、涂脱模剂;3)混凝土配料、拌和、运输、浇筑、捣固、养护。

钢筋、钢轨:1)除锈、绑扎、制作、焊接;2)吊装钢筋笼、钢轨。

单位:表列单位

顺序号	项目	单位	代号	挖孔		护壁	桩身	钢筋	钢轨
				土方	石方	混凝土			
				10m³ 实体				1t	
				1	2	3	4	5	6
1	人工	工日	1001001	6.2	9	18.4	10.5	6.7	3.8
2	HPB300 钢筋	t	2001001	-	-	0.3	-	1.025	-
3	8~12号铁丝	kg	2001021	-	-	-	-	-	9.5
4	20~22号铁丝	kg	2001022	-	-	-	-	5.4	-
5	型钢	t	2003004	-	-	0.021	-	-	-
6	钢轨	t	2003007	-	-	-	-	-	1
7	组合钢模板	t	2003026	-	-	0.031	-	-	-
8	钢钎	kg	2009002	-	1	-	-	-	-
9	电焊条	kg	2009011	-	-	-	-	4	4.1
10	铁件	kg	2009028	1	1	7.8	-	-	0.5

续前页

单位:表列单位

顺序号	项目	单位	代号	挖孔		护壁	桩身	钢筋	钢轨
				土方	石方	混凝土			
				10m³ 实体				1t	
				1	2	3	4	5	6
11	水	m³	3005004	-	-	12	12	-	-
12	原木	m³	4003001	0.001	0.002	0.05	-	-	-
13	锯材	m³	4003002	0.004	0.004	-	-	-	-
14	硝铵炸药	kg	5005002	-	12.5	-	-	-	-
15	非电毫秒雷管	个	5005008	-	16.2	-	-	-	-
16	中(粗)砂	m³	5503005	-	-	5.1	4.9	-	0.09
17	碎石(4cm)	m³	5505013	-	-	8.67	8.47	-	0.15
18	32.5 级水泥	t	5509001	-	-	2.723	3.417	-	-
19	其他材料费	元	7801001	13.6	13.9	54.8	1	0.5	111.1
20	250L 以内强制式混凝土搅拌机	台班	8005002	-	-	0.81	0.81	-	-
21	50kN 以内单筒慢动卷扬机	台班	8009081	1.79	3.26	0.69	0.84	0.1	0.13
22	32kV · A 以内交流电弧焊机	台班	8015028	-	-	-	-	0.46	0.49
23	9m³/min 以内机动空压机	台班	8017049	-	0.69	-	-	-	-
24	小型机具使用费	元	8099001	8.8	55.4	8.9	5.4	11.3	9.5
25	基价	元	9999001	1002	2304	5666	3655	4291	4777

注:采用钢轨做骨架时,应尽可能利用废旧钢轨。

第二章 路面工程

说 明

1. 本章定额包括各种类型路面以及路槽、路肩、垫层、基层等，除沥青混合料路面、厂拌基层稳定土混合料运输、自卸汽车运输碾压水泥混凝土以 1000m³ 路面实体为计算单位外，其他均以 1000m² 为计算单位。

2. 路面定额中的厚度均为压实厚度。

3. 本定额中混合料系按最佳含水率编制，定额中已包括养护用水并适当扣除材料天然含水率，但山西、青海、甘肃、宁夏、内蒙古、新疆、西藏等省、自治区，由于湿度偏低，用水量可根据具体情况，在定额数量的基础上酌情增加。

4. 本章定额中凡列有洒水汽车的子目，均按 5km 范围内洒水汽车在水源处自吸水编制，不计水费。如工地附近无天然水源可利用，必须采用供水部门供水（如自来水）时，可根据定额子目中洒水汽车的台班数量，按每台班 35m³ 计算定额用水量，乘以供水部门规定的水价增列水费。洒水汽车取水的平均运距超过 5km 时，可按路基工程的洒水汽车洒水定额中的增运定额增加洒水汽车的台班消耗，但增加的洒水汽车台班消耗量不得再计水费。

5. 本章定额中的水泥混凝土除碾压混凝土外均已包括其拌和的费用，使用定额时不得再另行计算。

6. 压路机台班按下列行驶速度进行编制：两轮光轮压路机为 2.0km/h、三轮光轮压路机为 2.5km/h、轮胎式压路机为 5.0km/h、振动压路机为 3.0km/h。如设计为单车道路面宽度时，两轮光轮压路机乘以系数 1.14、三轮光轮压路机乘以系数 1.33、轮胎式压路机和振动压路机乘以系数 1.29。

7. 自卸汽车运输稳定土混合料、沥青混合料和水泥混凝土定额,仅适用于平均运距在15km以内的混合料运输,当平均运距超过15km时,应按市场运价计算。当运距超过第一个定额运距单位时,其运距尾数不足一个增运定额单位的半数时不计,等于或超过半数时按一个增运定额运距单位计算。

第一节 路面基层及垫层

说 明

1. 各类垫层的压实厚度在 15cm 以内,填隙碎石一层的压实厚度在 12cm 以内,各类稳定土基层和底基层压实厚度在 20cm 以内,拖拉机、平地机、摊铺机和压路机的台班消耗按定额数量计算。如超过上述压实厚度进行分层拌和、碾压时,拖拉机、平地机、摊铺机和压路机的台班消耗按定额数量加倍计算,每 1000m³ 增加 1.5 个工日。

2. 各类稳定土基层定额中的材料消耗系按一定配合比编制的,当设计配合比与定额标明的配合比不同时,有关材料可按下式进行换算:

$$C_i = [C_d + B_d \times (H - H_0)] \times \frac{L_i}{L_d}$$

式中:C_i——按设计配合比换算后的材料数量;

　　　C_d——定额中基本压实厚度的材料数量;

　　　B_d——定额中压实厚度每增减 1cm 的材料数量;

　　　H_0——定额的基本压实厚度;

　　　H——设计的压实厚度;

　　　L_d——定额中标明的材料百分率;

　　　L_i——设计配合比的材料百分率。

【例】 石灰粉煤灰稳定碎石基层,定额标明的配合比为石灰:粉煤灰:碎石 = 5:15:80,基本压实厚度为 20cm;设计配合比为石灰:粉煤灰:碎石 = 4:11:85,设计压实厚度为 21cm。各种材料调整后的数量为:

$$\text{熟石灰}:[22.77+1.139\times(21-20)]\times\frac{4}{5}=19.127(\text{t})$$

$$\text{粉煤灰}:[63.963+3.198\times(21-20)]\times\frac{11}{15}=49.25(\text{t})$$

$$\text{碎石}:[222.11+11.1\times(16-15)]\times\frac{85}{80}=247.79(\text{m}^3)$$

3. 人工沿路翻拌和筛拌稳定土混合料定额中均已包括土的过筛工消耗,因此,土的预算价格中不应再计算过筛费用。

4. 本节定额中土的预算价格,按材料采集及加工和材料运输定额中的有关项目计算。

5. 各类稳定土基层定额中的碎石土、砂砾土系指天然碎石土和天然砂砾土。

6. 各类稳定土底基层采用稳定土基层定额时,每 1000m² 路面减少 12~15t 光轮压路机 0.18 台班。

2-1-1 路面垫层

工程内容 铺筑,整平,洒水,碾压。

单位:1000m²

顺序号	项目	单位	代号	人工辅料									
				压实厚度15cm					每增减1cm				
				粗砂	砂砾	煤渣	矿渣	碎石	粗砂	砂砾	煤渣	矿渣	碎石
				1	2	3	4	5	6	7	8	9	10
1	人工	工日	1001001	17.1	18.7	21.8	19.6	18.1	1	1.1	1.3	1.1	1
2	水	m³	3005004	20	19	26	21	17	1	1	2	1	1
3	砂	m³	5503004	196.56	-	-	-	-	13.1	-	-	-	-
4	砂砾	m³	5503007	-	191.25	-	-	-	-	12.75	-	-	-
5	煤渣	m³	5503010	-	-	252.45	-	-	-	-	16.83	-	-
6	矿渣	m³	5503011	-	-	-	198.9	-	-	-	-	13.26	-
7	碎石	m³	5505016	-	-	-	-	186.66	-	-	-	-	12.44
8	12~15t 光轮压路机	台班	8001081	0.24	0.16	0.16	0.08	0.16	-	-	-	-	-
9	18~21t 光轮压路机	台班	8001083	-	0.31	0.42	0.45	0.42	-	-	-	-	-
10	基价	元	9999001	17280	11279	17748	16043	16516	1126	714	1140	1021	1051

续前页

单位:1000m²

顺序号	项目	单位	代号	机械铺料									
				压实厚度15cm					每增减1cm				
				粗砂	砂砾	煤渣	矿渣	碎石	粗砂	砂砾	煤渣	矿渣	碎石
				11	12	13	14	15	16	17	18	19	20
1	人工	工日	1001001	0.6	0.5	0.6	0.6	0.5	—	—	—	—	—
2	水	m³	3005004	—	—	—	—	—	—	—	—	—	—
3	砂	m³	5503004	196.56	—	—	—	—	13.1	—	—	—	—
4	砂砾	m³	5503007	—	191.25	—	—	—	—	12.75	—	—	—
5	煤渣	m³	5503010	—	—	252.45	—	—	—	—	16.83	—	—
6	矿渣	m³	5503011	—	—	—	198.9	—	—	—	—	13.26	—
7	碎石	m³	5505016	—	—	—	—	186.66	—	—	—	—	12.44
8	120kW以内自行式平地机	台班	8001058	0.22	0.22	0.21	0.21	0.28	—	—	—	—	—
9	12~15t光轮压路机	台班	8001081	0.47	0.24	0.24	0.11	0.24	—	—	—	—	—
10	18~21t光轮压路机	台班	8001083	—	0.34	0.45	0.45	0.45	—	—	—	—	—
11	10000L以内洒水汽车	台班	8007043	0.19	0.19	0.26	0.2	0.17	0.01	0.01	0.02	0.01	0.01
12	基价	元	9999001	16078	9834	16030	14455	15189	1029	605	1019	912	953

2-1-2 路拌法水泥稳定土基层

工程内容 1)清扫整理下承层;2)铺料、铺水泥,洒水,拌和;3)整形,碾压,找补;4)初期养护。

I.拖拉机带铧犁拌和

单位:1000m²

顺序号	项目	单位	代号	水泥土 水泥剂量10%		水泥砂 水泥:砂:土 10:83:7		水泥砂砾 水泥剂量5%		水泥碎石	
				压实厚度 20cm	每增减 1cm	压实厚度 20cm	每增减 1cm	压实厚度 20cm	每增减 1cm	压实厚度 20cm	每增减 1cm
				1	2	3	4	5	6	7	8
1	人工	工日	1001001	13.9	0.6	15.6	0.7	10.7	0.4	10.8	0.4
2	水泥土	m³	1507001	(200)	(10)	—	—	—	—	—	—
3	水泥砂	m³	1507002	—	—	(200)	(10)	—	—	—	—
4	水泥砂砾	m³	1507003	—	—	—	—	(200)	(10)	—	—
5	水泥碎石	m³	1507004	—	—	—	—	—	—	(200)	(10)
6	土	m³	5501002	269.61	13.48	24.55	1.23	—	—	—	—
7	砂	m³	5503004	—	—	239.06	11.95	—	—	—	—
8	砂砾	m³	5503007	—	—	—	—	265.52	13.28	—	—
9	碎石	m³	5505016	—	—	—	—	—	—	293.79	14.69
10	32.5级水泥	t	5509001	32.788	1.639	38.389	1.919	21.906	1.095	22.343	1.117
11	其他材料费	元	7801001	301	—	301	—	301	—	301	—

续前页

单位:1000m²

顺序号	项　　目	单位	代　号	水泥土 水泥剂量10%		水泥砂 水泥:砂:土 10:83:7		水泥砂砾 水泥剂量5%		水泥碎石	
				压实厚度20cm	每增减1cm	压实厚度20cm	每增减1cm	压实厚度20cm	每增减1cm	压实厚度20cm	每增减1cm
				1	2	3	4	5	6	7	8
12	设备摊销费	元	7901001	2.1	0.1	2.1	0.1	2.1	0.1	2.1	0.1
13	120kW 以内自行式平地机	台班	8001058	0.31	-	0.31	-	0.31	-	0.31	-
14	75kW 以内履带式拖拉机	台班	8001066	0.16	-	0.16	-	0.16	-	0.16	-
15	12~15t 光轮压路机	台班	8001081	0.26	-	0.26	-	0.26	-	0.26	-
16	18~21t 光轮压路机	台班	8001083	0.82	-	0.82	-	0.82	-	0.82	-
17	10000L 以内洒水汽车	台班	8007043	0.36	0.02	0.34	0.02	0.28	0.02	0.29	0.02
18	基价	元	9999001	16128	721	34198	1627	22106	1020	32138	1521

续前页

单位:1000m²

顺序号	项目	单位	代号	水泥石屑 水泥剂量5%		水泥石渣 水泥剂量5%		水泥砂砾土 水泥剂量4%		水泥碎石土 水泥剂量4%	
				压实厚度 20cm	每增减 1cm	压实厚度 20cm	每增减 1cm	压实厚度 20cm	每增减 1cm	压实厚度 20cm	每增减 1cm
				9	10	11	12	13	14	15	16
1	人工	工日	1001001	10.6	0.4	10.4	0.4	9.2	0.3	9.3	0.4
2	水泥石屑	m³	1507005	(200)	(10)	-	-	-	-	-	-
3	水泥石渣	m³	1507006	-	-	(200)	(10)	-	-	-	-
4	水泥碎石土	m³	1507007	-	-	-	-	-	-	(200)	(10)
5	水泥砂砾土	m³	1507008	-	-	-	-	(200)	(10)	-	-
6	碎石土	m³	5501005	-	-	-	-	-	-	266.03	13.3
7	砂砾土	m³	5501006	-	-	-	-	245.77	12.3	-	-
8	石渣	m³	5503012	-	-	274.59	13.73	-	-	-	-
9	石屑	m³	5503014	274.29	13.71	-	-	-	-	-	-
10	32.5级水泥	t	5509001	20.983	1.049	20.594	1.03	16.712	0.836	17.026	0.851
11	其他材料费	元	7801001	301	-	301	-	301	-	301	-
12	设备摊销费	元	7901001	2.1	0.1	2.1	0.1	2.1	0.1	2.1	0.1
13	120kW以内自行式平地机	台班	8001058	0.31	-	0.31	-	0.31	-	0.31	-
14	75kW以内履带式拖拉机	台班	8001066	0.16	-	0.16	-	0.16	-	0.16	-
15	12~15t光轮压路机	台班	8001081	0.26	-	0.26	-	0.26	-	0.26	-
16	18~21t光轮压路机	台班	8001083	0.82	-	0.82	-	0.82	-	0.82	-
17	10000L以内洒水汽车	台班	8007043	0.36	0.02	0.35	0.02	0.31	0.02	0.31	0.02
18	基价	元	9999001	29767	1399	20037	915	13258	574	16509	746

II. 稳定土拌和机拌和

单位:1000m²

顺序号	项 目	单位	代 号	水泥土 水泥剂量10%		水泥砂 水泥:砂:土 10:83:7		水泥砂砾 水泥剂量5%		水泥碎石 水泥剂量5%	
				压实厚度 20cm	每增减 1cm	压实厚度 20cm	每增减 1cm	压实厚度 20cm	每增减 1cm	压实厚度 20cm	每增减 1cm
				17	18	19	20	21	22	23	24
1	人工	工日	1001001	12.9	0.5	14.4	0.6	9.6	0.3	9.8	0.4
2	水泥土	m³	1507001	(200)	(10)	—	—	—	—	—	—
3	水泥砂	m³	1507002	—	—	(200)	(10)	—	—	—	—
4	水泥砂砾	m³	1507003	—	—	—	—	(200)	(10)	—	—
5	水泥碎石	m³	1507004	—	—	—	—	—	—	(200)	(10)
6	土	m³	5501002	269.61	13.48	24.55	1.23	—	—	—	—
7	砂	m³	5503004	—	—	239.06	11.95	—	—	—	—
8	砂砾	m³	5503007	—	—	—	—	265.52	13.28	—	—
9	碎石	m³	5505016	—	—	—	—	—	—	293.79	14.69
10	32.5级水泥	t	5509001	32.788	1.639	38.389	1.919	21.906	1.095	22.343	1.117
11	其他材料费	元	7801001	301	—	301	—	301	—	301	—
12	120kW以内自行式平地机	台班	8001058	0.31	—	0.31	—	0.31	—	0.31	—
13	12~15t光轮压路机	台班	8001081	0.29	—	0.26	—	0.26	—	0.26	—

续前页

单位:1000m²

顺序号	项目	单位	代号	水泥土 水泥剂量10%		水泥砂 水泥:砂:土 10:83:7		水泥砂砾 水泥剂量5%		水泥碎石 水泥剂量5%	
				压实厚度20cm	每增减1cm	压实厚度20cm	每增减1cm	压实厚度20cm	每增减1cm	压实厚度20cm	每增减1cm
				17	18	19	20	21	22	23	24
14	18~21t光轮压路机	台班	8001083	0.82	–	0.82	–	0.82	–	0.82	–
15	235kW以内稳定土拌和机	台班	8003005	0.27	0.02	0.27	0.02	0.27	0.02	0.27	0.02
16	10000L以内洒水汽车	台班	8007043	0.36	0.02	0.34	0.02	0.28	0.02	0.29	0.02
17	基价	元	9999001	16476	751	34508	1657	22426	1050	32469	1561

续前页　　　　单位:1000m²

顺序号	项目	单位	代号	水泥石屑		水泥石渣		水泥砂砾土		水泥碎石土	
				水泥剂量 5%				水泥剂量 4%			
				压实厚度 20cm	每增减 1cm	压实厚度 20cm	每增减 1cm	压实厚度 20cm	每增减 1cm	压实厚度 20cm	每增减 1cm
				25	26	27	28	29	30	31	32
1	人工	工日	1001001	9.5	0.3	9.4	0.3	8.2	0.3	8.3	0.3
2	水泥石屑	m³	1507005	(200)	(10)	–	–	–	–	–	–
3	水泥石渣	m³	1507006	–	–	(200)	(10)	–	–	–	–
4	水泥碎石土	m³	1507007	–	–	–	–	–	–	(200)	(10)
5	水泥砂砾土	m³	1507008	–	–	–	–	(200)	(10)	–	–
6	碎石土	m³	5501005	–	–	–	–	–	–	266.03	13.3
7	砂砾土	m³	5501006	–	–	–	–	245.77	12.29	–	–
8	石渣	m³	5503012	–	–	274.59	13.73	–	–	–	–
9	石屑	m³	5503014	274.29	13.71	–	–	–	–	–	–
10	32.5 级水泥	t	5509001	20.983	1.049	20.594	1.03	16.712	0.836	17.026	0.851
11	其他材料费	元	7801001	301	–	301	–	301	–	301	–
12	120kW 以内自行式平地机	台班	8001058	0.31	–	0.31	–	0.31	–	0.31	–
13	12～15t 光轮压路机	台班	8001081	0.26	–	0.26	–	0.26	–	0.26	–
14	18～21t 光轮压路机	台班	8001083	0.82	–	0.82	–	0.82	–	0.82	–
15	235kW 以内稳定土拌和机	台班	8003005	0.27	0.02	0.27	0.02	0.27	0.02	0.27	0.02
16	10000L 以内洒水汽车	台班	8007043	0.36	0.02	0.35	0.02	0.31	0.02	0.31	0.02
17	基价	元	9999001	30087	1429	20368	944	13589	614	16840	776

Ⅲ. 拖拉机带铧犁原槽拌和

单位：1000m²

顺序号	项目	单位	代号	水泥土 水泥剂量10%		水泥砂砾 水泥剂量5%		水泥砂砾土 水泥剂量4%	
				压实厚度 20cm	每增减 1cm	压实厚度 20cm	每增减 1cm	压实厚度 20cm	每增减 1cm
				33	34	35	36	37	38
1	人工	工日	1001001	12.5	0.6	9.2	0.5	7.6	0.4
2	水泥土	m³	1507001	(200)	(10)	-	-	-	-
3	水泥砂砾	m³	1507003	-	-	(200)	(10)	-	-
4	水泥砂砾土	m³	1507008	-	-	-	-	(200)	(10)
5	32.5级水泥	t	5509001	32.788	1.639	21.906	1.095	16.712	0.836
6	其他材料费	元	7801001	301	-	301	-	301	-
7	设备摊销费	元	7901001	2.1	0.1	2.1	0.1	2.1	0.1
8	120kW以内自行式平地机	台班	8001058	0.13	-	0.13	-	0.13	-
9	75kW以内履带式拖拉机	台班	8001066	0.25	-	0.25	-	0.25	-
10	12~15t光轮压路机	台班	8001081	0.26	-	0.26	-	0.26	-
11	18~21t光轮压路机	台班	8001083	0.82	-	0.82	-	0.82	-
12	10000L以内洒水汽车	台班	8007043	0.36	0.02	0.28	0.02	0.31	0.02
13	基价	元	9999001	13206	590	9419	412	7684	322

2-1-3 路拌法石灰稳定土基层

工程内容 1)清扫整理下承层;2)铺料,铺灰,洒水,拌和;3)整形,碾压,找补;4)初期养护。

Ⅰ.人工沿路拌和

单位:1000m²

顺序号	项 目	单位	代 号	石灰土			
				筛拌法		翻拌法	
				石灰剂量10%			
				压实厚度20cm	每增减1cm	压实厚度20cm	每增减1cm
				1	2	3	4
1	人工	工日	1001001	126.8	6.2	131.3	6.5
2	石灰土	m³	1507009	(200)	(10)	(200)	(10)
3	水	m³	3005004	31	2	16	1
4	土	m³	5501002	263.81	13.19	263.81	13.19
5	熟石灰	t	5503003	34.6	1.73	34.6	1.73
6	其他材料费	元	7801001	301	-	301	-
7	12~15t 光轮压路机	台班	8001081	0.26	-	0.26	-
8	18~21t 光轮压路机	台班	8001083	0.82	-	0.82	-
9	基价	元	9999001	26767	1271	27205	1300

Ⅱ. 拖拉机带铧犁拌和

单位：$1000m^2$

顺序号	项目	单位	代号	石灰土		石灰砂砾		石灰碎石	
				石灰剂量 10%		石灰剂量 5%			
				压实厚度 20cm	每增减 1cm	压实厚度 20cm	每增减 1cm	压实厚度 20cm	每增减 1cm
				5	6	7	8	9	10
1	人工	工日	1001001	24.6	1.1	17.1	0.7	17.4	0.7
2	石灰土	m^3	1507009	(200)	(10)	–	–	–	–
3	石灰砂砾	m^3	1507010	–	–	(200)	(10)	–	–
4	石灰碎石	m^3	1507011	–	–	–	–	(200)	(10)
5	土	m^3	5501002	263.81	13.19	–	–	–	–
6	熟石灰	t	5503003	34.6	1.73	22.21	1.11	22.629	1.131
7	砂砾	m^3	5503007	–	–	249.63	12.49	–	–
8	碎石	m^3	5505016	–	–	–	–	275.91	13.8
9	其他材料费	元	7801001	301	–	301	–	301	–
10	设备摊销费	元	7901001	2.1	0.1	2.1	0.1	2.1	0.1
11	120kW 以内自行式平地机	台班	8001058	0.31	–	0.31	–	0.31	–
12	75kW 以内履带式拖拉机	台班	8001066	0.19	–	0.19	–	0.19	–
13	12～15t 光轮压路机	台班	8001081	0.26	–	0.26	–	0.26	–
14	18～21t 光轮压路机	台班	8001083	0.82	–	0.82	–	0.82	–
15	10000L 以内洒水汽车	台班	8007043	0.47	0.03	0.38	0.02	0.39	0.02
16	基价	元	9999001	16835	757	21582	986	31002	1455

续前页 单位:1000m²

顺序号	项目	单位	代号	石灰砂砾土 石灰剂量5%		石灰碎石土 石灰剂量5%		石灰土砂砾 石灰:土:砂砾 5:15:80		石灰土碎石 石灰:土:碎 5:15:80	
				压实厚度20cm	每增减1cm	压实厚度20cm	每增减1cm	压实厚度20cm	每增减1cm	压实厚度20cm	每增减1cm
				11	12	13	14	15	16	17	18
1	人工	工日	1001001	16.1	0.7	16.3	0.7	16.1	0.7	16.3	0.7
2	石灰砂砾土	m³	1507012	(200)	(10)	–	–	–	–	–	–
3	石灰碎石土	m³	1507013	–	–	(200)	(10)	–	–	–	–
4	石灰土砂砾	m³	1507014	–	–	–	–	(200)	(10)	–	–
5	石灰土碎石	m³	1507015	–	–	–	–	–	–	(200)	(10)
6	土	m³	5501002	–	–	–	–	49.62	2.48	50.32	2.52
7	碎石土	m³	5501005	–	–	242.25	12.11	–	–	–	–
8	砂砾土	m³	5501006	224.8	11.24	–	–	–	–	–	–
9	熟石灰	t	5503003	20.607	1.03	20.9	1.045	20.607	1.03	20.9	1.045
10	砂砾	m³	5503007	–	–	–	–	195.04	9.75	–	–
11	碎石	m³	5505016	–	–	–	–	–	–	214.6	10.73
12	其他材料费	元	7801001	301	–	301	–	301	–	301	–
13	设备摊销费	元	7901001	2.1	0.1	2.1	0.1	2.1	0.1	2.1	0.1
14	120kW以内自行式平地机	台班	8001058	0.31	–	0.31	–	0.43	–	0.43	–

续前页

单位：1000m²

顺序号	项目	单位	代号	石灰砂砾土		石灰碎石土		石灰土砂砾		石灰土碎石	
				石灰剂量5%				石灰:土:砂砾 5:15:80		石灰:土:碎 5:15:80	
				压实厚度 20cm	每增减 1cm	压实厚度 20cm	每增减 1cm	压实厚度 20cm	每增减 1cm	压实厚度 20cm	每增减 1cm
				11	12	13	14	15	16	17	18
15	75kW以内履带式拖拉机	台班	8001066	0.19	—	0.19	—	0.19	—	0.19	—
16	12~15t光轮压路机	台班	8001081	0.26	—	0.26	—	0.26	—	0.26	—
17	18~21t光轮压路机	台班	8001083	0.82	—	0.82	—	0.82	—	0.82	—
18	10000L以内洒水汽车	台班	8007043	0.35	0.02	0.36	0.02	0.35	0.02	0.36	0.02
19	基价	元	9999001	14168	622	17122	768	19079	860	26362	1223

Ⅲ. 稳定土拌和机拌和

单位：1000m²

顺序号	项　目	单位	代　号	石灰土 石灰剂量10% 压实厚度20cm	石灰土 石灰剂量10% 每增减1cm	石灰砂砾 石灰剂量5% 压实厚度20cm	石灰砂砾 石灰剂量5% 每增减1cm	石灰碎石 石灰剂量5% 压实厚度20cm	石灰碎石 石灰剂量5% 每增减1cm
				19	20	21	22	23	24
1	人工	工日	1001001	23.7	1	16.3	0.6	16.5	0.7
2	石灰土	m³	1507009	(200)	(10)	−	−	−	−
3	石灰砂砾	m³	1507010	−	−	(200)	(10)	−	−
4	石灰碎石	m³	1507011	−	−	−	−	(200)	(10)
5	土	m³	5501002	263.81	13.18	−	−	−	−
6	熟石灰	t	5503003	34.6	1.73	22.21	1.11	22.629	1.131
7	砂砾	m³	5503007	−	−	249.63	12.49	−	−
8	碎石	m³	5505016	−	−	−	−	275.91	13.8
9	其他材料费	元	7801001	301	−	301	−	301	−
10	120kW以内自行式平地机	台班	8001058	0.31	−	0.31	−	0.31	−
11	12~15t光轮压路机	台班	8001081	0.26	−	0.26	−	0.26	−
12	18~21t光轮压路机	台班	8001083	0.82	−	0.88	−	0.82	−
13	235kW以内稳定土拌和机	台班	8003005	0.25	0.02	0.25	0.02	0.25	0.02
14	10000L以内洒水汽车	台班	8007043	0.47	0.03	0.38	0.02	0.39	0.02
15	基价	元	9999001	17117	786	21919	1015	31284	1495

续前页 单位：1000m²

顺序号	项 目	单位	代 号	石灰砂砾土 石灰剂量5%		石灰碎石土 石灰剂量5%		石灰土砂砾 石灰：土：砂砾 5:15:80		石灰土碎石 石灰：土：碎石 5:15:80	
				压实厚度 20cm	每增减 1cm	压实厚度 20cm	每增减 1cm	压实厚度 20cm	每增减 1cm	压实厚度 20cm	每增减 1cm
				25	26	27	28	29	30	31	32
1	人工	工日	1001001	15.2	0.6	15.5	0.6	15.2	0.6	15.5	0.6
2	石灰砂砾土	m³	1507012	(200)	(10)	—	—	—	—	—	—
3	石灰碎石土	m³	1507013	—	—	(200)	(10)	—	—	—	—
4	石灰土砂砾	m³	1507014	—	—	—	—	(200)	(10)	—	—
5	石灰土碎石	m³	1507015	—	—	—	—	—	—	(200)	(10)
6	土	m³	5501002	—	—	—	—	49.62	2.48	50.32	2.52
7	碎石土	m³	5501005	—	—	242.25	12.11	—	—	—	—
8	砂砾土	m³	5501006	224.8	11.24	—	—	—	—	—	—
9	熟石灰	t	5503003	20.607	1.03	20.9	1.045	20.607	1.03	20.9	1.045
10	砂砾	m³	5503007	—	—	—	—	195.04	9.75	—	—
11	碎石	m³	5505016	—	—	—	—	—	—	214.6	10.73
12	其他材料费	元	7801001	301	—	301	—	301	—	301	—
13	120kW以内自行式平地机	台班	8001058	0.31	—	0.31	—	0.43	—	0.43	—
14	12~15t光轮压路机	台班	8001081	0.26	—	0.26	—	0.26	—	0.26	—

续前页

单位:1000m²

顺序号	项 目	单位	代 号	石灰砂砾土 石灰剂量5%		石灰碎石土 石灰剂量5%		石灰土砂砾 石灰:土:砂砾 5:15:80		石灰土碎石 石灰:土:碎石 5:15:80	
				压实厚度 20cm	每增减 1cm	压实厚度 20cm	每增减 1cm	压实厚度 20cm	每增减 1cm	压实厚度 20cm	每增减 1cm
				25	26	27	28	29	30	31	32
15	18~21t 光轮压路机	台班	8001083	0.82	-	0.82	-	0.82	-	0.82	-
16	235kW 以内稳定土拌和机	台班	8003005	0.25	0.02	0.25	0.02	0.25	0.02	0.25	0.02
17	10000L 以内洒水汽车	台班	8007043	0.35	0.02	0.36	0.02	0.35	0.02	0.36	0.02
18	基价	元	9999001	14449	651	17414	797	19361	890	26654	1252

Ⅳ. 拖拉机带铧犁原槽拌和

单位：1000m²

顺序号	项目	单位	代号	石灰土 石灰剂量10%		石灰砂砾 石灰剂量5%		石灰砂砾土 石灰剂量4%	
				压实厚度20cm	每增减1cm	压实厚度20cm	每增减1cm	压实厚度20cm	每增减1cm
				33	34	35	36	37	38
1	人工	工日	1001001	23.4	1.1	15.9	0.7	14.9	0.7
2	石灰土	m³	1507009	(200)	(10)	-	-	-	-
3	石灰砂砾	m³	1507010	-	-	(200)	(10)	-	-
4	石灰砂砾土	m³	1507012	-	-	-	-	(200)	(10)
5	熟石灰	t	5503003	34.6	1.73	22.21	1.11	20.607	1.03
6	其他材料费	元	7801001	301	-	301	-	301	-
7	设备摊销费	元	7901001	2.1	0.1	2.1	0.1	2.1	0.1
8	120kW以内自行式平地机	台班	8001058	0.13	-	0.13	-	0.13	-
9	75kW以内履带式拖拉机	台班	8001066	0.3	-	0.3	-	0.3	-
10	12~15t光轮压路机	台班	8001081	0.26	-	0.26	-	0.26	-
11	18~21t光轮压路机	台班	8001083	0.82	-	0.82	-	0.82	-
12	10000L以内洒水汽车	台班	8007043	0.47	0.03	0.38	0.02	0.35	0.02
13	基价	元	9999001	14004	629	9679	404	9096	382

2-1-4 路拌法石灰、粉煤灰稳定土基层

工程内容 1)清扫整理下承层;2)铺料,铺灰,洒水,拌和;3)整形,碾压,找补;4)初期养护。

Ⅰ.人工沿路拌和

单位:1000m²

顺序号	项目	单位	代号	筛拌法					
				石灰粉煤灰		石灰粉煤灰土		石灰粉煤灰砂	
				石灰:粉煤灰 20:80		石灰:粉煤灰:土 12:35:53		石灰:粉煤灰:砂 10:20:70	
				压实厚度20cm	每增减1cm	压实厚度20cm	每增减1cm	压实厚度20cm	每增减1cm
				1	2	3	4	5	6
1	人工	工日	1001001	74.7	3.7	99.5	4.7	67.7	3.4
2	石灰粉煤灰	m³	1507016	(200)	(10)	-	-	-	-
3	石灰粉煤灰土	m³	1507017	-	-	(200)	(10)	-	-
4	石灰粉煤灰砂	m³	1507018	-	-	-	-	(200)	(10)
5	水	m³	3005004	30	2	27	2	21	2
6	土	m³	5501002	-	-	135.13	6.76	-	-
7	粉煤灰	t	5501009	194.46	9.72	109.59	5.483	70.043	3.503
8	熟石灰	t	5503003	51.92	2.596	40.128	2.006	37.4	1.87
9	砂	m³	5503004	-	-	-	-	163.92	8.2
10	其他材料费	元	7801001	301	-	301	-	301	-
11	12~15t 光轮压路机	台班	8001081	0.26	-	0.38	-	0.38	-
12	18~21t 光轮压路机	台班	8001083	0.82	-	0.82	-	0.82	-
13	基价	元	9999001	51777	2533	40165	1924	41674	2031

续前页

单位：1000m²

顺序号	项 目	单位	代 号	翻拌法					
				石灰粉煤灰 石灰:粉煤灰 20:80		石灰粉煤灰土 石灰:粉煤灰:土 12:35:53		石灰粉煤灰砂 石灰:粉煤灰:砂 10:20:70	
				压实厚度 20cm	每增减 1cm	压实厚度 20cm	每增减 1cm	压实厚度 20cm	每增减 1cm
				7	8	9	10	11	12
1	人工	工日	1001001	79.2	4	104	5	72.2	3.6
2	石灰粉煤灰	m³	1507016	(200)	(10)	−	−	−	−
3	石灰粉煤灰土	m³	1507017	−	−	(200)	(10)	−	−
4	石灰粉煤灰砂	m³	1507018	−	−	−	−	(200)	(10)
5	水	m³	3005004	31	2	28	2	23	2
6	土	m³	5501002	−	−	135.13	6.76	−	−
7	粉煤灰	t	5501009	194.46	9.72	109.59	5.483	70.043	3.503
8	熟石灰	t	5503003	51.92	2.596	40.128	2.006	37.4	1.87
9	砂	m³	5503004	−	−	−	−	163.92	8.2
10	其他材料费	元	7801001	301	−	301	−	301	−
11	12~15t 光轮压路机	台班	8001081	0.26	−	0.38	−	0.38	−
12	18~21t 光轮压路机	台班	8001083	0.82	−	0.82	−	0.82	−
13	基价	元	9999001	52258	2564	40646	1956	42158	2053

Ⅱ.拖拉机带铧犁拌和

单位:1000m²

顺序号	项目	单位	代号	石灰粉煤灰		石灰粉煤灰土		石灰粉煤灰砂		石灰粉煤灰砂砾	
				石灰:粉煤灰 20:80		石灰:粉煤灰:土 12:35:53		石灰:粉煤灰:砂 10:20:70		石灰:粉煤灰:砂砾 5:15:80	
				压实厚度 20cm	每增减 1cm	压实厚度 20cm	每增减 1cm	压实厚度 20cm	每增减 1cm	压实厚度 20cm	每增减 1cm
				13	14	15	16	17	18	19	20
1	人工	工日	1001001	35.2	1.4	27.9	1.1	26.2	1	17	0.6
2	石灰粉煤灰	m³	1507016	(200)	(10)	-	-	-	-	-	-
3	石灰粉煤灰土	m³	1507017	-	-	(200)	(10)	-	-	-	-
4	石灰粉煤灰砂	m³	1507018	-	-	-	-	(200)	(10)	-	-
5	石灰粉煤灰砂砾	m³	1507019	-	-	-	-	-	-	(200)	(10)
6	土	m³	5501002	-	-	135.13	6.76	-	-	-	-
7	粉煤灰	t	5501009	194.46	9.72	109.59	5.483	70.043	3.503	61.8	3.09
8	熟石灰	t	5503003	51.92	2.596	40.128	2.006	37.4	1.87	22	1.1
9	砂	m³	5503004	-	-	-	-	163.92	8.2	-	-
10	砂砾	m³	5503007	-	-	-	-	-	-	197.82	9.89
11	矿渣	m³	5503011	-	-	-	-	-	-	-	-
12	其他材料费	元	7801001	301	-	301	-	301	-	301	-
13	设备摊销费	元	7901001	2.1	0.1	2.1	0.1	2.1	0.1	2.1	0.1
14	120kW 以内自行式平地机	台班	8001058	0.31	-	0.43	-	0.43	-	0.43	-

续前页　　　　　　　　　　　　　　　　　　　　　　　　　　　　　　单位：1000m²

顺序号	项目	单位	代号	石灰粉煤灰 石灰:粉煤灰 20:80		石灰粉煤灰土 石灰:粉煤灰:土 12:35:53		石灰粉煤灰砂 石灰:粉煤灰:砂 10:20:70		石灰粉煤灰砂砾 石灰:粉煤灰:砂砾 5:15:80	
				压实厚度 20cm	每增减 1cm	压实厚度 20cm	每增减 1cm	压实厚度 20cm	每增减 1cm	压实厚度 20cm	每增减 1cm
				13	14	15	16	17	18	19	20
15	75kW 以内履带式拖拉机	台班	8001066	0.19	-	0.19	-	0.19	-	0.19	-
16	12～15t 光轮压路机	台班	8001081	0.26	-	0.38	-	0.38	-	0.38	-
17	18～21t 光轮压路机	台班	8001083	0.82	-	0.82	-	0.82	-	0.82	-
18	10000L 以内洒水汽车	台班	8007043	0.53	0.03	0.45	0.03	0.39	0.03	0.36	0.03
19	基价	元	9999001	48578	2316	33617	1569	38275	1804	28289	1312

续前页 单位：1000m²

顺序号	项目	单位	代号	石灰粉煤灰碎石 石灰:粉煤灰:碎石 5:15:80		石灰粉煤灰矿渣 石灰:粉煤灰:矿渣 6:14:80		石灰粉煤灰煤矸石 石灰:粉煤灰:煤矸石 6:14:80	
				压实厚度20cm	每增减1cm	压实厚度20cm	每增减1cm	压实厚度20cm	每增减1cm
				21	22	23	24	25	26
1	人工	工日	1001001	17.3	0.6	17	0.6	15	0.5
2	石灰粉煤灰碎石	m³	1507020	(200)	(10)	—	—	—	—
3	石灰粉煤灰矿渣	m³	1507021	—	—	(200)	(10)	—	—
4	石灰粉煤灰煤矸石	m³	1507022	—	—	—	—	(200)	(10)
5	粉煤灰	t	5501009	63.963	3.198	48.165	2.408	53.145	2.655
6	熟石灰	t	5503003	22.77	1.139	22.044	1.102	18.92	0.946
7	矿渣	m³	5503011	—	—	227.12	11.36	—	—
8	煤矸石	m³	5505009	—	—	—	—	200.5	10.03
9	碎石	m³	5505016	222.11	11.11	—	—	—	—
10	其他材料费	元	7801001	301	—	301	—	301	—
11	设备摊销费	元	7901001	2.1	0.1	2.1	0.1	2.1	0.1
12	120kW以内自行式平地机	台班	8001058	0.43	—	0.43	—	0.43	—
13	75kW以内履带式拖拉机	台班	8001066	0.19	—	0.19	—	0.19	—
14	12~15t光轮压路机	台班	8001081	0.38	—	0.38	—	0.38	—
15	18~21t光轮压路机	台班	8001083	0.82	—	0.82	—	0.82	—
16	10000L以内洒水汽车	台班	8007043	0.32	0.02	0.37	0.03	0.36	0.03
17	基价	元	9999001	36407	1708	32544	1525	27258	1261

Ⅲ. 稳定土拌和机拌和

单位：$1000m^2$

顺序号	项目	单位	代号	石灰粉煤灰		石灰粉煤灰土		石灰粉煤灰砂		石灰粉煤灰砂砾	
				石灰:粉煤灰 20:80		石灰:粉煤灰:土 12:35:53		石灰:粉煤灰:砂 10:20:70		石灰:粉煤灰:砂砾 5:15:80	
				压实厚度20cm	每增减1cm	压实厚度20cm	每增减1cm	压实厚度20cm	每增减1cm	压实厚度20cm	每增减1cm
				27	28	29	30	31	32	33	34
1	人工	工日	1001001	34.3	1.3	27	1	25.3	1	16.1	0.6
2	石灰粉煤灰	m^3	1507016	(200)	(10)	–	–	–	–	–	–
3	石灰粉煤灰土	m^3	1507017	–	–	(200)	(10)	–	–	–	–
4	石灰粉煤灰砂	m^3	150708	–	–	–	–	(200)	(10)	–	
5	石灰粉煤灰砂砾	m^3	1507019	–	–	–	–	–	–	(200)	(10)
6	土	m^3	5501002	–	–	135.13	6.76	–	–	–	–
7	粉煤灰	t	5501009	194.46	9.72	109.59	5.483	70.043	3.503	61.8	3.09
8	熟石灰	t	5503003	51.92	2.596	40.128	2.006	37.4	1.87	22	1.1
9	砂	m^3	5503004	–	–	–	–	163.92	8.2	–	–
10	砂砾	m^3	5503007	–	–	–	–	–	–	197.82	9.89
11	其他材料费	元	7801001	301	–	301	–	301	–	301	–
12	120kW 以内自行式平地机	台班	8001058	0.31	–	0.43	–	0.43	–	0.43	–
13	12～15t 光轮压路机	台班	8001081	0.26	–	0.38	–	0.38	–	0.38	–

续前页

单位：1000m²

顺序号	项目	单位	代号	石灰粉煤灰 石灰:粉煤灰 20:80		石灰粉煤灰土 石灰:粉煤灰:土 12:35:53		石灰粉煤灰砂 石灰:粉煤灰:砂 10:20:70		石灰粉煤灰砂砾 石灰:粉煤灰:砂砾 5:15:80	
				压实厚度 20cm	每增减 1cm	压实厚度 20cm	每增减 1cm	压实厚度 20cm	每增减 1cm	压实厚度 20cm	每增减 1cm
				27	28	29	30	31	32	33	34
14	18～21t 光轮压路机	台班	8001083	0.82	-	0.82	-	0.82	-	0.82	-
15	235kW 以内稳定土拌和机	台班	8003005	0.27	0.02	0.27	0.02	0.27	0.02	0.27	0.02
16	10000L 以内洒水汽车	台班	8007043	0.53	0.03	0.45	0.03	0.39	0.03	0.36	0.03
17	基价	元	9999001	48900	2345	33938	1599	38597	1844	28611	1352

续前页

单位：$1000m^2$

顺序号	项　目	单位	代　号	石灰粉煤灰碎石		石灰粉煤灰矿渣		石灰粉煤灰煤矸石	
				石灰: 粉煤灰: 碎石 5: 15: 80		石灰: 粉煤灰: 矿渣 6: 14: 80		石灰: 粉煤灰: 煤矸石 6: 14: 80	
				压实厚度 20cm	每增减 1cm	压实厚度 20cm	每增减 1cm	压实厚度 20cm	每增减 1cm
				35	36	37	38	39	40
1	人工	工日	1001001	16.5	0.6	16.1	0.6	14.2	0.5
2	石灰粉煤灰碎石	m^3	1507020	(200)	(10)	–	–	–	–
3	石灰粉煤灰矿渣	m^3	1507021	–	–	(200)	(10)	–	–
4	石灰粉煤灰煤矸石	m^3	1507022	–	–	–	–	(200)	(10)
5	粉煤灰	t	5501009	63.963	3.198	48.165	2.408	53.145	2.655
6	熟石灰	t	5503003	22.77	1.139	22.044	1.102	18.92	0.946
7	矿渣	m^3	5503011	–	–	227.12	11.36	–	–
8	煤矸石	m^3	5505009	–	–	–	–	200.5	10.03
9	碎石	m^3	5505016	222.11	11.11	–	–	–	–
10	其他材料费	元	7801001	301	–	301	–	301	–
11	120kW 以内自行式平地机	台班	8001058	0.43	–	0.43	–	0.43	–
12	12～15t 光轮压路机	台班	8001081	0.38	–	0.38	–	0.38	–
13	18～21t 光轮压路机	台班	8001083	0.82	–	0.82	–	0.82	–
14	235kW 以内稳定土拌和机	台班	8003005	0.27	0.02	0.27	0.02	0.27	0.02
15	10000L 以内洒水汽车	台班	8007043	0.32	0.02	0.37	0.03	0.36	0.03
16	基价	元	9999001	36739	1748	32865	1565	27590	1301

2-1-5 路拌法石灰、煤渣稳定土基层

工程内容 1)清扫整理下承层;2)铺料,铺灰,洒水,拌和;3)整形,碾压,找补;4)初期养护。

Ⅰ.人工沿路拌和

单位:1000m²

顺序号	项目	单位	代号	筛拌法				翻拌法			
				石灰煤渣		石灰煤渣土		石灰煤渣		石灰煤渣土	
				石灰:煤渣 18:82		石灰:煤渣:土 15:30:55		石灰:煤渣 18:82		石灰:煤渣:土 15:30:55	
				压实厚度 20cm	每增减 1cm	压实厚度 20cm	每增减 1cm	压实厚度 20cm	每增减 1cm	压实厚度 20cm	每增减 1cm
				1	2	3	4	5	6	7	8
1	人工	工日	1001001	74.6	3.8	106.8	5.3	79.1	4.1	111.3	5.6
2	石灰煤渣	m³	1507023	(200)	(10)	—	—	(200)	(10)	—	—
3	石灰煤渣土	m³	1507024	—	—	(200)	(10)	—	—	(200)	(10)
4	水	m³	3005004	31	2	44	3	31	2	44	3
5	土	m³	5501002	—	—	137.93	6.9	—	—	137.93	6.9
6	熟石灰	t	5503003	51.084	2.554	49.335	2.467	51.084	2.554	49.335	2.467
7	煤渣	m³	5503010	269.74	13.49	114.37	5.72	269.74	13.49	114.37	5.72
8	其他材料费	元	7801001	301	—	301	—	301	—	301	—
9	12~15t 光轮压路机	台班	8001081	0.26	—	0.26	—	0.26	—	0.26	—
10	15~18t 光轮压路机	台班	8001082	0.82	—	0.82	—	0.82	—	0.82	—
11	基价	元	9999001	39136	1915	34248	1660	39614	1947	34726	1692

Ⅱ.拖拉机带铧犁拌和

单位：1000m²

顺序号	项　　目	单位	代　号	石灰煤渣 石灰:煤渣 18:82		石灰煤渣土 石灰:煤渣:土 15:30:55		石灰煤渣砂砾 石灰:煤渣:砂砾 8:30:62	
				压实厚度20cm	每增减1cm	压实厚度20cm	每增减1cm	压实厚度20cm	每增减1cm
				9	10	11	12	13	14
1	人工	工日	1001001	34.7	1.6	33.8	1.5	23.1	1
2	石灰煤渣	m³	1507023	(200)	(10)	—	—	—	—
3	石灰煤渣土	m³	1507024	—	—	(200)	(10)	—	—
4	石灰煤渣砂砾	m³	1507026	—	—	—	—	(200)	(10)
5	土	m³	5501002	—	—	137.93	6.9	—	—
6	熟石灰	t	5503003	51.084	2.554	49.335	2.467	32.032	1.602
7	砂砾	m³	5503007	—	—	—	—	139.51	6.98
8	煤渣	m³	5503010	269.74	13.49	114.37	5.72	139.23	6.96
9	其他材料费	元	7801001	301	—	301	—	301	—
10	设备摊销费	元	7901001	2.1	0.1	2.1	0.1	2.1	0.1
11	120kW以内自行式平地机	台班	8001058	0.31	—	0.42	—	0.42	—
12	75kW以内履带式拖拉机	台班	8001066	0.18	—	0.18	—	0.18	—
13	12~15t光轮压路机	台班	8001081	0.26	—	0.26	—	0.26	—
14	18~21t光轮压路机	台班	8001083	0.82	—	0.82	—	0.82	—
15	10000L以内洒水汽车	台班	8007043	0.53	0.03	0.65	0.03	0.46	0.03
16	基价	元	9999001	35942	1709	27764	1281	28263	1320

续前页

单位：1000m²

顺序号	项目	单位	代号	石灰煤渣碎石 石灰:煤渣:碎石 8:30:62		石灰煤渣矿渣 石灰:煤渣:矿渣 8:30:62		石灰煤渣碎石土 石灰:煤渣:碎石土 8:30:62	
				压实厚度20cm	每增减1cm	压实厚度20cm	每增减1cm	压实厚度20cm	每增减1cm
				15	16	17	18	19	20
1	人工	工日	1001001	23.1	1	21	0.9	23.1	1
2	石灰煤渣碎石	m³	1507025	(200)	(10)	-	-	-	-
3	石灰煤渣矿渣	m³	1507027	-	-	(200)	(10)	-	-
4	石灰煤渣碎石土	m³	1507028	-	-	-	-	(200)	(10)
5	碎石土	m³	5501005	-	-	-	-	143.87	7.19
6	熟石灰	t	5503003	32.032	1.602	28.512	1.426	32.032	1.602
7	煤渣	m³	5503010	139.23	6.96	123.93	6.2	139.23	6.96
8	矿渣	m³	5503011	-	-	170.75	8.54	-	-
9	碎石	m³	5505016	151.34	7.57	-	-	-	-
10	其他材料费	元	7801001	301	-	301	-	301	-
11	设备摊销费	元	7901001	2.1	0.1	2.1	0.1	2.1	0.1
12	120kW以内自行式平地机	台班	8001058	0.42	-	0.42	-	0.42	-
13	75kW以内履带式拖拉机	台班	8001066	0.18	-	0.18	-	0.18	-
14	12~15t光轮压路机	台班	8001081	0.26	-	0.26	-	0.26	-
15	18~21t光轮压路机	台班	8001083	0.82	-	0.82	-	0.82	-
16	10000L以内洒水汽车	台班	8007043	0.46	0.03	0.48	0.03	0.46	0.03
17	基价	元	9999001	33223	1568	31285	1471	26301	1222

Ⅲ. 稳定土拌和机拌和

单位：1000m²

顺序号	项目	单位	代号	石灰煤渣 石灰:煤渣 18:82		石灰煤渣土 石灰:煤渣:土 15:30:55		石灰煤渣砂砾 石灰:煤渣:砂砾 8:30:62	
				压实厚度20cm	每增减1cm	压实厚度20cm	每增减1cm	压实厚度20cm	每增减1cm
				21	22	23	24	25	26
1	人工	工日	1001001	33.8	1.5	32.9	1.5	22.2	1
2	石灰煤渣	m³	1507023	(200)	(10)	-	-	-	-
3	石灰煤渣土	m³	1507024	-	-	(200)	(10)	-	-
4	石灰煤渣砂砾	m³	1507026	-	-	-	-	(200)	(10)
5	土	m³	5501002	-	-	137.93	6.9	-	-
6	熟石灰	t	5503003	51.084	2.554	49.335	2.467	32.032	1.602
7	砂砾	m³	5503007	-	-	-	-	139.51	6.98
8	煤渣	m³	5503010	269.74	13.49	114.37	5.72	139.23	6.96
9	其他材料费	元	7801001	301	-	301	-	301	-
10	120kW以内自行式平地机	台班	8001058	0.31		0.42	-	0.42	
11	12~15t光轮压路机	台班	8001081	0.26		0.26		0.26	
12	18~21t光轮压路机	台班	8001083	0.82		0.82		0.82	
13	235kW以内稳定土拌和机	台班	8003005	0.27	0.02	0.27	0.02	0.27	0.02
14	10000L以内洒水汽车	台班	8007043	0.53	0.03	0.65	0.03	0.46	0.03
15	基价	元	9999001	36270	1738	28092	1321	28591	1360

续前页

单位：1000m²

顺序号	项 目	单位	代 号	石灰煤渣碎石 石灰:煤渣:碎石 8:30:62		石灰煤渣矿渣 石灰:煤渣:矿渣 8:30:62		石灰煤渣碎石土 石灰:煤渣:碎石土 8:30:62	
				压实厚度20cm	每增减1cm	压实厚度20cm	每增减1cm	压实厚度20cm	每增减1cm
				27	28	29	30	31	32
1	人工	工日	1001001	22.2	1	20.1	0.9	22.2	1
2	石灰煤渣碎石	m³	1507025	(200)	(10)	—	—	—	—
3	石灰煤渣矿渣	m³	1507027	—	—	(200)	(10)	—	—
4	石灰煤渣碎石土	m³	1507028	—	—	—	—	(200)	(10)
5	碎石土	m³	5501005	—	—	—	—	143.87	7.19
6	熟石灰	t	5503003	32.032	1.602	28.512	1.426	32.032	1.602
7	煤渣	m³	5503010	139.23	6.96	123.93	6.2	139.23	6.96
8	矿渣	m³	5503011	—	—	170.75	8.54	—	—
9	碎石	m³	5505016	151.34	7.57	—	—	—	—
10	其他材料费	元	7801001	301	—	301	—	301	—
11	120kW以内自行式平地机	台班	8001058	0.42	—	0.42	—	0.42	—
12	12~15t光轮压路机	台班	8001081	0.26	—	0.26	—	0.26	—
13	18~21t光轮压路机	台班	8001083	0.82	—	0.82	—	0.82	—
14	235kW以内稳定土拌和机	台班	8003005	0.27	0.02	0.27	0.02	0.27	0.02
15	10000L以内洒水汽车	台班	8007043	0.46	0.03	0.48	0.03	0.46	0.03
16	基价	元	9999001	33551	1608	31613	1511	26629	1262

2-1-6 路拌法水泥、石灰稳定土基层

工程内容 1)清扫整理下承层;2)铺料,铺灰,洒水,拌和;3)整形,碾压,找补;4)初期养护。

Ⅰ.人工沿路拌和

单位:1000m²

顺序号	项目	单位	代号	筛拌法				翻拌法			
				水泥石灰土		水泥石灰土砂		水泥石灰土		水泥石灰土砂	
				水泥:石灰:土 6:4:90		水泥:石灰:土:砂 6:4:26:64		水泥:石灰:土 6:4:90		水泥:石灰:土:砂 6:4:26:64	
				压实厚度 20cm	每增减 1cm	压实厚度 20cm	每增减 1cm	压实厚度 20cm	每增减 1cm	压实厚度 20cm	每增减 1cm
				1	2	3	4	5	6	7	8
1	人工	工日	1001001	119.7	6.5	80	4.5	124.2	6.8	84.6	4.8
2	水泥石灰土	m³	1507031	(200)	(10)	—	—	(200)	(10)	—	—
3	水泥石灰土砂	m³	1507032	—	—	(200)	(10)	—	—	(200)	(10)
4	水	m³	3005004	27	1	29	2	27	1	29	2
5	土	m³	5501002	268.07	13.4	84.46	4.22	268.07	13.4	84.46	4.22
6	熟石灰	t	5503003	14.943	0.747	16.297	0.815	14.943	0.747	16.297	0.815
7	砂	m³	5503004	—	—	170.73	8.54	—	—	170.73	8.54
8	32.5级水泥	t	5509001	20.392	1.02	22.24	1.112	20.392	1.02	22.24	1.112
9	其他材料费	元	7801001	301	—	301	—	301	—	301	—
10	12~15t光轮压路机	台班	8001081	0.26	—	0.26	—	0.26	—	0.26	—
11	18~21t光轮压路机	台班	8001083	0.82	—	0.82	—	0.82	—	0.82	—
12	基价	元	9999001	26878	1344	35085	1756	27357	1376	35574	1788

Ⅱ. 拖拉机带铧犁拌和

单位：1000m²

顺序号	项　　目	单位	代　号	水泥石灰土 水泥:石灰:土 6:4:90		水泥石灰土砂 水泥:石灰:土:砂 6:4:26:64		水泥石灰砂砾 水泥:石灰:砂砾 5:5:90	
				压实厚度20cm	每增减1cm	压实厚度20cm	每增减1cm	压实厚度20cm	每增减1cm
				9	10	11	12	13	14
1	人工	工日	1001001	12.7	0.5	13.5	0.6	17.4	0.7
2	水泥石灰砂砾	m³	1507029	-	-	-	-	(200)	(10)
3	水泥石灰土	m³	1507031	(200)	(10)	-	-	-	-
4	水泥石灰土砂	m³	1507032	-	-	(200)	(10)	-	-
5	土	m³	5501002	268.07	13.4	84.46	4.22	-	-
6	熟石灰	t	5503003	14.943	0.747	16.297	0.815	22.629	1.131
7	砂	m³	5503004	-	-	170.73	8.54	-	-
8	砂砾	m³	5503007	-	-	-	-	241.62	12.08
9	32.5级水泥	t	5509001	20.392	1.02	22.24	1.112	20.983	1.049
10	其他材料费	元	7801001	301	-	301	-	301	-
11	设备摊销费	元	7901001	2.1	0.1	2.1	0.1	2.1	0.1
12	120kW以内自行式平地机	台班	8001058	0.31	-	0.42	-	0.31	-
13	75kW以内履带式拖拉机	台班	8001066	0.18	-	0.18	-	0.18	-
14	12~15t 光轮压路机	台班	8001081	0.26	-	0.26	-	0.26	-
15	18~21t 光轮压路机	台班	8001083	0.82	-	0.82	-	0.82	-
16	10000L以内洒水汽车	台班	8007043	0.34	0.02	0.36	0.02	0.39	0.02
17	基价	元	9999001	16297	726	28956	1358	27817	1295

续前页

单位:1000m²

顺序号	项目	单位	代号	水泥石灰碎石 水泥:石灰:碎石 4:3:93		水泥石灰砂砾土 水泥:石灰:砂砾土 5:4:91		水泥石灰碎石土 水泥:石灰:碎石土 4:3:93	
				压实厚度20cm	每增减1cm	压实厚度20cm	每增减1cm	压实厚度20cm	每增减1cm
				15	16	17	18	19	20
1	人工	工日	1001001	12.2	0.5	14	0.6	11.6	0.5
2	水泥石灰碎石	m³	1507030	(200)	(10)	—	—	—	—
3	水泥石灰砂砾土	m³	1507033	—	—	(200)	(10)	—	—
4	水泥石灰碎石土	m³	1507034	—	—	—	—	(200)	(10)
5	碎石土	m³	5501005	—	—	—	—	242.52	12.13
6	砂砾土	m³	5501006	—	—	220.66	11.03	—	—
7	熟石灰	t	5503003	14.136	0.707	17.025	0.851	13.072	0.645
8	碎石	m³	5505016	275.88	13.79	—	—	—	—
9	32.5级水泥	t	5509001	17.309	0.865	19.545	0.977	16.006	0.8
10	其他材料费	元	7801001	301	—	301	—	301	—
11	设备摊销费	元	7901001	2.1	0.1	2.1	0.1	2.1	0.1
12	120kW以内自行式平地机	台班	8001058	0.31	—	0.31	—	0.31	—
13	75kW以内履带式拖拉机	台班	8001066	0.18	—	0.18	—	0.18	—
14	12~15t光轮压路机	台班	8001081	0.26	—	0.26	—	0.26	—
15	18~21t光轮压路机	台班	8001083	0.82	—	0.82	—	0.82	—
16	10000L以内洒水汽车	台班	8007043	0.35	0.02	0.38	0.02	0.36	0.02
17	基价	元	9999001	33372	1581	18905	858	19384	883

Ⅲ. 稳定土拌和机拌和

单位:1000m²

顺序号	项目	单位	代号	水泥石灰土 水泥:石灰:土 6:4:90		水泥石灰土砂 水泥:石灰:土:砂 6:4:26:64		水泥石灰砂砾 水泥:石灰:砂砾 5:5:90	
				压实厚度20cm	每增减1cm	压实厚度20cm	每增减1cm	压实厚度20cm	每增减1cm
				21	22	23	24	25	26
1	人工	工日	1001001	11.7	0.5	12.7	0.5	16.5	0.7
2	水泥石灰砂砾	m³	1507029	—	—	—	—	(200)	(10)
3	水泥石灰土	m³	1507031	(200)	(10)	—	—	—	—
4	水泥石灰土砂	m³	1507032	—	—	(200)	(10)	—	—
5	土	m³	5501002	268.07	13.4	84.46	4.22	—	—
6	熟石灰	t	5503003	14.943	0.747	16.297	0.815	22.629	1.131
7	砂	m³	5503004	—	—	170.73	8.54	—	—
8	砂砾	m³	5503007	—	—	—	—	241.62	12.08
9	32.5级水泥	t	5509001	20.392	1.02	22.24	1.112	20.983	1.049
10	其他材料费	元	7801001	301	—	301	—	301	—
11	120kW以内自行式平地机	台班	8001058	0.31	—	0.42	—	0.31	—
12	12~15t光轮压路机	台班	8001081	0.26	—	0.26	—	0.26	—
13	18~21t光轮压路机	台班	8001083	0.82	—	0.82	—	0.82	—
14	235kW以内稳定土拌和机	台班	8003005	0.27	0.02	0.27	0.02	0.27	0.02
15	10000L以内洒水汽车	台班	8007043	0.34	0.02	0.36	0.02	0.39	0.02
16	基价	元	9999001	16615	766	29295	1387	28145	1335

续前页

单位:1000m²

顺序号	项目	单位	代号	水泥石灰碎石 水泥:石灰:碎石 4:3:93		水泥石灰砂砾土 水泥:石灰:沙砾土 5:4:91		水泥石灰碎石土 水泥:石灰:碎石土 4:3:93	
				压实厚度20cm	每增减1cm	压实厚度20cm	每增减1cm	压实厚度20cm	每增减1cm
				27	28	29	30	31	32
1	人工	工日	1001001	11.3	0.4	13.1	0.6	10.7	0.4
2	水泥石灰碎石	m³	1507030	(200)	(10)	-	-	-	-
3	水泥石灰砂砾土	m³	1507033	-	-	(200)	(10)	-	-
4	水泥石灰碎石土	m³	1507034	-	-	-	-	(200)	(10)
5	碎石土	m³	5501005	-	-	-	-	242.52	12.13
6	砂砾土	m³	5501006	-	-	220.66	11.03	-	-
7	熟石灰	t	5503003	14.136	0.707	17.025	0.851	13.072	0.645
8	碎石	m³	5505016	275.88	13.79	-	-	-	-
9	32.5级水泥	t	5509001	17.309	0.865	19.545	0.977	16.006	0.8
10	其他材料费	元	7801001	301	-	301	-	301	-
11	120kW以内自行式平地机	台班	8001058	0.31	-	0.31	-	0.31	-
12	12~15t光轮压路机	台班	8001081	0.26	-	0.26	-	0.26	-
13	18~21t光轮压路机	台班	8001083	0.82	-	0.82	-	0.82	-
14	235kW以内稳定土拌和机	台班	8003005	0.27	0.02	0.27	0.02	0.27	0.02
15	10000L以内洒水汽车	台班	8007043	0.35	0.02	0.38	0.02	0.36	0.02
16	基价	元	9999001	33701	1611	19233	898	19712	912

2-1-7 厂拌基层稳定土混合料

工程内容　稳定土混合料拌和：装载机铲运料、上料，配运料，拌和，出料。
　　　　　　稳定土混合料铺筑：机械摊铺混合料，整形，碾压，初期养护。
　　　　　　稳定土混合料运输：等待装卸、运送、空回。

I. 稳定土混合料拌和

单位：1000m²

顺序号	项目	单位	代号	水泥砂 水泥:砂:土 10:83:7		水泥砂砾 水泥剂量5%		水泥碎石 水泥剂量5%	
				压实厚度20cm	每增减1cm	压实厚度20cm	每增减1cm	压实厚度20cm	每增减1cm
				1	2	3	4	5	6
1	人工	工日	1001001	2.3	0.1	2.6	0.1	2.6	0.1
2	水泥砂	m³	1507002	(202)	(10.1)	-	-	-	-
3	水泥砂砾	m³	1507003	-	-	(202)	(10.1)	-	-
4	水泥碎石	m³	1507004	-	-	-	-	(202)	(10.1)
5	水	m³	3005004	33	2	27	1	28	1
6	土	m³	5501002	24.81	1.24	-	-	-	-
7	砂	m³	5503004	241.45	12.07	-	-	-	-
8	砂砾	m³	5503007	-	-	268.18	13.41	-	-
9	碎石	m³	5505016	-	-	-	-	296.73	14.84
10	32.5级水泥	t	5509001	38.773	1.94	22.125	1.106	22.566	1.128
11	3.0m³以内轮胎式装载机	台班	8001049	0.5	0.03	0.55	0.03	0.56	0.03
12	300t/h以内稳定土厂拌设备	台班	8003011	0.22	0.01	0.26	0.01	0.26	0.01
13	基价	元	9999001	32170	1613	20680	1029	30805	1535

续前页

单位:1000m²

顺序号	项目	单位	代号	水泥石屑 水泥剂量5%		水泥石渣 水泥剂量5%		水泥砂砾土 水泥剂量4%	
				压实厚度20cm	每增减1cm	压实厚度20cm	每增减1cm	压实厚度20cm	每增减1cm
				7	8	9	10	11	12
1	人工	工日	1001001	2.5	0.1	2.4	0.1	2.4	0.1
2	水泥石屑	m³	1507005	(202)	(10.1)	—	—	—	—
3	水泥石渣	m³	1507006	—	—	(202)	(10.1)	—	—
4	水泥砂砾土	m³	1507008	—	—	—	—	(202)	(10.1)
5	水	m³	3005004	35	2	34	2	30	2
6	砂砾土	m³	5501006	—	—	—	—	248.23	12.41
7	石渣	m³	5503012	—	—	277.34	13.87	—	—
8	石屑	m³	5503014	277.03	13.85	—	—	—	—
9	32.5级水泥	t	5509001	21.193	1.06	20.8	1.041	16.879	0.844
10	3.0m³以内轮胎式装载机	台班	8001049	0.53	0.03	0.52	0.03	0.52	0.03
11	300t/h以内稳定土厂拌设备	台班	8003011	0.25	0.01	0.24	0.01	0.24	0.01
12	基价	元	9999001	28311	1415	18479	925	11795	591

续前页

单位:1000m²

顺序号	项目	单位	代号	水泥碎石土 水泥剂量4%		石灰砂砾 石灰剂量5%		石灰碎石	
				压实厚度20cm	每增减1cm	压实厚度20cm	每增减1cm	压实厚度20cm	每增减1cm
				13	14	15	16	17	18
1	人工	工日	1001001	2.5	0.1	2.4	0.1	2.5	0.1
2	水泥碎石土	m³	1507007	(202)	(10.1)	—	—	—	—
3	石灰砂砾	m³	1507010	—	—	(202)	(10.1)	—	—
4	石灰碎石	m³	1507011	—	—	—	—	(202)	(10.1)
5	水	m³	3005004	31	2	27	2	28	2
6	碎石土	m³	5501005	268.69	13.43	—	—	—	—
7	熟石灰	t	5503003	—	—	22.432	1.122	22.855	1.143
8	砂砾	m³	5503007	—	—	252.12	12.61	—	—
9	碎石	m³	5505016	—	—	—	—	278.67	13.93
10	32.5级水泥	t	5509001	17.196	0.86	—	—	—	—
11	3.0m³以内轮胎式装载机	台班	8001049	0.53	0.03	0.52	0.03	0.53	0.03
12	300t/h以内稳定土厂拌设备	台班	8003011	0.25	0.01	0.24	0.01	0.25	0.01
13	基价	元	9999001	15106	755	19246	965	28757	1438

续前页

单位：1000m²

顺序号	项 目	单位	代 号	石灰砂砾土 石灰剂量5%		石灰碎石土 石灰剂量5%		石灰土砂砾 石灰:土:砂砾 5:15:80	
				压实厚度20cm	每增减1cm	压实厚度20cm	每增减1cm	压实厚度20cm	每增减1cm
				19	20	21	22	23	24
1	人工	工日	1001001	2.3	0.1	2.3	0.1	2.3	0.1
2	石灰砂砾土	m³	1507012	(202)	(10.1)	—	—	—	—
3	石灰碎石土	m³	1507013	—	—	(202)	(10.1)	—	—
4	石灰土砂砾	m³	1507014	—	—	—	—	(202)	(10.1)
5	水	m³	3005004	25	1	26	1	25	1
6	土	m³	5501002	—	—	—	—	50.11	2.51
7	碎石土	m³	5501005	—	—	244.67	12.23	—	—
8	砂砾土	m³	5501006	227.05	11.35	—	—	—	—
9	熟石灰	t	5503003	20.813	1.041	21.109	1.055	20.813	1.041
10	砂砾	m³	5503007	—	—	—	—	196.99	9.85
11	3.0m³以内轮胎式装载机	台班	8001049	0.48	0.02	0.48	0.02	0.48	0.02
12	300t/h以内稳定土厂拌设备	台班	8003011	0.22	0.01	0.22	0.01	0.22	0.01
13	基价	元	9999001	11807	582	14761	729	16624	823

续前页

单位:$1000m^2$

顺序号	项目	单位	代号	石灰土碎石		石灰粉煤灰砂		石灰粉煤灰砂砾	
				石灰:土:碎石 5:15:80		石灰:粉煤灰:砂 10:20:70		石灰:粉煤灰:砂砾 5:15:80	
				压实厚度 20cm	每增减 1cm	压实厚度 20cm	每增减 1cm	压实厚度 20cm	每增减 1cm
				25	26	27	28	29	30
1	人工	工日	1001001	2.3	0.1	2	0.1	2.3	0.1
2	石灰土碎石	m^3	1507015	(202)	(10.1)	-	-	-	-
3	石灰粉煤灰砂	m^3	1507018	-	-	(202)	(10.1)	-	-
4	石灰粉煤灰砂砾	m^3	1507019	-	-	-	-	(202)	(10.1)
5	水	m^3	3005004	26	1	27	2	34	2
6	土	m^3	5501002	50.83	2.54	-	-	-	-
7	粉煤灰	t	5501009	-	-	70.740	3.54	62.415	3.12
8	熟石灰	t	5503003	21.109	1.055	37.774	1.889	22.22	1.111
9	砂	m^3	5503004	-	-	165.56	8.28	-	-
10	砂砾	m^3	5503007	-	-	-	-	199.8	9.99
11	碎石	m^3	5505016	216.74	10.84	-	-	-	-
12	$3.0m^3$ 以内轮胎式装载机	台班	8001049	0.48	0.02	0.41	0.02	0.49	0.02
13	300t/h 以内稳定土厂拌设备	台班	8003011	0.22	0.01	0.19	0.01	0.22	0.01
14	基价	元	9999001	23949	1189	34659	1735	25784	1281

续前页

单位:1000m²

顺序号	项目	单位	代号	石灰粉煤灰碎石 石灰:粉煤灰:碎石 5:15:80		石灰粉煤灰矿渣 石灰:粉煤灰:矿渣 6:14:80		石灰粉煤灰煤矸石 石灰:粉煤灰:煤矸石 6:14:80	
				压实厚度20cm	每增减1cm	压实厚度20cm	每增减1cm	压实厚度20cm	每增减1cm
				31	32	33	34	35	36
1	人工	工日	1001001	2.3	0.1	1.9	0.1	2	0.1
2	石灰粉煤灰碎石	m³	1507020	(202)	(10.1)	—	—	—	—
3	石灰粉煤灰矿渣	m³	1507021	—	—	(202)	(10.1)	—	—
4	石灰粉煤灰煤矸石	m³	1507022	—	—	—	—	(202)	(10.1)
5	水	m³	3005004	27	2	35	2	36	2
6	粉煤灰	t	5501009	64.605	3.233	48.645	2.43	53.678	2.685
7	熟石灰	t	5503003	22.998	1.15	22.264	1.113	19.109	0.955
8	矿渣	m³	5503011	—	—	229.39	11.47	—	—
9	煤矸石	m³	5505009	—	—	—	—	202.51	10.13
10	碎石	m³	5505016	224.33	11.22	—	—	—	—
11	3.0m³以内轮胎式装载机	台班	8001049	0.5	0.03	0.41	0.02	0.41	0.02
12	300t/h以内稳定土厂拌设备	台班	8003011	0.22	0.01	0.18	0.01	0.19	0.01
13	基价	元	9999001	33990	1705	29878	1495	24792	1240

续前页　　　　　　　　　　　　　　　　　　　　　　　　　　　　　　　　　　　单位：1000m²

顺序号	项目	单位	代号	石灰煤渣基层 石灰:煤渣 18:82		石灰煤渣砂砾 石灰:煤渣:砂砾 8:30:62		石灰煤渣碎石 石灰:煤渣:碎石 8:30:62	
				压实厚度20cm	每增减1cm	压实厚度20cm	每增减1cm	压实厚度20cm	每增减1cm
				37	38	39	40	41	42
1	人工	工日	1001001	1.4	0.1	2.1	0.1	2.1	0.1
2	石灰煤渣	m³	1507023	(202)	(10.1)	—	—	—	—
3	石灰煤渣碎石	m³	1507025	—	—	—	—	(202)	(10.1)
4	石灰煤渣砂砾	m³	1507026	—	—	(202)	(10.1)	—	—
5	水	m³	3005004	30	2	32	2	32	2
6	熟石灰	t	5503003	51.595	2.58	32.352	1.618	32.352	1.618
7	砂砾	m³	5503007	—	—	140.91	7.05	—	—
8	煤渣	m³	5503010	272.44	13.62	140.62	7.03	140.62	7.03
9	碎石	m³	5505016	—	—	—	—	152.86	7.64
10	3.0m³以内轮胎式装载机	台班	8001049	0.32	0.02	0.44	0.02	0.44	0.02
11	300t/h以内稳定土厂拌设备	台班	8003011	0.14	0.01	0.2	0.01	0.2	0.01
12	基价	元	9999001	31223	1575	24966	1247	29976	1497

续前页 单位:1000m²

顺序号	项目	单位	代号	石灰煤渣矿渣		石灰煤渣碎石土		水泥石灰砂砾	
				石灰:煤渣:矿渣 8:30:62		石灰:煤渣:碎石土 8:30:62		水泥:石灰:砂砾 5:5:90	
				每增减 1cm	压实厚度 20cm	每增减 1cm	每增减 1cm	压实厚度 20cm	每增减 1cm
				43	44	45	46	47	48
1	人工	工日	1001001	1.9	0.1	2.1	0.1	2.5	0.1
2	石灰煤渣矿渣	m^3	1507027	(202)	(10.1)	–	–	–	–
3	石灰煤渣碎石土	m^3	1507028	–	–	(202)	(10.1)	–	–
4	水泥石灰砂砾	m^3	1507029	–	–	–	–	(202)	(10.1)
5	水	m^3	3005004	35	2	32	2	28	2
6	碎石土	m^3	5501005	–	–	145.31	7.27	–	–
7	熟石灰	t	5503003	28.797	1.44	32.352	1.618	22.855	1.143
8	砂砾	m^3	5503007	–	–	–	–	244.04	12.2
9	煤渣	m^3	5503010	125.17	6.26	140.62	7.03	–	–
10	矿渣	m^3	5503011	172.46	8.62	–	–	–	–
11	32.5 级水泥	t	5509001	–	–	–	–	21.193	1.06
12	3.0m^3 以内轮胎式装载机	台班	8001049	0.4	0.02	0.44	0.02	0.53	0.03
13	300t/h 以内稳定土厂拌设备	台班	8003011	0.18	0.01	0.2	0.01	0.25	0.01
14	基价	元	9999001	28132	1409	22984	1147	25547	1278

续前页

单位:1000m²

顺序号	项目	单位	代号	水泥石灰碎石 水泥:石灰:碎石 4:3:93		水泥石灰砂砾土 水泥:石灰:砂砾土 5:4:91		水泥石灰碎石土 水泥:石灰:碎石土 4:3:93	
				压实厚度20cm	每增减1cm	压实厚度20cm	每增减1cm	压实厚度20cm	每增减1cm
				49	50	51	52	53	54
1	人工	工日	1001001	2.6	0.1	2.3	0.1	2.3	0.1
2	水泥石灰碎石	m³	1507030	(202)	(10.1)	-	-	-	-
3	水泥石灰砂砾土	m³	1507033	-	-	(202)	(10.1)	-	-
4	水泥石灰碎石土	m³	1507034	-	-	-	-	(202)	(10.1)
5	水	m³	3005004	28	2	30	2	30	2
6	碎石土	m³	5501005	-	-	-	-	244.95	12.25
7	砂砾土	m³	5501006	-	-	222.86	11.14	-	-
8	熟石灰	t	5503003	14.277	0.714	17.195	0.86	13.203	0.66
9	碎石	m³	5505016	278.64	13.93	-	-	-	-
10	32.5级水泥	t	5509001	17.482	0.874	19.741	0.987	16.166	0.808
11	3.0m³以内轮胎式装载机	台班	8001049	0.54	0.03	0.49	0.03	0.5	0.03
12	300t/h以内稳定土厂拌设备	台班	8003011	0.25	0.01	0.22	0.01	0.22	0.01
13	基价	元	9999001	31784	1588	16817	846	17593	884

Ⅱ. 稳定土混合料铺筑

单位:1000m²

顺序号	项目	单位	代号	平地机铺筑 功率(kW)					
				90 以内		120 以内		150 以内	
				基层	底基层	基层	底基层	基层	底基层
				55	56	57	58	59	60
1	人工	工日	1001001	3.1	3.1	2.9	2.9	2.9	2.9
2	其他材料费	元	7801001	301	301	301	301	301	301
3	90kW 以内自行式平地机	台班	8001057	0.45	0.45	–	–	–	–
4	120kW 以内自行式平地机	台班	8001058	–	–	0.34	0.34	–	–
5	150kW 以内自行式平地机	台班	8001060	–	–	–	–	0.29	0.29
6	12~15t 光轮压路机	台班	8001081	0.08	0.08	0.08	0.08	0.08	0.08
7	20t 以内振动压路机	台班	8001090	0.42	0.36	0.42	0.36	0.42	0.36
8	16~20t 轮胎式压路机	台班	8003067	0.26	0.22	0.26	0.22	0.26	0.22
9	10000L 以内洒水汽车	台班	8007043	0.16	0.16	0.16	0.16	0.16	0.16
10	基价	元	9999001	2083	1964	2052	1933	2074	1955

续前页　　　　　　　　　　　　　　　　　　　　　　　　　　　　　　　　　单位：1000m²

顺序号	项目	单位	代号	摊铺机铺筑 宽度(m)					
				7.5以内		9.5以内		12.5以内	
				基层	底基层	基层	底基层	基层	底基层
				61	62	63	64	65	66
1	人工	工日	1001001	2.9	2.9	2.6	2.6	2.3	2.3
2	其他材料费	元	7801001	301	301	301	301	301	301
3	12~15t 光轮压路机	台班	8001081	0.08	0.08	0.08	0.08	0.08	0.08
4	20t 以内振动压路机	台班	8001090	0.42	0.36	0.42	0.36	0.42	0.36
5	7.5m 以内稳定土摊铺机	台班	8003015	0.32	0.32	-	-	-	-
6	9.5m 以内稳定土摊铺机	台班	8003016	-	-	0.22	0.22	-	-
7	12.5m 以内稳定土摊铺机	台班	8003017	-	-	-	-	0.16	0.16
8	16~20t 轮胎式压路机	台班	8003067	0.26	0.22	0.26	0.22	0.26	0.22
9	10000L 以内洒水汽车	台班	8007043	0.16	0.16	0.16	0.16	0.16	0.16
10	基价	元	9999001	2156	2038	2123	2005	2073	1955

Ⅲ. 稳定土混合料运输

单位:1000m³

顺序号	项 目	单位	代 号	自卸汽车装载质量(t)							
				运距15km以内							
				8t以内		10t以内		12t以内		15t以内	
				第一个1km	每增运0.5km	第一个1km	每增运0.5km	第一个1km	每增运0.5km	第一个1km	每增运0.5km
				67	68	69	70	71	72	73	74
1	8t以内自卸汽车	台班	8007014	8.26	0.94	—	—	—	—	—	—
2	10t以内自卸汽车	台班	8007015	—	—	6.54	0.69	—	—	—	—
3	12t以内自卸汽车	台班	8007016	—	—	—	—	5.51	0.6	—	—
4	15t以内自卸汽车	台班	8007017	—	—	—	—	—	—	4.63	0.47
5	基价	元	9999001	5618	639	4965	524	4636	505	4291	436

续前页 单位:1000m³

顺序号	项 目	单位	代 号	自卸汽车装载质量(t)			
				20 以内		30 以内	
				第一个 1km	每增运 0.5km 15km 以内	第一个 1km	每增运 0.5km 15km 以内
				75	76	77	78
1	20t 以内自卸汽车	台班	8007019	3.46	0.34	-	-
2	30t 以内自卸汽车	台班	8007020	-	-	2.84	0.26
3	基价	元	9999001	3877	381	3852	353

注:本定额是按拌和能力为 300t/h 的拌和设备编制的。当采用其他型号的拌和设备施工时,可按下表中的数据调整定额中人工、装载机和拌和设备的消耗数量:

不同生产能力拌和设备定额消耗数量调整表

单位：$1000m^3$

项目			单位	代号	稳定土类型									
					水泥砂	水泥砂砾	水泥碎石	水泥石屑	水泥石渣	水泥砂砾土	水泥碎石土	石灰砂砾	石灰碎石	石灰砂砾土
50t/h以内厂拌设备	压实厚度20cm	人工	工日	1001001	7.5	8.2	8.4	7.7	7.6	7.6	7.7	7.6	7.7	7.2
		$1m^3$ 以内轮胎式装载机	台班	8001045	1.61	1.71	1.74	1.66	1.64	1.65	1.66	1.64	1.66	1.51
		50t/h 以内稳定土厂拌设备	台班	8003008	1.35	1.44	1.49	1.4	1.37	1.38	1.4	1.37	1.4	1.26
	每增减1cm	人工	工日	1001001	0.4	0.4	0.4	0.4	0.4	0.4	0.4	0.4	0.4	0.4
		$1m^3$ 以内轮胎式装载机	台班	8001045	0.08	0.08	0.08	0.08	0.08	0.08	0.08	0.08	0.08	0.07
		50t/h 以内稳定土厂拌设备	台班	8003008	0.07	0.07	0.08	0.07	0.07	0.07	0.07	0.07	0.07	0.06
100t/h以内厂拌设备	压实厚度20cm	人工	工日	1001001	4.7	5.0	5.2	4.8	4.8	4.8	4.8	4.8	4.8	4.5
		$2m^3$ 以内轮胎式装载机	台班	8001047	0.81	0.92	0.93	0.84	0.83	0.83	0.84	0.83	0.84	0.78
		100t/h 以内稳定土厂拌设备	台班	8003009	0.73	0.83	0.84	0.81	0.74	0.75	0.81	0.74	0.81	0.7
	每增减1cm	人工	工日	1001001	0.2	0.2	0.2	0.2	0.2	0.2	0.2	0.2	0.2	0.2
		$2m^3$ 以内轮胎式装载机	台班	8001047	0.04	0.05	0.05	0.04	0.04	0.04	0.04	0.04	0.04	0.04
		100t/h 以内稳定土厂拌设备	台班	8003009	0.03	0.04	0.04	0.04	0.03	0.03	0.04	0.03	0.04	0.03
200t/h以内厂拌设备	压实厚度20cm	人工	工日	1001001	2.4	2.6	2.6	2.5	2.4	2.4	2.5	2.4	2.5	2.3
		$2m^3$ 以内轮胎式装载机	台班	8001047	0.81	0.92	0.93	0.84	0.83	0.83	0.84	0.83	0.84	0.78
		200t/h 以内稳定土厂拌设备	台班	8003010	0.37	0.4	0.4	0.39	0.38	0.38	0.39	0.38	0.39	0.36
	每增减1cm	人工	工日	1001001	0.1	0.1	0.1	0.1	0.1	0.1	0.1	0.1	0.1	0.1
		$2m^3$ 以内轮胎式装载机	台班	8001047	0.04	0.05	0.05	0.04	0.04	0.04	0.04	0.04	0.04	0.04
		200t/h 以内稳定土厂拌设备	台班	8003010	0.02	0.02	0.02	0.02	0.02	0.02	0.02	0.02	0.02	0.02

续前页
单位：1000m³

项目			单位	代号	稳定土类型									
					水泥砂	水泥砂砾	水泥碎石	水泥石屑	水泥石渣	水泥砂砾土	水泥碎石土	石灰砂砾	石灰碎石	石灰砂砾土
400t/h以内厂拌设备	压实厚度20cm	人工	工日	1001001	1.6	2.1	2.1	1.6	1.6	1.6	1.6	1.6	1.6	1.5
		3m³以内轮胎式装载机	台班	8001049	0.41	0.43	0.43	0.42	0.42	0.42	0.42	0.42	0.42	0.39
		400t/h以内稳定土厂拌设备	台班	8003012	0.18	0.19	0.2	0.19	0.18	0.18	0.19	0.18	0.19	0.17
	每增减1cm	人工	工日	1001001	0.1	0.1	0.1	0.1	0.1	0.1	0.1	0.1	0.1	0.1
		3m³以内轮胎式装载机	台班	8001049	0.02	0.02	0.02	0.02	0.02	0.02	0.02	0.02	0.02	0.02
		400t/h以内稳定土厂拌设备	台班	8003012	0.01	0.01	0.01	0.01	0.01	0.01	0.01	0.01	0.01	0.01
500t/h以内厂拌设备	压实厚度20cm	人工	工日	1001001	1.2	1.3	1.3	1.2	1.2	1.2	1.3	1.2	1.2	1.1
		3m³以内轮胎式装载机	台班	8001049	0.33	0.35	0.36	0.34	0.33	0.34	0.34	0.33	0.34	0.31
		500t/h以内稳定土厂拌设备	台班	8003013	0.16	0.17	0.18	0.16	0.16	0.16	0.16	0.16	0.16	0.15
	每增减1cm	人工	工日	1001001	0.1	0.1	0.1	0.1	0.1	0.1	0.1	0.1	0.1	0.1
		3m³以内轮胎式装载机	台班	8001049	0.02	0.02	0.02	0.02	0.02	0.02	0.02	0.02	0.02	0.02
		500t/h以内稳定土厂拌设备	台班	8003013	0.01	0.01	0.01	0.01	0.01	0.01	0.01	0.01	0.01	0.01

续前页

单位:1000m³

项　　目			单位	代号	稳定土类型									
					石灰碎石土	石灰土砂砾	石灰土碎石	石灰粉煤灰砂	石灰粉煤灰砂砾	石灰粉煤灰碎石	石灰粉煤灰矿渣	石灰粉煤灰煤矸石	石灰煤渣	石灰煤渣砂砾
50t/h以内厂拌设备	压实厚度20cm	人工	工日	1001001	7.2	7.2	7.2	6.1	7.3	7.5	6.1	6.2	4.7	6.5
		1m³以内轮胎式装载机	台班	8001045	1.52	1.51	1.52	1.31	1.53	1.61	1.29	1.32	0.98	1.37
		50t/h以内稳定土厂拌设备	台班	8003008	1.26	1.26	1.26	1.09	1.28	1.35	1.08	1.1	0.82	1.18
	每增减1cm	人工	工日	1001001	0.4	0.4	0.4	0.3	0.4	0.4	0.3	0.3	0.2	0.3
		1m³以内轮胎式装载机	台班	8001045	0.07	0.07	0.07	0.06	0.07	0.08	0.06	0.06	0.05	0.06
		50t/h以内稳定土厂拌设备	台班	8003008	0.06	0.06	0.06	0.05	0.06	0.07	0.05	0.05	0.04	0.06
100t/h以内厂拌设备	压实厚度20cm	人工	工日	1001001	4.6	4.5	4.6	3.8	4.6	4.7	3.8	3.8	2.8	4.0
		2m³以内轮胎式装载机	台班	8001047	0.79	0.78	0.79	0.7	0.79	0.81	0.64	0.7	0.53	0.73
		100t/h以内稳定土厂拌设备	台班	8003009	0.7	0.7	0.7	0.63	0.71	0.73	0.58	0.64	0.48	0.66
	每增减1cm	人工	工日	1001001	0.2	0.2	0.2	0.2	0.2	0.2	0.2	0.2	0.1	0.2
		2m³以内轮胎式装载机	台班	8001047	0.04	0.04	0.04	0.04	0.04	0.04	0.03	0.04	0.03	0.04
		100t/h以内稳定土厂拌设备	台班	8003009	0.03	0.03	0.03	0.03	0.03	0.03	0.03	0.03	0.03	0.03
200t/h以内厂拌设备	压实厚度20cm	人工	工日	1001001	2.3	2.3	2.3	2.1	2.3	2.4	2.1	2.1	1.4	2.2
		2m³以内轮胎式装载机	台班	8001047	0.79	0.78	0.79	0.7	0.79	0.81	0.64	0.7	0.53	0.73
		200t/h以内稳定土厂拌设备	台班	8003010	0.36	0.36	0.36	0.33	0.36	0.37	0.32	0.33	0.21	0.34
	每增减1cm	人工	工日	1001001	0.1	0.1	0.1	0.1	0.1	0.1	0.1	0.1	0.1	0.1
		2m³以内轮胎式装载机	台班	8001047	0.04	0.04	0.04	0.04	0.04	0.04	0.03	0.04	0.03	0.04
		200t/h以内稳定土厂拌设备	台班	8003010	0.02	0.02	0.02	0.02	0.02	0.02	0.02	0.02	0.01	0.02

续前页

单位:1000m³

项目			单位	代号	稳定土类型									
					石灰碎石土	石灰土砂砾	石灰土碎石	石灰粉煤灰砂	石灰粉煤灰砂砾	石灰粉煤灰碎石	石灰粉煤灰矿渣	石灰粉煤灰煤矸石	石灰煤渣	石灰煤渣砂砾
400t/h以内厂拌设备	压实厚度20cm	人工	工日	1001001	1.5	1.5	1.5	1.3	1.5	1.6	1.3	1.3	1.1	1.4
		$3m^3$ 以内轮胎式装载机	台班	8001049	0.4	0.39	0.4	0.35	0.4	0.41	0.35	0.35	0.24	0.37
		400t/h 以内稳定土厂拌设备	台班	8003012	0.17	0.17	0.17	0.15	0.17	0.18	0.15	0.15	0.13	0.16
	每增减1cm	人工	工日	1001001	0.1	0.1	0.1	0.1	0.1	0.1	0.1	0.1	0.1	0.1
		$3m^3$ 以内轮胎式装载机	台班	8001049	0.02	0.02	0.02	0.02	0.02	0.02	0.02	0.02	0.01	0.02
		400t/h 以内稳定土厂拌设备	台班	8003012	0.01	0.01	0.01	0.01	0.01	0.01	0.01	0.01	0.01	0.01
500t/h以内厂拌设备	压实厚度20cm	人工	工日	1001001	1.1	1.1	1.1	1.0	1.1	1.2	1.0	1.0	0.7	1.0
		$3m^3$ 以内轮胎式装载机	台班	8001049	0.31	0.31	0.31	0.27	0.32	0.33	0.26	0.27	0.2	0.29
		500t/h 以内稳定土厂拌设备	台班	8003013	0.15	0.15	0.15	0.13	0.15	0.16	0.13	0.13	0.1	0.14
	每增减1cm	人工	工日	1001001	0.1	0.1	0.1	0.1	0.1	0.1	0.1	0.1	0.1	0.1
		$3m^3$ 以内轮胎式装载机	台班	8001049	0.02	0.02	0.02	0.01	0.02	0.02	0.01	0.01	0.01	0.01
		500t/h 以内稳定土厂拌设备	台班	8003013	0.01	0.01	0.01	0.01	0.01	0.01	0.01	0.01	0.01	0.01

续前页

单位:1000m³

项 目			单位	代号	稳定土类型						
					石灰煤渣碎石	石灰煤渣矿渣	石灰煤渣碎石土	水泥石灰砂砾	水泥石灰碎石	水泥石灰砂砾土	水泥石灰碎石土
50t/h以内厂拌设备	压实厚度20cm	人工	工日	1001001	6.5	6.0	6.5	7.7	7.8	7.3	7.3
		1m³以内轮胎式装载机	台班	8001045	1.37	1.25	1.37	1.66	1.68	1.53	1.55
		50t/h以内稳定土厂拌设备	台班	8003008	1.18	1.05	1.18	1.40	1.42	1.28	1.30
	每增减1cm	人工	工日	1001001	0.3	0.3	0.3	0.4	0.4	0.4	0.4
		1m³以内轮胎式装载机	台班	8001045	0.06	0.06	0.06	0.08	0.08	0.07	0.07
		50t/h以内稳定土厂拌设备	台班	8003008	0.06	0.05	0.06	0.07	0.07	0.06	0.06
100t/h以内厂拌设备	压实厚度20cm	人工	工日	1001001	4.0	3.6	4.0	4.8	4.9	4.6	4.7
		2m³以内轮胎式装载机	台班	8001047	0.73	0.62	0.73	0.84	0.90	0.79	0.80
		100t/h以内稳定土厂拌设备	台班	8003009	0.66	0.57	0.66	0.81	0.82	0.71	0.72
	每增减1cm	人工	工日	1001001	0.2	0.2	0.2	0.2	0.2	0.2	0.2
		2m³以内轮胎式装载机	台班	8001047	0.04	0.03	0.04	0.04	0.05	0.04	0.04
		100t/h以内稳定土厂拌设备	台班	8003009	0.03	0.03	0.03	0.04	0.04	0.03	0.03
200t/h以内厂拌设备	压实厚度20cm	人工	工日	1001001	2.2	1.6	2.2	2.5	2.5	2.4	2.4
		2m³以内轮胎式装载机	台班	8001047	0.73	0.62	0.73	0.84	0.90	0.79	0.80
		200t/h以内稳定土厂拌设备	台班	8003010	0.34	0.31	0.34	0.39	0.39	0.36	0.37
	每增减1cm	人工	工日	1001001	0.1	0.1	0.1	0.1	0.1	0.1	0.1
		2m³以内轮胎式装载机	台班	8001047	0.04	0.03	0.04	0.04	0.05	0.04	0.04
		200t/h以内稳定土厂拌设备	台班	8003010	0.02	0.02	0.02	0.02	0.02	0.02	0.02

续前页

单位:1000m³

项目			单位	代号	稳定土类型						
					石灰煤渣碎石	石灰煤渣矿渣	石灰煤渣碎石土	水泥石灰砂砾	水泥石灰碎石	水泥石灰砂砾土	水泥石灰碎石土
400t/h以内厂拌设备	压实厚度20cm	人工	工日	1001001	1.4	1.3	1.4	1.7	1.7	1.6	1.7
		3m³以内轮胎式装载机	台班	8001049	0.37	0.34	0.37	0.42	0.43	0.40	0.40
		400t/h以内稳定土厂拌设备	台班	8003012	0.16	0.15	0.16	0.19	0.19	0.18	0.18
	每增减1cm	人工	工日	1001001	0.1	0.1	0.1	0.1	0.1	0.1	0.1
		3m³以内轮胎式装载机	台班	8001049	0.02	0.02	0.02	0.02	0.02	0.02	0.02
		400t/h以内稳定土厂拌设备	台班	8003012	0.01	0.01	0.01	0.01	0.01	0.01	0.01
500t/h以内厂拌设备	压实厚度20cm	人工	工日	1001001	1.0	0.9	1.0	1.2	1.3	1.1	1.1
		3m³以内轮胎式装载机	台班	8001049	0.29	0.26	0.29	0.34	0.35	0.32	0.32
		500t/h以内稳定土厂拌设备	台班	8003013	0.14	0.12	0.14	0.17	0.17	0.15	0.15
	每增减1cm	人工	工日	1001001	0.1	0.1	0.1	0.1	0.1	0.1	0.1
		3m³以内轮胎式装载机	台班	8001049	0.01	0.01	0.01	0.02	0.02	0.02	0.02
		500t/h以内稳定土厂拌设备	台班	8003013	0.01	0.01	0.01	0.01	0.01	0.01	0.01

2-1-8 基层稳定土厂拌设备安装、拆除

工程内容 1)场地清理、平整、碾压、硬化处理;2)铺设垫层;3)修建拌和设备基座的全部工作;4)砌筑上料台;5)拌和设备的安装、调试;6)竣工后拆除、清理。

单位:1座

顺序号	项目	单位	代号	稳定土厂拌设备生产能力(t/h)					
				50以内	100以内	200以内	300以内	400以内	500以内
				1	2	3	4	5	6
1	人工	工日	1001001	299.5	343.3	520.4	642.7	791.1	886.7
2	型钢	t	2003004	0.013	0.016	0.029	0.04	0.056	0.063
3	钢板	t	2003005	-	-	-	-	-	1.299
4	组合钢模板	t	2003026	0.028	0.035	0.062	0.086	0.121	0.136
5	电焊条	kg	2009011	-	-	-	-	-	439
6	铁件	kg	2009028	40.2	48	70.8	85.3	105.5	118.7
7	水	m^3	3005004	145	176	280	353	451	543
8	锯材	m^3	4003002	-	-	0.01	0.01	0.01	0.02
9	中(粗)砂	m^3	5503005	95.58	116.23	183.81	230.01	291.35	335.33
10	片石	m^3	5505005	125.48	151.94	235.25	288.18	356.3	397.24
11	碎石(4cm)	m^3	5505013	25.71	32.14	57.86	80.36	112.5	137.55
12	块石	m^3	5505025	114.56	138.73	214.8	263.12	325.32	365.32

续前页

单位:1座

顺序号	项目	单位	代号	稳定土厂拌设备生产能力(t/h)					
				50以内	100以内	200以内	300以内	400以内	500以内
				1	2	3	4	5	6
13	青(红)砖	千块	5507003	-	-	-	-	-	52
14	32.5级水泥	t	5509001	27.18	33.167	54.241	69.503	90.318	103.84
15	其他材料费	元	7801001	46	56.6	120	158.8	212.8	278.6
16	0.6m³以内履带式液压单斗挖土机	台班	8001025	0.97	1.37	2.81	4.03	5.79	5.07
17	250L以内强制式混凝土搅拌机	台班	8005002	0.93	1.15	2.08	2.9	4.06	3.94
18	15t以内平板拖车组	台班	8007023	3.93	4.3	-	-	-	-
19	20t以内平板拖车组	台班	8007024	-	-	5.47	6.79	7.77	7.17
20	12t以内汽车式起重机	台班	8009027	8.95	0.72	1.42	2.02	2.83	2.63
21	20t以内汽车式起重机	台班	8009029	8.27	8.86	-	-	-	-
22	40t以内汽车式起重机	台班	8009032	-	8.68	9.65	11.19	12.34	11.56
23	75t以内汽车式起重机	台班	8009034	-	-	8.93	10.34	11.41	10.69
24	小型机具使用费	元	8099001	144.9	175.8	275.3	340.9	426.9	509.5
25	基价	元	9999001	91946	118639	191478	234777	285478	334553

2–1–9 泥灰结碎石基层

工程内容 1)清扫整理下承层;2)铺料、整平;3)调浆、灌浆;4)撒铺嵌缝料、整形、洒水、碾压、找补。

单位:1000m²

顺序号	项 目	单位	代 号	人工摊铺		机械摊铺	
				压实厚度 10cm	每增加 1cm	压实厚度 10cm	每增加 1cm
				1	2	3	4
1	人工	工日	1001001	22.7	2.1	13.1	1.2
2	水	m³	3005004	23	2	—	—
3	黏土	m³	5501003	22.06	2.21	22.06	2.21
4	熟石灰	t	5503003	4.666	0.466	4.666	0.466
5	碎石	m³	5505016	120.9	12.09	120.9	12.09
6	120kW 以内自行式平地机	台班	8001058	—	—	0.31	—
7	12~15t 光轮压路机	台班	8001081	0.26	—	0.26	—
8	18~21t 光轮压路机	台班	8001083	0.46	—	0.46	—
9	10000L 以内洒水汽车	台班	8007043	—	—	0.22	0.02
10	基价	元	9999001	13678	1299	13207	1220

2-1-10 填隙碎石基层

工程内容 1)清扫整理下承层;2)铺料、整平;3)撒铺填隙料;4)整形、洒水、碾压、找补。

Ⅰ.人工铺料

单位:1000m²

顺序号	项目	单位	代号	压实厚度(cm)									
				8		9		10		11		12	
				基层	底基层	基层	底基层	基层	底基层	基层	底基层	基层	底基层
				1	2	3	4	5	6	7	8	9	10
1	人工	工日	1001001	11.3	11.3	12.4	12.4	13.3	13.3	14.2	14.2	15.2	15.2
2	水	m³	3005004	4	4	4	4	4	4	4	4	4	4
3	碎石	m³	5505016	107.13	107.15	120.52	120.54	133.89	133.93	147.28	147.33	160.7	160.74
4	12~15t光轮压路机	台班	8001081	0.15	0.15	0.16	0.16	0.17	0.17	0.18	0.18	0.19	0.21
5	18~21t光轮压路机	台班	8001083	0.18	0.09	0.2	0.09	0.2	0.1	0.22	0.11	0.24	0.11
6	15t以内振动压路机(单钢轮)	台班	8001089	0.12	0.1	0.12	0.11	0.13	0.12	0.14	0.12	0.14	0.13
7	基价	元	9999001	9678	9590	10830	10738	11954	11871	13096	12995	14239	14145

Ⅱ. 机械铺料

单位：1000m²

顺序号	项目	单位	代号	压实厚度(cm)									
				8		9		10		11		12	
				基层	底基层	基层	底基层	基层	底基层	基层	底基层	基层	底基层
				11	12	13	14	15	16	17	18	19	20
1	人工	工日	1001001	1.9	1.9	2	2	2.1	2	2.1	2.1	2.2	2.1
2	碎石	m³	5505016	107.13	107.15	120.52	120.54	133.89	133.93	147.28	147.33	160.7	160.74
3	120kW 以内自行式平地机	台班	8001058	0.14	0.14	0.16	0.16	0.18	0.18	0.21	0.21	0.24	0.24
4	12～15t 光轮压路机	台班	8001081	0.15	0.15	0.16	0.16	0.17	0.17	0.18	0.18	0.19	0.19
5	18～21t 光轮压路机	台班	8001083	0.18	0.09	0.2	0.09	0.2	0.1	0.22	0.11	0.24	0.11
6	15t 以内振动压路机(单钢轮)	台班	8001089	0.11	0.1	0.12	0.11	0.13	0.12	0.14	0.12	0.14	0.13
7	石屑撒布机	台班	8003030	0.07	0.06	0.08	0.07	0.09	0.08	0.09	0.08	0.1	0.09
8	10000L 以内洒水汽车	台班	8007043	0.04	0.04	0.04	0.04	0.04	0.04	0.04	0.04	0.04	0.04
9	基价	元	9999001	8917	8833	10005	9905	11075	10974	12157	12049	13247	13124

2-1-11 冷再生基层

工程内容 石油沥青冷再生基层:1)清扫旧路面,放样;2)冷再生机铣刨;3)喷洒水泥稀浆;4)拌和,整平,碾压,养护。
泡沫沥青冷再生基层:1)旧路面铣刨;2)铣刨料中添加粗、细集料、水泥及泡沫沥青;3)拌和、整平、碾压养护;4)多余废料外运。

单位:1000m²

顺序号	项目	单位	代号	石油沥青冷再生基层	
				厚度18cm	每增减1cm
				1	2
1	人工	工日	1001001	4.3	0.1
2	水	m³	3005004	20	1
3	32.5级水泥	t	5509001	19.747	1.097
4	2.0m³以内轮胎式装载机	台班	8001047	0.55	0.01
5	120kW以内自行式平地机	台班	8001058	0.57	-
6	18~21t光轮压路机	台班	8001083	0.56	-
7	20t以内振动压路机	台班	8001090	0.56	-
8	450kW冷再生机	台班	8003100	0.39	0.02
9	10000L以内洒水汽车	台班	8007043	0.59	0.01
10	基价	元	9999001	14504	618

续前页

单位：1000m²

顺序号	项 目	单位	代 号	泡沫沥青冷再生基层			
				就地冷再生基层		厂拌冷再生基层	
				厚度15cm	每增减1cm	厚15cm	每增减1cm
				3	4	5	6
1	人工	工日	1001001	12.2	0.6	11	0.9
2	石油沥青	t	3001001	7.587	0.506	7.587	0.506
3	水	m³	3005004	6	1	6	1
4	石屑	m³	5503014	49.35	3.29	49.35	3.29
5	32.5级水泥	t	5509001	3.365	0.224	3.365	0.224
6	2.0m³以内轮胎式装载机	台班	8001047	-	-	0.93	0.06
7	3.0m³以内轮胎式装载机	台班	8001049	0.32	0.02	-	-
8	200kW以内自行式平地机	台班	8001062	0.45	-	-	-
9	22000L以内液态沥青运输车	台班	8003034	0.34	0.02	0.34	0.02
10	12.5m以内沥青混合料摊铺机	台班	8003060	-	-	0.5	-
11	15t以内振动压路机（双钢轮）	台班	8003065	0.54	0.03	0.54	0.03
12	20～25t轮胎式压路机	台班	8003068	0.48	0.03	0.48	0.03
13	泡沫沥青就地冷再生机	台班	8003097	0.63	0.04	-	-
14	泡沫沥青厂拌冷再生设备	台班	8003098	-	-	0.4	0.02
15	6000L以内洒水汽车	台班	8007041	0.76	0.06	-	-
16	10000L以内洒水汽车	台班	8007043	-	-	0.58	0.03
17	基价	元	9999001	54463	3510	52033	3255

第二节 路面面层

说 明

1. 泥结碎石、级配碎石、级配砾石、天然砂砾、粒料改善土壤路面面层的压实厚度在20cm以内,拖拉机、平地机和压路机的台班消耗按定额数量计算。当超过上述压实厚度进行分层拌和、碾压时,拖拉机、平地机、摊铺机和压路机的台班消耗按定额数量加倍计算,每1000m³增加1.5个工日。

2. 泥结碎石、级配碎石、级配砾石面层定额中,均未包括磨耗层和保护层,需要时应按磨耗层和保护层定额另行计算。

3. 沥青表面处置路面、沥青贯入式路面和沥青上拌下贯式路面的下贯层以及透层、黏层、封层定额中已计入热化、熬制沥青用的锅、灶等设备的费用,使用定额时不得另行计算。

4. 沥青贯入式路面面层定额中已综合了上封层的消耗,使用定额时不得再另行计算。

5. 沥青碎石混合料、沥青混凝土和沥青玛蹄脂碎石混合料路面定额中均已包括混合料拌和、运输、摊铺作业时的损耗因素,路面实体按路面设计面积乘以压实厚度计算。

6. 沥青路面定额中均未包括透层、黏层和封层,需要时可按有关定额另行计算。

7. 沥青路面定额中的乳化沥青和改性沥青均按外购成品料进行编制。当在现场自行配制时,其配制费用计入材料预算价格中。

8. 当沥青玛蹄脂碎石混合料设计采用的纤维稳定剂的掺加比例与定额不同时,可按设计用量调整定额中纤维稳定剂的消耗。

9. 沥青路面定额中,均未考虑为保证石料与沥青的黏附性而采用的抗剥离措施的费用,需要时,应根据石料的性质,按设计提出的抗剥离措施,计算其费用。

10. 本定额系按一定的油石比编制的。当设计采用的油石比与定额不同时,可按设计油石比调整定额中的沥青用量。换算公式如下:

$$S_i = S_d \times \frac{L_i}{L_d}$$

式中:S_i——按设计油石比换算后的沥青数量;

S_d——定额中的沥青数量;

L_d——定额中标明的油石比;

L_i——设计采用的油石比。

11. 在冬五区、冬六区采用层铺法施工沥青路面时,其沥青用量可按定额用量乘以下列系数:

沥青表面处置:1.05;沥青贯入式基层或联结层:1.02;面层:1.028;沥青上拌下贯式下贯部分:1.043。

12. 过水路面定额系按双车道路面宽7.5m进行编制的。当设计为单车道时,定额应乘以系数0.8。当设计为混合式过水路面时,其中的涵洞可按涵洞工程相关定额计算,过水路面的工程量不扣除涵洞的宽度。

2-2-1 泥结碎石路面

工程内容 1)清扫整理下承层;2)铺料、整平;3)调浆、灌浆;4)撒铺嵌缝料、整形、洒水、碾压、找补。

单位:1000m²

顺序号	项目	单位	代号	人工摊铺				机械摊铺			
				压实厚度10cm		每增加1cm		压实厚度10cm		每增加1cm	
				面层	基层	面层	基层	面层	基层	面层	基层
				1	2	3	4	5	6	7	8
1	人工	工日	1001001	22.6	21.4	2	1.9	12.5	11.8	1.3	1.2
2	水	m³	3005004	27	27	3	3	—	—	—	—
3	黏土	m³	5501003	28.58	28.58	2.86	2.86	28.58	28.58	2.86	2.86
4	碎石	m³	5505016	123.73	123.73	12.37	12.37	123.73	123.73	12.37	12.37
5	120kW以内自行式平地机	台班	8001058	—	—	—	—	0.24	0.24	—	—
6	12~15t光轮压路机	台班	8001081	0.26	0.26	—	—	0.26	0.26	—	—
7	18~21t光轮压路机	台班	8001083	0.46	0.46	—	—	0.46	0.46	—	—
8	10000L以内洒水汽车	台班	8007043	—	—	—	—	0.23	0.23	0.02	0.02
9	基价	元	9999001	12677	12550	1191	1180	12070	11996	1130	1120

2-2-2 级配碎石路面

工程内容 1)清扫整理下承层;2)铺料、洒水、拌和;3)整形,碾压,找补。

I.人工铺料

单位:1000m²

顺序号	项目	单位	代号	拖拉机带铧犁拌和					
				压实厚度10cm			每增减1cm		
				面层	基层	底基层	面层	基层	底基层
				1	2	3	4	5	6
1	人工	工日	1001001	14.5	14.1	13.9	1.2	1.1	1
2	黏土	m³	5501003	18.32	—	—	1.83	—	—
3	碎石	m³	5505016	153.31	153.34	153.54	15.34	15.34	15.35
4	设备摊销费	元	7901001	2.3	2.3	2.3	0.1	0.1	0.1
5	75kW以内履带式拖拉机	台班	8001066	0.24	0.22	0.22	—	—	—
6	12~15t光轮压路机	台班	8001081	0.12	0.12	0.12	—	—	—
7	18~21t光轮压路机	台班	8001083	0.93	0.82	0.69	—	—	—
8	10000L以内洒水汽车	台班	8007043	0.1	0.1	0.1	0.01	0.01	0.01
9	基价	元	9999001	14405	14056	13952	1322	1290	1280

Ⅱ. 机 械 铺 料

单位：1000m²

顺序号	项　目	单位	代　号	拖拉机带铧犁拌和					
				压实厚度10cm			每增减1cm		
				面层	基层	底基层	面层	基层	底基层
				7	8	9	10	11	12
1	人工	工日	1001001	2.4	2.1	2	0.2	0.1	0.1
2	黏土	m³	5501003	18.32	—	—	1.83	—	—
3	碎石	m³	5505016	153.31	153.34	153.54	15.34	15.34	15.35
4	设备摊销费	元	7901001	2.3	2.3	2.3	0.1	0.1	0.1
5	120kW以内自行式平地机	台班	8001058	0.31	0.24	0.24	—	—	—
6	75kW以内履带式拖拉机	台班	8001066	0.22	0.22	0.22	—	—	—
7	12~15t光轮压路机	台班	8001081	0.12	0.12	0.12	—	—	—
8	18~21t光轮压路机	台班	8001083	0.93	0.82	0.69	—	—	—
9	10000L以内洒水汽车	台班	8007043	0.1	0.1	0.1	0.01	0.01	0.01
10	基价	元	9999001	13475	13066	12972	1215	1183	1184

续前页

单位：1000m²

顺序号	项目	单位	代号	平地机拌和					
				压实厚度10cm			每增减1cm		
				面层	基层	底基层	面层	基层	底基层
				13	14	15	16	17	18
1	人工	工日	1001001	2.4	2.1	2	0.2	0.1	0.1
2	黏土	m³	5501003	18.32	-	-	1.83	-	-
3	碎石	m³	5505016	153.31	153.34	153.54	15.34	15.34	15.35
4	120kW以内自行式平地机	台班	8001058	0.58	0.51	0.51	-	-	-
5	12~15t光轮压路机	台班	8001081	0.12	0.12	0.12	-	-	-
6	18~21t光轮压路机	台班	8001083	0.93	0.82	0.69	-	-	-
7	10000L以内洒水汽车	台班	8007043	0.1	0.1	0.1	0.01	0.01	0.01
8	基价	元	9999001	13649	13240	13147	1215	1183	1184

注：当石屑缺乏时，可将石屑用量的10%以细砂砾或粗砂代替。

2-2-3 级配砾石路面

工程内容 1)清扫整理下承层;2)铺料、洒水、拌和;3)整形,碾压,找补。

Ⅰ.人工铺料

单位:1000m²

顺序号	项目	单位	代号	拖拉机带铧犁拌和					
				压实厚度10cm			每增减1cm		
				面层	基层	底基层	面层	基层	底基层
				1	2	3	4	5	6
1	人工	工日	1001001	14.1	14.1	13.9	1.1	1.1	1
2	土	m³	5501002	-	15.38	9.61	-	1.54	0.96
3	黏土	m³	5501003	18.32	-	-	1.83	-	-
4	砂	m³	5503004	42.6	36.29	29.98	4.26	3.63	3
5	砾石(2cm)	m³	5505001	64.91	66.36	61.73	6.49	6.64	6.17
6	砾石(4cm)	m³	5505002	25.97	33.18	34.32	2.6	3.32	3.43
7	砾石(6cm)	m³	5505003	-	-	13.7	-	-	1.37
8	设备摊销费	元	7901001	2.3	2.3	2.3	0.1	0.1	0.1
9	75kW以内履带式拖拉机	台班	8001066	0.22	0.22	0.22	-	-	-
10	12~15t光轮压路机	台班	8001081	0.12	0.12	0.12	-	-	-
11	18~21t光轮压路机	台班	8001083	0.93	0.82	0.69	-	-	-
12	10000L以内洒水汽车	台班	8007043	0.1	0.1	0.1	0.01	0.01	0.01
13	基价	元	9999001	11733	11629	11566	1049	1047	1041

Ⅱ. 机 械 铺 料

单位：1000m²

顺序号	项目	单位	代号	拖拉机带铧犁拌和					
				压实厚度10cm			每增减1cm		
				面层	基层	底基层	面层	基层	底基层
				7	8	9	10	11	12
1	人工	工日	1001001	3.2	3	2.5	0.2	0.2	0.1
2	土	m³	5501002	–	15.38	9.61	–	1.54	0.96
3	黏土	m³	5501003	18.32	–	–	1.83	–	–
4	砂	m³	5503004	42.6	36.29	29.98	4.26	3.63	3
5	砾石(2cm)	m³	5505001	64.91	66.36	61.73	6.49	6.64	6.17
6	砾石(4cm)	m³	5505002	25.97	33.18	34.32	2.6	3.32	3.43
7	砾石(6cm)	m³	5505003	–	–	13.7	–	–	1.37
8	设备摊销费	元	7901001	2.3	2.3	2.3	0.1	0.1	0.1
9	120kW以内自行式平地机	台班	8001058	0.31	0.24	0.24	–	–	–
10	75kW以内履带式拖拉机	台班	8001066	0.22	0.22	0.22	–	–	–
11	12~15t光轮压路机	台班	8001081	0.12	0.12	0.12	–	–	–
12	18~21t光轮压路机	台班	8001083	0.93	0.82	0.69	–	–	–
13	10000L以内洒水汽车	台班	8007043	0.1	0.1	0.1	0.01	0.01	0.01
14	基价	元	9999001	10943	10734	10639	953	951	946

续前页

单位：1000m²

顺序号	项目	单位	代号	平地机拌和					
				压实厚度10cm			每增减1cm		
				面层	基层	底基层	面层	基层	底基层
				13	14	15	16	17	18
1	人工	工日	1001001	3.1	2.9	2.4	0.2	0.2	0.1
2	土	m³	5501002	-	15.38	9.61	-	1.54	0.96
3	黏土	m³	5501003	18.32	-	-	1.83	-	-
4	砂	m³	5503004	42.6	36.29	29.98	4.26	3.63	3
5	砾石(2cm)	m³	5505001	64.91	66.36	61.73	6.49	6.64	6.17
6	砾石(4cm)	m³	5505002	25.97	33.18	34.32	2.6	3.32	3.43
7	砾石(6cm)	m³	5505003	-	-	13.7	-	-	1.37
8	120kW以内自行式平地机	台班	8001058	0.58	0.51	0.51	-	-	-
9	12~15t光轮压路机	台班	8001081	0.12	0.12	0.12	-	-	-
10	18~21t光轮压路机	台班	8001083	0.93	0.82	0.69	-	-	-
11	10000L以内洒水汽车	台班	8007043	0.1	0.1	0.1	0.01	0.01	0.01
12	基价	元	9999001	11107	10898	10803	953	951	946

2-2-4 天然砂砾路面

工程内容 1)清扫整理下承层;2)铺料、整平;3)洒水,碾压,找补。

单位:1000m²

顺序号	项 目	单位	代 号	人工摊铺		机械摊铺	
				压实厚度10cm	每增减1cm	压实厚度10cm	每增减1cm
				1	2	3	4
1	人工	工日	1001001	14.4	1.1	1.5	0.1
2	水	m³	3005004	11	1	-	-
3	砂砾	m³	5503007	133.62	13.36	133.62	13.36
4	120kW以内自行式平地机	台班	8001058	-	-	0.24	-
5	12~15t光轮压路机	台班	8001081	0.26	-	0.26	-
6	18~21t光轮压路机	台班	8001083	0.35	-	0.35	-
7	10000L以内洒水汽车	台班	8007043	-	-	0.1	0.01
8	基价	元	9999001	8203	742	7198	644

2-2-5 粒料改善土壤路面

工程内容 1)挖松路基;2)粉碎土块,掺料,洒水,拌和;3)整形,碾压。

单位:1000m²

顺序号	项目	单位	代号	黏土路基				砂路基
				掺配材料				
				砂		砾石		黏土
				压实厚度10cm	每增减1cm	压实厚度10cm	每增减1cm	压实厚度5cm
				1	2	3	4	5
1	人工	工日	1001001	9.8	0.8	10.5	0.8	4.7
2	水	m³	3005004	14	1	13	1	7
3	黏土	m³	5501003	-	-	-	-	26.6
4	砂	m³	5503004	85.06	8.51	-	-	-
5	砾石(6cm)	m³	5505003	-	-	85.94	8.59	-
6	设备摊销费	元	7901001	0.9	0.1	0.9	0.1	0.4
7	41kW以内轮胎式拖拉机	台班	8001074	0.44	-	0.44	-	0.36
8	12~15t光轮压路机	台班	8001081	0.21	-	0.21	-	0.21
9	18~21t光轮压路机	台班	8001083	0.38	-	0.38	-	0.38
10	基价	元	9999001	8284	749	6922	605	1392

2-2-6 磨耗层及保护层

工程内容 1)洒水,铺料,拌和;2)整平,碾压。

单位:1000m²

顺序号	项 目	单位	代 号	磨耗层					
				级配砂砾			煤渣		
				压实厚度(cm)					
				2	3	4	2	3	4
				1	2	3	4	5	6
1	人工	工日	1001001	7.9	11.5	15.1	6.9	10.1	13.3
2	水	m³	3005004	7	10	13	6	10	13
3	黏土	m³	5501003	5.33	8	10.67	5.17	7.76	10.34
4	砂砾	m³	5503007	23.35	35.03	46.7	-	-	-
5	煤渣	m³	5503010	-	-	-	32.97	49.45	65.93
6	12~15t光轮压路机	台班	8001081	0.16	0.16	0.16	0.16	0.16	0.15
7	基价	元	9999001	2103	3069	4035	2856	4213	5562

续前页   单位:1000m²

顺序号	项 目	单位	代 号	磨耗层				保护层	
				砂土		风化石		砂土稳定	砂松散
				压实厚度(cm)					
				2	3	2	3		
				7	8	9	10	11	12
1	人工	工日	1001001	7.1	10.3	3	4.1	4.2	1.4
2	水	m³	3005004	8	11	7	10	6	-
3	黏土	m³	5501003	6.14	9.21	-	-	6.24	-
4	砂	m³	5503004	21.15	31.72	-	-	4.16	5.2
5	风化石	m³	5505010	-	-	26.78	40.17	-	-
6	12~15t 光轮压路机	台班	8001081	0.16	0.16	0.16	0.16	0.15	
7	基价	元	9999001	2585	3790	900	1259	947	553

2-2-7 片石混凝土、预制块混凝土路面

工程内容 片石混凝土路面:1)清扫整理下承层;2)砂浆、混凝土配运料、拌和;3)砂浆找平、铺砌片石及路缘石、填筑混凝土、抹平、养护。

预制块混凝土路面:1)底模安拆、清理,混凝土配运料、拌和、块体成形、养护;2)清理下承层,洒水、拌和、铺筑砂垫层、整平;3)安砌混凝土整齐块,撒铺嵌缝砂,碾压、找补。

单位:表列单位

顺序号	项目	单位	代号	片石混凝土路面		预制块混凝土路面	
				路面厚度(cm)		预制	人工铺砌
				20	每增减1		
				1000m²		10m³	1000m²
				1	2	3	4
1	人工	工日	1001001	103.3	4.7	3.6	56.5
2	水	m³	3005004	36	2	16	12
3	竹胶模板	m²	4005002	-	-	2.7	-
4	砂	m³	5503004	-	-	-	53.82
5	中(粗)砂	m³	5503005	39.32	1.71	4.85	-
6	片石	m³	5505005	189.8	9.49	-	-
7	碎石(2cm)	m³	5505012	49.78	2.86	8.08	-
8	32.5级水泥	t	5509001	27.782	1.314	3.717	-
9	其他材料费	元	7801001	128.2	-	12.6	-

续前页　　单位:表列单位

顺序号	项　　目	单位	代　号	片石混凝土路面		预制块混凝土路面	
				路面厚度(cm)			
				20	每增减1	预制	人工铺砌
				1000m²		10m³	1000m²
				1	2	3	4
10	1.0m³ 以内轮胎式装载机	台班	8001045	-	-	0.16	-
11	8~10t 光轮压路机	台班	8001079	-	-	-	0.14
12	12~15t 光轮压路机	台班	8001081	-	-	-	0.34
13	250L 以内强制式混凝土搅拌机	台班	8005002	1.84	0.09	-	-
14	预制块生产设备	台班	8005085	-	-	0.18	-
15	小型机具使用费	元	8099001	38.5	-	-	-
16	基价	元	9999001	39931	1926	3162	10473

2-2-8 煤渣、矿渣、石渣路面

工程内容 1)清扫整理下垫层;2)铺料、洒水、拌和;3)整形、碾压、找补。

单位:1000m²

顺序号	项目	单位	代号	煤渣 10cm	煤渣 每增减1cm	矿渣 10cm	矿渣 每增减1cm	石渣 10cm	石渣 每增减1cm
				1	2	3	4	5	6
1	人工	工日	1001001	18.2	1.5	15.9	1.3	16.3	1.2
2	水	m³	3005004	18	2	15	2	13	1
3	黏土	m³	5501003	44.8	4.48	50.4	5.04	56	5.6
4	煤渣	m³	5503010	132.6	13.26	-	-	-	-
5	矿渣	m³	5503011	-	-	99.45	9.95	-	-
6	石渣	m³	5503012	-	-	-	-	88.4	8.84
7	设备摊销费	元	7901001	0.9	0.1	0.9	0.1	0.9	0.1
8	41kW以内轮胎式拖拉机	台班	8001074	0.41	-	0.41	-	0.41	-
9	8~10t光轮压路机	台班	8001079	0.17	-	0.17	-	0.17	-
10	12~15t光轮压路机	台班	8001081	0.7	-	0.7	-	0.7	-
11	基价	元	9999001	11012	1002	9731	879	6507	539

2-2-9 沥青表面处置路面

工程内容 1)清扫整理下承层;2)安、拆熬油设备;3)熬油,运油;4)铺撒矿料;5)沥青洒布车洒油;6)整形、碾压、找补;7)初期养护。

Ⅰ.人工铺料

单位:1000m²

顺序号	项目	单位	代号	石油沥青							乳化沥青		
				单层	双层		三层				单层	双层	三层
				处置厚度(cm)									
				1.0	1.5	1.5	2.0	2.5	2.5	3.0	0.5	1.0	3.0
				1	2	3	4	5	6	7	8	9	10
1	人工	工日	1001001	6.5	7	7.7	8	8.3	9.5	11.2	6.4	7.1	9.5
2	石油沥青	t	3001001	1.133	1.545	2.678	2.884	3.09	4.223	4.429	-	-	-
3	乳化沥青	t	3001005	-	-	-	-	-	-	-	1.03	3.09	5.253
4	煤	t	3005001	0.22	0.3	0.52	0.56	0.6	0.82	0.86	-	-	-
5	砂	m³	5503004	2.6	2.6	2.6	2.6	2.6	2.6	2.6	2.6	2.6	2.6
6	路面用石屑	m³	5503015	0.41	-	0.38	0.38	0.38	0.38	0.38	8.16	6.63	4.34
7	路面用碎石(1.5cm)	m³	5505017	7.75	13.26	20.53	9.87	10.17	22.77	20.94	-	8.67	15.61
8	路面用碎石(2.5cm)	m³	5505018	-	-	-	14.74	16.47	17.14	2.81	-	-	2.65
9	路面用碎石(3.5cm)	m³	5505019	-	-	-	-	-	-	18.21	-	-	18.21
10	其他材料费	元	7801001	21	24.6	34.4	36.1	37.9	47.7	49.5	-	-	-

续前页

单位:1000m²

顺序号	项 目	单位	代 号	石油沥青							乳化沥青		
				单层		双层			三层		单层	双层	三层
				处置厚度(cm)									
				1.0	1.5	1.5	2.0	2.5	2.5	3.0	0.5	1.0	3.0
				1	2	3	4	5	6	7	8	9	10
11	设备摊销费	元	7901001	12	16.4	28.4	30.6	32.7	44.8	46.9	-	-	-
12	12~15t 光轮压路机	台班	8001081	0.38	0.38	0.38	0.38	0.5	0.42	0.5	0.38	0.5	0.89
13	8000L 以内沥青洒布车	台班	8003040	0.06	0.08	0.14	0.14	0.15	0.28	0.22	0.05	0.15	0.27
14	20~25t 轮胎式压路机	台班	8003068	-	0.14	0.3	0.44	0.44	0.66	0.72	-	-	0.44
15	小型机具使用费	元	8099001	3.4	4.6	8	8.6	9.2	12.6	13.2	-	-	-
16	基价	元	9999001	7232	9831	16114	17595	18854	25783	27145	5452	13200	23729

Ⅱ. 机械铺料

单位：1000m²

顺序号	项目	单位	代号	石油沥青 单层		石油沥青 双层			石油沥青 三层		乳化沥青 单层	乳化沥青 双层	乳化沥青 三层
				处置厚度(cm)									
				1.0	1.5	1.5	2.0	2.5	2.5	3.0	0.5	1.0	3.0
				11	12	13	14	15	16	17	18	19	20
1	人工	工日	1001001	5.6	5.6	5.6	5.6	5.6	5.7	5.7	5.6	5.6	5.7
2	石油沥青	t	3001001	1.133	1.545	2.678	2.884	3.09	4.223	4.429	-	-	-
3	乳化沥青	t	3001005	-	-	-	-	-	-	-	1.03	3.09	5.253
4	煤	t	3005001	0.22	0.3	0.52	0.56	0.6	0.82	0.86	-	-	-
5	砂	m³	5503004	2.6	2.6	2.6	2.6	2.6	2.6	2.6	2.6	2.6	2.6
6	路面用石屑	m³	5503015	0.41	-	0.38	0.38	0.38	0.38	0.38	8.16	6.63	4.34
7	路面用碎石(1.5cm)	m³	5505017	7.75	13.26	20.53	9.87	10.17	22.77	20.94	-	8.67	15.61
8	路面用碎石(2.5cm)	m³	5505018	-	-	-	14.74	16.47	17.14	2.81	-	-	2.65
9	路面用碎石(3.5cm)	m³	5505019	-	-	-	-	-	-	18.21	-	-	18.21
10	其他材料费	元	7801001	21	24.6	34.4	36.1	37.9	47.7	49.5	-	-	-
11	设备摊销费	元	7901001	12	16.4	28.4	30.6	32.7	44.8	46.9	-	-	-
12	12～15t 光轮压路机	台班	8001081	0.38	0.38	0.38	0.38	0.5	0.5	0.5	0.38	0.5	0.89
13	石屑撒布机	台班	8003030	0.02	0.03	0.05	0.06	0.06	0.09	0.13	0.02	0.04	0.09
14	8000L 以内沥青洒布车	台班	8003040	0.06	0.08	0.14	0.14	0.15	0.21	0.22	0.05	0.15	0.27
15	20～25t 轮胎式压路机	台班	8003068	-	0.14	0.3	0.44	0.44	0.58	0.72	-	-	0.44
16	小型机具使用费	元	8099001	3.4	4.6	8	8.6	9.2	12.6	13.2	-	-	-
17	基价	元	9999001	7150	9703	15927	17383	18610	25355	26653	5381	13069	23389

2－2－10 沥青贯入式路面

工程内容 1)清扫整理下承层;2)安、拆熬油设备;3)熬油、运油;4)沥青洒布车洒油;5)铺撒主层集料及嵌缝料;6)整形、碾压、找补;7)初期养护。

Ⅰ．面　层

单位:1000m²

顺序号	项目	单位	代号	石油沥青					乳化沥青	
				压实厚度(cm)						
				4	5	6	7	8	4	5
				1	2	3	4	5	6	7
1	人工	工日	1001001	10.4	10.5	10.5	10.5	10.5	10.4	10.5
2	石油沥青	t	3001001	5.975	6.747	7.365	8.292	9.219	-	-
3	乳化沥青	t	3001005	-	-	-	-	-	7.545	9.399
4	煤	t	3005001	1.16	1.31	1.43	1.61	1.79	-	-
5	砂	m³	5503004	2.6	2.6	2.6	2.6	2.6	5.2	5.2
6	路面用石屑	m³	5503015	12.88	12.34	13.36	12.85	12.85	18.62	19.33
7	路面用碎石(1.5cm)	m³	5505017	9.38	13.9	11.83	11.73	10.71	11.04	19.66
8	路面用碎石(2.5cm)	m³	5505018	11.27	16.47	14.74	6.17	6.27	11.27	11.12
9	路面用碎石(3.5cm)	m³	5505019	46.03	-	8.11	26.11	16.07	41.18	-
10	路面用碎石(5cm)	m³	5505020	-	55.72	-	-	14.92	-	50.87
11	路面用碎石(6cm)	m³	5505021	-	-	65.18	-	-	-	-
12	路面用碎石(7cm)	m³	5505022	-	-	-	73.7	-	-	-

续前页

单位:1000m²

顺序号	项目	单位	代号	石油沥青					乳化沥青	
				压实厚度(cm)						
				4	5	6	7	8	4	5
				1	2	3	4	5	6	7
13	路面用碎石(8cm)	m³	5505023	-	-	-	-	84.53	-	-
14	其他材料费	元	7801001	74	80.7	86	94.1	102.1	-	-
15	设备摊销费	元	7901001	53.6	60.2	65.5	73.5	81.5	-	-
16	12~15t 光轮压路机	台班	8001081	0.89	0.89	0.89	0.89	0.89	0.89	0.73
17	石屑撒布机	台班	8003030	0.17	0.21	0.24	0.29	0.32	0.18	0.22
18	8000L 以内沥青洒布车	台班	8003040	0.31	0.35	0.38	0.43	0.48	0.39	0.48
19	15t 以内振动压路机(双钢轮)	台班	8003065	0.51	0.51	0.64	0.64	0.77	0.51	0.51
20	9~16t 轮胎式压路机	台班	8003066	0.31	0.31	0.31	0.31	0.31	0.31	0.31
21	20~25t 轮胎式压路机	台班	8003068	1.15	1.15	1.15	1.15	1.15	1.3	1.45
22	小型机具使用费	元	8099001	17.9	20.1	22	24.7	27.5	-	-
23	基价	元	9999001	39706	45054	49541	55352	61166	37738	45790

Ⅱ. 基层或联结层

单位：1000m²

顺序号	项 目	单位	代 号	石油沥青					乳化沥青	
				压实厚度（cm）						
				4	5	6	7	8	4	5
				8	9	10	11	12	13	14
1	人工	工日	1001001	5.7	5.7	5.8	5.8	5.8	5.7	5.8
2	石油沥青	t	3001001	3.76	4.532	5.15	6.077	7.004	-	-
3	乳化沥青	t	3001005	-	-	-	-	-	5.665	7.519
4	煤	t	3005001	0.73	0.88	1	1.18	1.36	-	-
5	砂	m³	5503004	-	-	-	-	-	2.6	2.6
6	路面用石屑	m³	5503015	1.66	1.12	1.12	0.61	0.61	6.38	7.09
7	路面用碎石(1.5cm)	m³	5505017	9.38	13.9	11.83	11.73	10.71	11.04	19.66
8	路面用碎石(2.5cm)	m³	5505018	11.27	16.47	14.74	6.17	6.27	11.27	11.12
9	路面用碎石(3.5cm)	m³	5505019	46.03	-	8.11	26.11	16.07	41.18	-
10	路面用碎石(5cm)	m³	5505020	-	55.72	-	-	14.92	-	50.87
11	路面用碎石(6cm)	m³	5505021	-	-	65.18	-	-	-	-
12	路面用碎石(7cm)	m³	5505022	-	-	-	73.7	-	-	-
13	路面用碎石(8cm)	m³	5505023	-	-	-	-	84.53	-	-
14	其他材料费	元	7801001	43.7	50.4	55.7	63.8	71.7	-	-
15	设备摊销费	元	7901001	32.3	39	44.3	52.2	60.3	-	-

续前页

单位:1000m²

顺序号	项目	单位	代号	石油沥青					乳化沥青	
				压实厚度(cm)						
				4	5	6	7	8	4	5
				8	9	10	11	12	13	14
16	12~15t 光轮压路机	台班	8001081	0.51	0.51	0.51	0.51	0.6	0.51	0.51
17	石屑撒布机	台班	8003030	0.14	0.18	0.21	0.25	0.28	0.15	0.19
18	8000L 以内沥青洒布车	台班	8003040	0.19	0.24	0.27	0.31	0.36	0.29	0.38
19	15t 以内振动压路机(双钢轮)	台班	8003065	0.51	0.51	0.64	0.64	0.77	0.51	0.51
20	20~25t 轮胎式压路机	台班	8003068	1.15	1.15	1.15	1.15	1.15	1.3	1.45
21	小型机具使用费	元	8099001	11.2	13.5	15.3	18.1	20.8	-	-
22	基价	元	9999001	26927	32272	36661	42457	48324	28933	37079

2-2-11 沥青上拌下贯式路面

工程内容 1)清扫整理下承层;2)安、拆熬油设备;3)熬油、运油;4)沥青洒布车洒油;5)铺撒主层集料及嵌缝料;6)整形、碾压、找补。

单位:1000m²

顺序号	项目	单位	代号	下贯部分					
				石油沥青				乳化沥青	
				压实厚度(cm)					
				4	5	6	7	5	6
				1	2	3	4	5	6
1	人工	工日	1001001	3.6	3.7	3.7	3.7	3.7	3.7
2	石油沥青	t	3001001	3.76	4.532	5.15	6.077	-	-
3	乳化沥青	t	3001005	-	-	-	-	5.665	7.519
4	煤	t	3005001	0.73	0.88	1	1.18	-	-
5	砂	m³	5503004	-	-	-	-	2.6	2.6
6	路面用石屑	m³	5503015	1.51	0.82	0.82	0.56	6.4	6.07
7	路面用碎石(1.5cm)	m³	5505017	8.52	11.14	9.08	10.91	15.38	13.18
8	路面用碎石(2.5cm)	m³	5505018	11.27	16.47	14.74	6.02	14.69	13.01
9	路面用碎石(3.5cm)	m³	5505019	46.03	-	8.11	26.11	-	23.08
10	路面用碎石(5cm)	m³	5505020	-	55.72	-	-	48.2	-
11	路面用碎石(6cm)	m³	5505021	-	-	65.18	-	-	48.2

续前页　　单位:1000m²

顺序号	项目	单位	代号	下贯部分					
				石油沥青				乳化沥青	
				压实厚度(cm)					
				4	5	6	7	5	6
				1	2	3	4	5	6
12	路面用碎石(7cm)	m³	5505022	-	-	-	73.7	-	-
13	其他材料费	元	7801001	43.7	50.4	55.7	63.8	-	-
14	设备摊销费	元	7901001	32.3	39	44.3	52.2	-	-
15	12~15t 光轮压路机	台班	8001081	0.38	0.38	0.38	0.38	0.38	0.38
16	石屑撒布机	台班	8003030	0.14	0.17	0.2	0.25	0.18	0.22
17	8000L 以内沥青洒布车	台班	8003040	0.19	0.24	0.27	0.31	0.3	0.39
18	15t 以内振动压路机(双钢轮)	台班	8003065	0.58	0.58	0.72	0.72	0.58	0.58
19	20~25t 轮胎式压路机	台班	8003068	1.15	1.15	1.15	1.15	1.3	1.45
20	小型机具使用费	元	8099001	11.2	13.5	15.3	18.1	-	-
21	基价	元	9999001	26645	31799	36195	42192	30109	38245

注:1. 本定额中的压实厚度系指上拌下贯式路面的贯入层的压实厚度。
　　2. 本定额中仅包括沥青上拌下贯式路面的下贯部分消耗量,其上拌部分实际用量可按压实厚度范围 2~4cm 计算工程量,按有关定额另行计算。
　　3. 当拌和层与贯入部分不能连续施工,且要在短期内通行施工车辆时,每1000m² 路面增加人工 1.5 工日、石屑 2.5m³、15t 以内振动压路机(双钢轮)0.14 台班。

2-2-12 沥青混合料路面

工程内容 沥青混合料拌和及铺筑:1)沥青加热、保温、输送;2)装载机铲运料、上料,配运料(沥青玛蹄脂混合料拌和:添加纤维稳定剂);3)矿料加热烘干,拌和,出料;4)清扫整理下承层,机械摊铺沥青混合料;5)找平,碾压,初期养护。
沥青混合料运输:等待装卸、运送、空回。

I.沥青碎石混合料拌和及铺筑

单位:1000m³ 路面实体

顺序号	项目	单位	代号	特粗式沥青碎石					
				沥青混合料拌和设备生产能力(t/h)					
				30以内	60以内	120以内	160以内	240以内	320以内
				1	2	3	4	5	6
1	人工	工日	1001001	159.3	91.4	65.3	51.7	42.3	35
2	特粗式沥青碎石	m³	1505001	(1020)	(1020)	(1020)	(1020)	(1020)	(1020)
3	石油沥青	t	3001001	78.676	78.676	78.676	78.676	78.676	78.676
4	路面用机制砂	m³	5503006	157.04	157.04	157.04	157.04	157.04	157.04
5	矿粉	t	5503013	45.227	45.227	45.227	45.227	45.227	45.227
6	路面用石屑	m³	5503015	114.2	114.2	114.2	114.2	114.2	114.2
7	路面用碎石(1.5cm)	m³	5505017	268.24	268.24	268.24	268.24	268.24	268.24
8	路面用碎石(2.5cm)	m³	5505018	253.21	253.21	253.21	253.21	253.21	253.21
9	路面用碎石(3.5cm)	m³	5505019	352.89	352.89	352.89	352.89	352.89	352.89
10	路面用碎石(5cm)	m³	5505020	362.1	362.1	362.1	362.1	362.1	362.1
11	其他材料费	元	7801001	159.5	159.5	159.5	159.5	159.5	159.5

续前页 单位：1000m³ 路面实体

顺序号	项目	单位	代号	特粗式沥青碎石					
				沥青混合料拌和设备生产能力(t/h)					
				30以内	60以内	120以内	160以内	240以内	320以内
				1	2	3	4	5	6
12	设备摊销费	元	7901001	3748.2	2170.6	1873.1	1675.6	1635.2	1564.4
13	1.0m³以内轮胎式装载机	台班	8001045	15.96	-	-	-	-	-
14	2.0m³以内轮胎式装载机	台班	8001047	-	10.05	7.24	6.38	5.13	-
15	3.0m³以内轮胎式装载机	台班	8001049	-	-	-	-	-	2.6
16	30t/h以内沥青混合料拌和设备	台班	8003047	14.92	-	-	-	-	-
17	60t/h以内沥青混合料拌和设备	台班	8003048	-	7.96	-	-	-	-
18	120t/h以内沥青混合料拌和设备	台班	8003050	-	-	3.39	-	-	-
19	160t/h以内沥青混合料拌和设备	台班	8003051	-	-	-	2.39	-	-
20	240t/h以内沥青混合料拌和设备	台班	8003052	-	-	-	-	1.59	-
21	320t/h以内沥青混合料拌和设备	台班	8003053	-	-	-	-	-	1.21
22	4.5m以内沥青混合料摊铺机(不带找平)	台班	8003056	10.54	-	-	-	-	-
23	4.5m以内沥青混合料摊铺机(带找平)	台班	8003057	-	7.36	-	-	-	-
24	6.0m以内沥青混合料摊铺机	台班	8003058	-	-	3.98	-	-	-
25	9.0m以内沥青混合料摊铺机	台班	8003059	-	-	-	2.82	-	-
26	12.5m以内沥青混合料摊铺机	台班	8003060	-	-	-	-	1.88	1.43

续前页 单位:1000m³ 路面实体

顺序号	项目	单位	代号	特粗式沥青碎石					
				沥青混合料拌和设备生产能力(t/h)					
				30以内	60以内	120以内	160以内	240以内	320以内
				1	2	3	4	5	6
27	10t以内振动压路机(双钢轮)	台班	8003063	18.97	13.26	11.75	11.06	-	-
28	15t以内振动压路机(双钢轮)	台班	8003065	-	-	-	-	5.26	6
29	9~16t轮胎式压路机	台班	8003066	9.49	7.06	7.63	5.39	3.59	5.49
30	16~20t轮胎式压路机	台班	8003067	-	-	-	-	2.63	2
31	5t以内自卸汽车	台班	8007012	7.7	6.45	3.87	2.58	1.64	1.44
32	10000L以内洒水汽车	台班	8007043	0.41	0.41	0.41	0.41	0.51	0.51
33	基价	元	9999001	649337	634376	627285	618967	610179	608128

续前页 单位:1000m³ 路面实体

顺序号	项目	单位	代号	粗粒式沥青碎石 沥青混合料拌和设备生产能力(t/h)					
				30以内	60以内	120以内	160以内	240以内	320以内
				7	8	9	10	11	12
1	人工	工日	1001001	165.6	91.7	65.5	51.9	42.5	35.3
2	粗粒式沥青碎石	m³	1505002	(1020)	(1020)	(1020)	(1020)	(1020)	(1020)
3	石油沥青	t	3001001	84.361	84.361	84.361	84.361	84.361	84.361
4	路面用机制砂	m³	5503006	173.47	173.47	173.47	173.47	173.47	173.47
5	矿粉	t	5503013	52.637	52.637	52.637	52.637	52.637	52.637
6	路面用石屑	m³	5503015	132.53	132.53	132.53	132.53	132.53	132.53
7	路面用碎石(1.5cm)	m³	5505017	299.11	299.11	299.11	299.11	299.11	299.11
8	路面用碎石(2.5cm)	m³	5505018	285.8	285.8	285.8	285.8	285.8	285.8
9	路面用碎石(3.5cm)	m³	5505019	608.46	608.46	608.46	608.46	608.46	608.46
10	其他材料费	元	7801001	186.1	186.1	186.1	186.1	186.1	186.1
11	设备摊销费	元	7901001	4019.1	2327.4	2008.5	1796.8	1753.4	1677.4
12	1.0m³以内轮胎式装载机	台班	8001045	15.96	-	-	-	-	-
13	2.0m³以内轮胎式装载机	台班	8001047	-	10.05	7.24	6.38	5.13	-
14	3.0m³以内轮胎式装载机	台班	8001049	-	-	-	-	-	2.6
15	30t/h以内沥青混合料拌和设备	台班	8003047	14.92	-	-	-	-	-
16	60t/h以内沥青混合料拌和设备	台班	8003048	-	7.96	-	-	-	-

续前页

单位：1000m³ 路面实体

顺序号	项目	单位	代号	粗粒式沥青碎石					
				沥青混合料拌和设备生产能力(t/h)					
				30以内	60以内	120以内	160以内	240以内	320以内
				7	8	9	10	11	12
17	120t/h以内沥青混合料拌和设备	台班	8003050	-	-	3.39	-	-	-
18	160t/h以内沥青混合料拌和设备	台班	8003051	-	-	-	2.39	-	-
19	240t/h以内沥青混合料拌和设备	台班	8003052	-	-	-	-	1.59	-
20	320t/h以内沥青混合料拌和设备	台班	8003053	-	-	-	-	-	1.21
21	4.5m以内沥青混合料摊铺机(不带找平)	台班	8003056	10.54	-	-	-	-	-
22	4.5m以内沥青混合料摊铺机(带找平)	台班	8003057	-	7.36	-	-	-	-
23	6.0m以内沥青混合料摊铺机	台班	8003058	-	-	3.98	-	-	-
24	9.0m以内沥青混合料摊铺机	台班	8003059	-	-	-	2.82	-	-
25	12.5m以内沥青混合料摊铺机	台班	8003060	-	-	-	-	1.88	1.43
26	10t以内振动压路机(双钢轮)	台班	8003063	18.97	13.26	11.75	11.06	-	-
27	15t以内振动压路机(双钢轮)	台班	8003065	-	-	-	-	5.26	6
28	9~16t轮胎式压路机	台班	8003066	9.49	7.06	7.63	5.39	3.59	5.49
29	16~20t轮胎式压路机	台班	8003067	-	-	-	-	2.63	2
30	5t以内自卸汽车	台班	8007012	7.7	6.45	3.87	2.58	1.64	1.44
31	10000L以内洒水汽车	台班	8007043	0.41	0.41	0.41	0.41	0.51	0.51
32	基价	元	9999001	677143	661431	654307	645975	637184	635138

续前页

单位:1000m³ 路面实体

顺序号	项目	单位	代号	中粒式沥青碎石 沥青混合料拌和设备生产能力(t/h)					
				30以内	60以内	120以内	160以内	240以内	320以内
				13	14	15	16	17	18
1	人工	工日	1001001	165.5	92	65.7	52	42.6	35.3
2	中粒式沥青碎石	m³	1505003	(1020)	(1020)	(1020)	(1020)	(1020)	(1020)
3	石油沥青	t	3001001	89.474	89.474	89.474	89.474	89.474	89.474
4	路面用机制砂	m³	5503006	225.3	225.3	225.3	225.3	225.3	225.3
5	矿粉	t	5503013	56.387	56.387	56.387	56.387	56.387	56.387
6	路面用石屑	m³	5503015	186.41	186.41	186.41	186.41	186.41	186.41
7	路面用碎石(1.5cm)	m³	5505017	486.21	486.21	486.21	486.21	486.21	486.21
8	路面用碎石(2.5cm)	m³	5505018	587.25	587.25	587.25	587.25	587.25	587.25
9	其他材料费	元	7801001	223.3	223.3	223.3	223.3	223.3	223.3
10	设备摊销费	元	7901001	4262.2	2468.3	2130	1905.5	1859.5	1778.9
11	1.0m³以内轮胎式装载机	台班	8001045	15.86	-	-	-	-	-
12	2.0m³以内轮胎式装载机	台班	8001047	-	9.99	7.19	6.34	5.1	-
13	3.0m³以内轮胎式装载机	台班	8001049	-	-	-	-	-	2.59
14	30t/h以内沥青混合料拌和设备	台班	8003047	14.83	-	-	-	-	-
15	60t/h以内沥青混合料拌和设备	台班	8003048	-	7.94	-	-	-	-
16	120t/h以内沥青混合料拌和设备	台班	8003050	-	-	3.37	-	-	-

续前页 单位:1000m³ 路面实体

顺序号	项目	单位	代号	中粒式沥青碎石					
				沥青混合料拌和设备生产能力(t/h)					
				30 以内	60 以内	120 以内	160 以内	240 以内	320 以内
				13	14	15	16	17	18
17	160t/h 以内沥青混合料拌和设备	台班	8003051	-	-	-	2.38	-	-
18	240t/h 以内沥青混合料拌和设备	台班	8003052	-	-	-	-	1.58	-
19	320t/h 以内沥青混合料拌和设备	台班	8003053	-	-	-	-	-	1.21
20	4.5m 以内沥青混合料摊铺机(不带找平)	台班	8003056	10.68	-	-	-	-	-
21	4.5m 以内沥青混合料摊铺机(带找平)	台班	8003057	-	7.47	-	-	-	-
22	6.0m 以内沥青混合料摊铺机	台班	8003058	-	-	4.04	-	-	-
23	9.0m 以内沥青混合料摊铺机	台班	8003059	-	-	-	2.85	-	-
24	12.5m 以内沥青混合料摊铺机	台班	8003060	-	-	-	-	1.9	1.45
25	10t 以内振动压路机(双钢轮)	台班	8003063	19.22	13.44	11.75	11.06	-	-
26	15t 以内振动压路机(双钢轮)	台班	8003065	-	-	-	-	5.3	6.08
27	9~16t 轮胎式压路机	台班	8003066	9.61	7.16	7.75	5.47	3.65	5.57
28	16~20t 轮胎式压路机	台班	8003067	-	-	-	-	2.65	2.12
29	5t 以内自卸汽车	台班	8007012	7.65	6.41	3.84	2.57	1.63	1.44
30	10000L 以内洒水汽车	台班	8007043	0.41	0.41	0.41	0.41	0.51	0.51
31	基价	元	9999001	701256	685693	678059	669815	660952	659537

续前页 单位:1000m³ 路面实体

顺序号	项目	单位	代号	细粒式沥青碎石 沥青混合料拌和设备生产能力(t/h)					
				30以内	60以内	120以内	160以内	240以内	320以内
				19	20	21	22	23	24
1	人工	工日	1001001	166.1	93.1	66.7	53.1	43.7	36.5
2	细粒式沥青碎石	m³	1505004	(1020)	(1020)	(1020)	(1020)	(1020)	(1020)
3	石油沥青	t	3001001	95.698	95.698	95.698	95.698	95.698	95.698
4	路面用机制砂	m³	5503006	268.92	268.92	268.92	268.92	268.92	268.92
5	矿粉	t	5503013	66.412	66.412	66.412	66.412	66.412	66.412
6	路面用石屑	m³	5503015	313.58	313.58	313.58	313.58	313.58	313.58
7	路面用碎石(1.5cm)	m³	5505017	880.85	880.85	880.85	880.85	880.85	880.85
8	其他材料费	元	7801001	279.1	279.1	279.1	279.1	279.1	279.1
9	设备摊销费	元	7901001	4558.2	2639.7	2277.9	2037.8	1988.6	1902.4
10	1.0m³以内轮胎式装载机	台班	8001045	15.75	—	—	—	—	—
11	2.0m³以内轮胎式装载机	台班	8001047	—	9.91	7.14	6.29	5.06	—
12	3.0m³以内轮胎式装载机	台班	8001049	—	—	—	—	—	2.57
13	30t/h以内沥青混合料拌和设备	台班	8003047	14.73	—	—	—	—	—
14	60t/h以内沥青混合料拌和设备	台班	8003048	—	7.91	—	—	—	—
15	120t/h以内沥青混合料拌和设备	台班	8003050	—	—	3.34	—	—	—

续前页　　　　　　　　　　　　　　　　　　　　　　　　　　单位：1000m³ 路面实体

顺序号	项目	单位	代号	细粒式沥青碎石					
				沥青混合料拌和设备生产能力(t/h)					
				30以内	60以内	120以内	160以内	240以内	320以内
				19	20	21	22	23	24
16	160t/h 以内沥青混合料拌和设备	台班	8003051	-	-	-	2.36	-	-
17	240t/h 以内沥青混合料拌和设备	台班	8003052	-	-	-	-	1.57	-
18	320t/h 以内沥青混合料拌和设备	台班	8003053	-	-	-	-	-	1.2
19	4.5m 以内沥青混合料摊铺机(不带找平)	台班	8003056	10.81	-	-	-	-	-
20	4.5m 以内沥青混合料摊铺机(带找平)	台班	8003057	-	7.55	-	-	-	-
21	6.0m 以内沥青混合料摊铺机	台班	8003058	-	-	4.08	-	-	-
22	9.0m 以内沥青混合料摊铺机	台班	8003059	-	-	-	2.89	-	-
23	12.5m 以内沥青混合料摊铺机	台班	8003060	-	-	-	-	1.93	1.47
24	10t 以内振动压路机(双钢轮)	台班	8003063	19.46	13.59	11.75	11.06	-	-
25	15t 以内振动压路机(双钢轮)	台班	8003065	-	-	-	-	5.41	6.16
26	9~16t 轮胎式压路机	台班	8003066	9.73	7.24	7.83	5.53	3.69	5.63
27	16~20t 轮胎式压路机	台班	8003067	-	-	-	-	2.69	2.22
28	5t 以内自卸汽车	台班	8007012	7.59	6.36	3.81	2.55	1.62	1.42
29	10000L 以内洒水汽车	台班	8007043	0.41	0.41	0.41	0.41	0.51	0.51
30	基价	元	9999001	731658	716108	707865	699702	691238	689658

II. 沥青混凝土混合料拌和及铺筑

单位:1000m³ 路面实体

顺序号	项目	单位	代号	粗粒式沥青混凝土						
				沥青混合料拌和设备生产能力(t/h)						
				30以内	60以内	120以内	160以内	240以内	320以内	380以内
				25	26	27	28	29	30	31
1	人工	工日	1001001	171.5	94.7	67.7	53.6	44.0	36.5	32.1
2	粗粒式沥青混凝土	m³	1505005	(1020)	(1020)	(1020)	(1020)	(1020)	(1020)	(1020)
3	石油沥青	t	3001001	106.394	106.394	106.394	106.394	106.394	106.394	106.394
4	矿粉	t	5503013	105.7	105.7	105.7	105.7	105.7	105.7	105.7
5	路面用石屑	m³	5503015	390.69	390.69	390.69	390.69	390.69	390.69	390.69
6	路面用碎石(1.5cm)	m³	5505017	518.2	518.2	518.2	518.2	518.2	518.2	518.2
7	路面用碎石(2.5cm)	m³	5505018	553.01	553.01	553.01	553.01	553.01	553.01	553.01
8	路面用碎石(3.5cm)	m³	5505019	73.65	73.65	73.65	73.65	73.65	73.65	73.65
9	其他材料费	元	7801001	186.1	186.1	186.1	186.1	186.1	186.1	186.1
10	设备摊销费	元	7901001	5118.2	2964	2557.8	2288.1	2233	2136.2	2073.1
11	1.0m³以内轮胎式装载机	台班	8001045	16.53	—	—	—	—	—	—
12	2.0m³以内轮胎式装载机	台班	8001047	—	10.4	7.5	6.61	5.31	—	—
13	3.0m³以内轮胎式装载机	台班	8001049	—	—	—	—	—	2.69	1.78
14	30t/h以内沥青混合料拌和设备	台班	8003047	15.46	—	—	—	—	—	—
15	60t/h以内沥青混合料拌和设备	台班	8003048	—	8.14	—	—	—	—	—
16	120t/h以内沥青混合料拌和设备	台班	8003050	—	—	3.51	—	—	—	—

续前页　　　　　　　　　　　　　　　　　　　　　　　　　　　单位：1000m³ 路面实体

顺序号	项目	单位	代号	粗粒式沥青混凝土							
				沥青混合料拌和设备生产能力(t/h)						
				30以内	60以内	120以内	160以内	240以内	320以内	380以内
				25	26	27	28	29	30	31
17	160t/h以内沥青混合料拌和设备	台班	8003051	-	-	-	2.47	-	-	-
18	240t/h以内沥青混合料拌和设备	台班	8003052	-	-	-	-	1.65	-	-
19	320t/h以内沥青混合料拌和设备	台班	8003053	-	-	-	-	-	1.26	-
20	380t/h以内沥青混合料拌和设备	台班	8003054	-	-	-	-	-	-	1.02
21	4.5m以内沥青混合料摊铺机(不带找平)	台班	8003056	10.91	-	-	-	-	-	-
22	4.5m以内沥青混合料摊铺机(带找平)	台班	8003057	-	7.63	-	-	-	-	-
23	6.0m以内沥青混合料摊铺机	台班	8003058	-	-	4.12	-	-	-	-
24	9.0m以内沥青混合料摊铺机	台班	8003059	-	-	-	2.91	-	-	-
25	12.5m以内沥青混合料摊铺机	台班	8003060	-	-	-	-	1.95	1.48	1.41
26	10t以内振动压路机(双钢轮)	台班	8003063	19.65	13.73	11.75	11.06	-	-	-
27	15t以内振动压路机(双钢轮)	台班	8003065	-	-	-	-	5.45	6.22	7.1
28	9~16t轮胎式压路机	台班	8003066	9.83	6.88	-	-	-	-	-
29	16~20t轮胎式压路机	台班	8003067	-	5.86	5.55	2.24	2.73	2.08	1.67
30	20~25t轮胎式压路机	台班	8003068	-	-	2.37	3.35	2.61	3.98	-
31	5t以内自卸汽车	台班	8007012	7.98	6.67	4	2.67	1.7	1.5	1.32
32	10000L以内洒水汽车	台班	8007043	0.41	0.41	0.41	0.41	0.51	0.51	0.51
33	基价	元	9999001	800311	786762	777004	768091	758581	756731	749382

续前页 单位：1000m³ 路面实体

顺序号	项 目	单位	代 号	中粒式沥青混凝土						
				沥青混合料拌和设备生产能力(t/h)						
				30以内	60以内	120以内	160以内	240以内	320以内	380以内
				32	33	34	35	36	37	38
1	人工	工日	1001001	171.4	95	67.9	53.8	44.1	36.6	32.1
2	中粒式沥青混凝土	m³	1505006	(1020)	(1020)	(1020)	(1020)	(1020)	(1020)	(1020)
3	石油沥青	t	3001001	114.042	114.042	114.042	114.042	114.042	114.042	114.042
4	矿粉	t	5503013	106.33	106.33	106.33	106.33	106.33	106.33	106.33
5	路面用石屑	m³	5503015	376.03	376.03	376.03	376.03	376.03	376.03	376.03
6	路面用碎石(1.5cm)	m³	5505017	686.09	686.09	686.09	686.09	686.09	686.09	686.09
7	路面用碎石(2.5cm)	m³	5505018	426.96	426.96	426.96	426.96	426.96	426.96	426.96
8	其他材料费	元	7801001	223.3	223.3	223.3	223.3	223.3	223.3	223.3
9	设备摊销费	元	7901001	5486.1	3177	2741.6	2452.6	2393.4	2289.7	2289.7
10	1.0m³以内轮胎式装载机	台班	8001045	16.48	—	—	—	—	—	—
11	2.0m³以内轮胎式装载机	台班	8001047	—	10.38	7.48	6.59	5.29	—	—
12	3.0m³以内轮胎式装载机	台班	8001049	—	—	—	—	—	2.69	1.75
13	30t/h以内沥青混合料拌和设备	台班	8003047	15.41	—	—	—	—	—	—
14	60t/h以内沥青混合料拌和设备	台班	8003048	—	8.12	—	—	—	—	—
15	120t/h以内沥青混合料拌和设备	台班	8003050	—	—	3.5	—	—	—	—
16	160t/h以内沥青混合料拌和设备	台班	8003051	—	—	—	2.47	—	—	—

续前页

单位:1000m³ 路面实体

顺序号	项目	单位	代号	中粒式沥青混凝土						
				沥青混合料拌和设备生产能力(t/h)						
				30以内	60以内	120以内	160以内	240以内	320以内	380以内
				32	33	34	35	36	37	38
17	240t/h以内沥青混合料拌和设备	台班	8003052	-	-	-	-	1.64	-	-
18	320t/h以内沥青混合料拌和设备	台班	8003053	-	-	-	-	-	1.26	-
19	380t/h以内沥青混合料拌和设备	台班	8003054	-	-	-	-	-	-	1.01
20	4.5m以内沥青混合料摊铺机(不带找平)	台班	8003056	10.99	-	-	-	-	-	-
21	4.5m以内沥青混合料摊铺机(带找平)	台班	8003057	-	7.68	-	-	-	-	-
22	6.0m以内沥青混合料摊铺机	台班	8003058	-	-	4.15	-	-	-	-
23	9.0m以内沥青混合料摊铺机	台班	8003059	-	-	-	2.93	-	-	-
24	12.5m以内沥青混合料摊铺机	台班	8003060	-	-	-	-	1.96	1.49	1.42
25	10t以内振动压路机(双钢轮)	台班	8003063	19.77	13.83	11.75	11.06	-	-	-
26	15t以内振动压路机(双钢轮)	台班	8003065	-	-	-	-	5.49	6.26	7.14
27	9~16t轮胎式压路机	台班	8003066	9.89	6.92	-	-	-	-	-
28	16~20t轮胎式压路机	台班	8003067	-	5.9	5.59	2.24	2.73	2.08	1.67
29	20~25t轮胎式压路机	台班	8003068	-	-	2.39	3.39	2.63	4	-
30	5t以内自卸汽车	台班	8007012	7.95	6.65	3.99	2.66	1.69	1.49	1.31
31	10000L以内洒水汽车	台班	8007043	0.41	0.41	0.41	0.41	0.51	0.51	0.51
32	基价	元	9999001	831282	817692	807731	799020	789059	787690	779598

续前页

单位:1000m³ 路面实体

顺序号	项目	单位	代号	细粒式沥青混凝土							
				沥青混合料拌和设备生产能力(t/h)							
				30以内	60以内	120以内	160以内	240以内	320以内	380以内
				39	40	41	42	43	44	45
1	人工	工日	1001001	172.5	96.1	69.1	54.9	45.1	37.5	33.2
2	细粒式沥青混凝土	m³	1505007	(1020)	(1020)	(1020)	(1020)	(1020)	(1020)	(1020)
3	石油沥青	t	3001001	123.161	123.161	123.161	123.161	123.161	123.161	123.161
4	矿粉	t	5503013	85.21	85.21	85.21	85.21	85.21	85.21	85.21
5	路面用石屑	m³	5503015	402.6	402.6	402.6	402.6	402.6	402.6	402.6
6	路面用碎石(1.5cm)	m³	5505017	1103.61	1103.61	1103.61	1103.61	1103.61	1103.61	1103.61
7	其他材料费	元	7801001	279.1	279.1	279.1	279.1	279.1	279.1	279.1
8	设备摊销费	元	7901001	5924.7	4285.7	2960.8	2648.6	2584.8	2472.7	2472.7
9	1.0m³以内轮胎式装载机	台班	8001045	16.43	-	-	-	-	-	-
10	2.0m³以内轮胎式装载机	台班	8001047	-	10.35	7.46	6.57	5.28	-	-
11	3.0m³以内轮胎式装载机	台班	8001049	-	-	-	-	-	2.68	1.73
12	30t/h以内沥青混合料拌和设备	台班	8003047	15.37	-	-	-	-	-	-
13	60t/h以内沥青混合料拌和设备	台班	8003048	-	8.11	-	-	-	-	-
14	120t/h以内沥青混合料拌和设备	台班	8003050	-	-	3.39	-	-	-	-
15	160t/h以内沥青混合料拌和设备	台班	8003051	-	-	-	2.46	-	-	-
16	240t/h以内沥青混合料拌和设备	台班	8003052	-	-	-	-	1.64	-	-

续前页 单位:1000m³ 路面实体

顺序号	项目	单位	代号	细粒式沥青混凝土						
				沥青混合料拌和设备生产能力(t/h)						
				30以内	60以内	120以内	160以内	240以内	320以内	380以内
				39	40	41	42	43	44	45
17	320t/h以内沥青混合料拌和设备	台班	8003053	-	-	-	-	-	1.26	-
18	380t/h以内沥青混合料拌和设备	台班	8003054	-	-	-	-	-	-	1.01
19	4.5m以内沥青混合料摊铺机(不带找平)	台班	8003056	11.07	-	-	-	-	-	-
20	4.5m以内沥青混合料摊铺机(带找平)	台班	8003057	-	7.73	-	-	-	-	-
21	6.0m以内沥青混合料摊铺机	台班	8003058	-	-	4.18	-	-	-	-
22	9.0m以内沥青混合料摊铺机	台班	8003059	-	-	-	2.95	-	-	-
23	12.5m以内沥青混合料摊铺机	台班	8003060	-	-	-	-	1.97	1.5	1.43
24	10t以内振动压路机(双钢轮)	台班	8003063	19.93	13.91	11.75	11.06	-	-	-
25	15t以内振动压路机(双钢轮)	台班	8003065	-	-	-	-	5.51	6.3	7.18
26	9~16t轮胎式压路机	台班	8003066	9.96	6.96	-	-	-	-	-
27	16~20t轮胎式压路机	台班	8003067	-	5.94	5.61	2.26	2.75	2.1	1.69
28	20~25t轮胎式压路机	台班	8003068	-	-	2.41	3.41	2.65	4.02	-
29	5t以内自卸汽车	台班	8007012	7.93	6.64	3.98	2.66	1.69	1.49	1.31
30	10000L以内洒水汽车	台班	8007043	0.41	0.41	0.41	0.41	0.51	0.51	0.51
31	基价	元	9999001	872740	859856	846397	839937	830312	828954	820852

续前页

单位:1000m³ 路面实体

顺序号	项目	单位	代号	砂粒式沥青混凝土						
				沥青混合料拌和设备生产能力(t/h)						
				30以内	60以内	120以内	160以内	240以内	320以内	380以内
				46	47	48	49	50	51	52
1	人工	工日	1001001	177.7	101.5	74.4	60.3	48.1	43	38.4
2	砂粒式沥青混凝土	m³	1505008	(1020)	(1020)	(1020)	(1020)	(1020)	(1020)	(1020)
3	石油沥青	t	3001001	140.684	140.684	140.684	140.684	140.684	140.684	140.684
4	路面用机制砂	m³	5503006	892.74	892.74	892.74	892.74	892.74	892.74	892.74
5	矿粉	t	5503013	161.629	161.629	161.629	161.629	161.629	161.629	161.629
6	路面用石屑	m³	5503015	551.25	551.25	551.25	551.25	551.25	551.25	551.25
7	其他材料费	元	7801001	744.4	744.4	744.4	744.4	744.4	744.4	744.4
8	设备摊销费	元	7901001	6767.5	4517.4	3382	3025.5	2952.5	2824.5	2824.5
9	1.0m³以内轮胎式装载机	台班	8001045	16.42	-	-	-	-	-	-
10	2.0m³以内轮胎式装载机	台班	8001047	-	12.83	7.45	6.57	5.28	-	-
11	3.0m³以内轮胎式装载机	台班	8001049	-	-	-	-	-	2.68	1.73
12	30t/h以内沥青混合料拌和设备	台班	8003047	15.36	-	-	-	-	-	-
13	60t/h以内沥青混合料拌和设备	台班	8003048	-	8.1	-	-	-	-	-
14	120t/h以内沥青混合料拌和设备	台班	8003050	-	-	3.48	-	-	-	-
15	160t/h以内沥青混合料拌和设备	台班	8003051	-	-	-	2.46	-	-	-
16	240t/h以内沥青混合料拌和设备	台班	8003052	-	-	-	-	1.64	-	-

续前页

单位：1000m³ 路面实体

顺序号	项目	单位	代号	砂粒式沥青混凝土 沥青混合料拌和设备生产能力(t/h)						
				30以内	60以内	120以内	160以内	240以内	320以内	380以内
				46	47	48	49	50	51	52
17	320t/h以内沥青混合料拌和设备	台班	8003053	-	-	-	-	-	1.26	-
18	380t/h以内沥青混合料拌和设备	台班	8003054	-	-	-	-	-	-	1.01
19	4.5m以内沥青混合料摊铺机(不带找平)	台班	8003056	11.06	-	-	-	-	-	-
20	4.5m以内沥青混合料摊铺机(带找平)	台班	8003057	-	7.73	-	-	-	-	-
21	6.0m以内沥青混合料摊铺机	台班	8003058	-	-	4.18	-	-	-	-
22	9.0m以内沥青混合料摊铺机	台班	8003059	-	-	-	2.95	-	-	-
23	12.5m以内沥青混合料摊铺机	台班	8003060	-	-	-	-	1.97	1.5	1.43
24	10t以内振动压路机(双钢轮)	台班	8003063	19.91	13.91	11.75	11.06	-	-	-
25	15t以内振动压路机(双钢轮)	台班	8003065	-	-	-	-	5.51	6.3	7.18
26	9~16t轮胎式压路机	台班	8003066	9.96	6.96	-	-	-	-	-
27	16~20t轮胎式压路机	台班	8003067	-	5.94	5.61	2.26	2.75	2.1	1.69
28	20~25t轮胎式压路机	台班	8003068	-	-	2.41	3.39	2.65	4.02	-
29	5t以内自卸汽车	台班	8007012	7.93	6.63	3.98	2.66	1.69	1.49	1.31
30	10000L以内洒水汽车	台班	8007043	0.41	0.41	0.41	0.41	0.51	0.51	0.51
31	基价	元	9999001	955719	944674	931174	922539	912669	911561	903427

Ⅲ.橡胶沥青混凝土混合料拌和及铺筑

单位：1000m³ 路面实体

顺序号	项目	单位	代号	粗粒式橡胶沥青混凝土				
				沥青混合料拌和设备生产能力（t/h）				
				120以内	160以内	240以内	320以内	380以内
				53	54	55	56	57
1	人工	工日	1001001	68.7	54.7	45	37.5	33.8
2	粗粒式橡胶沥青混凝土	m³	1505011	(1020)	(1020)	(1020)	(1020)	(1020)
3	橡胶沥青	t	3001004	109.366	109.366	109.366	109.366	109.366
4	路面用机制砂	m³	5503006	517.5	517.5	517.5	517.5	517.5
5	矿粉	t	5503013	118.767	118.767	118.767	118.767	118.767
6	路面用碎石（1.5cm）	m³	5505017	243.07	243.07	243.07	243.07	243.07
7	路面用碎石（2.5cm）	m³	5505018	281.96	281.96	281.96	281.96	281.96
8	路面用碎石（3.5cm）	m³	5505019	447.25	447.25	447.25	447.25	447.25
9	其他材料费	元	7801001	186.1	186.1	186.1	186.1	186.1
10	设备摊销费	元	7901001	2136.2	2136.2	2136.2	2136.2	2136.2
11	2.0m³以内轮胎式装载机	台班	8001047	7.5	6.61	5.31	-	-
12	3.0m³以内轮胎式装载机	台班	8001049	-	-	-	2.69	1.78
13	120t/h以内沥青混合料拌和设备	台班	8003050	3.68	-	-	-	-
14	160t/h以内沥青混合料拌和设备	台班	8003051	-	2.59	-	-	-
15	240t/h以内沥青混合料拌和设备	台班	8003052	-	-	1.73	-	-

续前页 单位：1000m³ 路面实体

顺序号	项　目	单位	代　号	粗粒式橡胶沥青混凝土				
				沥青混合料拌和设备生产能力(t/h)				
				120以内	160以内	240以内	320以内	380以内
				53	54	55	56	57
16	320t/h以内沥青混合料拌和设备	台班	8003053	-	-	-	1.32	-
17	380t/h以内沥青混合料拌和设备	台班	8003054	-	-	-	-	1.07
18	6.0m以内沥青混合料摊铺机	台班	8003058	4.12	-	-	-	-
19	9.0m以内沥青混合料摊铺机	台班	8003059	-	2.91	-	-	-
20	12.5m以内沥青混合料摊铺机	台班	8003060	-	-	1.95	1.48	1.48
21	10t以内振动压路机(双钢轮)	台班	8003063	11.75	11.06	-	-	-
22	15t以内振动压路机(双钢轮)	台班	8003065	-	-	5.45	6.22	6.22
23	16~20t轮胎式压路机	台班	8003067	5.55	2.24	2.73	2.08	2.08
24	20~25t轮胎式压路机	台班	8003068	2.37	3.35	2.61	3.98	3.98
25	5t以内自卸汽车	台班	8007012	3.97	2.65	1.68	1.48	1.31
26	10000L以内洒水汽车	台班	8007043	0.41	0.41	0.51	0.51	0.51
27	基价	元	9999001	792220	783455	773841	772056	767762

续前页

单位：1000m³ 路面实体

顺序号	项目	单位	代号	中粒式橡胶沥青混凝土				
				沥青混合料拌和设备生产能力(t/h)				
				120以内	160以内	240以内	320以内	380以内
				58	59	60	61	62
1	人工	工日	1001001	68.9	54.8	45.2	37.7	33.8
2	中粒式橡胶沥青混凝土	m³	1505012	(1020)	(1020)	(1020)	(1020)	(1020)
3	橡胶沥青	t	3001004	117.890	117.890	117.890	117.890	117.890
4	路面用机制砂	m³	5503006	545.18	545.18	545.18	545.18	545.18
5	矿粉	t	5503013	117.97	117.97	117.97	117.97	117.97
6	路面用碎石(1.5cm)	m³	5505017	364.5	364.5	364.5	364.5	364.5
7	路面用碎石(2.5cm)	m³	5505018	570.1	570.1	570.1	570.1	570.1
8	其他材料费	元	7801001	223.3	223.3	223.3	223.3	223.3
9	设备摊销费	元	7901001	2289.7	2289.7	2289.7	2289.7	2289.7
10	2.0m³以内轮胎式装载机	台班	8001047	7.48	6.59	5.29	-	-
11	3.0m³以内轮胎式装载机	台班	8001049	-	-	-	2.69	1.75
12	120t/h以内沥青混合料拌和设备	台班	8003050	3.67	-	-	-	-
13	160t/h以内沥青混合料拌和设备	台班	8003051	-	2.59	-	-	-
14	240t/h以内沥青混合料拌和设备	台班	8003052	-	-	1.72	-	-
15	320t/h以内沥青混合料拌和设备	台班	8003053	-	-	-	1.32	-

续前页 单位：1000m³ 路面实体

顺序号	项目	单位	代号	中粒式橡胶沥青混凝土				
				沥青混合料拌和设备生产能力(t/h)				
				120以内	160以内	240以内	320以内	380以内
				58	59	60	61	62
16	380t/h以内沥青混合料拌和设备	台班	8003054	-	-	-	-	1.06
17	6.0m以内沥青混合料摊铺机	台班	8003058	4.15	-	-	-	-
18	9.0m以内沥青混合料摊铺机	台班	8003059	-	2.93	-	-	-
19	12.5m以内沥青混合料摊铺机	台班	8003060	-	-	1.96	1.49	1.49
20	10t以内振动压路机(双钢轮)	台班	8003063	11.75	11.06	-	-	-
21	15t以内振动压路机(双钢轮)	台班	8003065	-	-	5.49	6.26	6.26
22	16~20t轮胎式压路机	台班	8003067	5.59	2.24	2.73	2.08	2.08
23	20~25t轮胎式压路机	台班	8003068	2.39	3.39	2.63	4	4
24	5t以内自卸汽车	台班	8007012	3.97	2.65	1.68	1.48	1.31
25	10000L以内洒水汽车	台班	8007043	0.41	0.41	0.51	0.51	0.51
26	基价	元	9999001	831112	822558	812519	811221	806131

续前页

单位:1000m³ 路面实体

顺序号	项 目	单位	代 号	细粒式橡胶沥青混凝土				
				沥青混合料拌和设备生产能力(t/h)				
				120以内	160以内	240以内	320以内	380以内
				63	64	65	66	67
1	人工	工日	1001001	70.2	55.9	46.4	38.6	34.7
2	细粒式橡胶沥青混凝土	m³	1505013	(1020)	(1020)	(1020)	(1020)	(1020)
3	橡胶沥青	t	3001004	139.86	139.86	139.86	139.86	139.86
4	路面用机制砂	m³	5503006	523.05	523.05	523.05	523.05	523.05
5	矿粉	t	5503013	139.8	139.8	139.8	139.8	139.8
6	路面用碎石(1.5cm)	m³	5505017	923.02	923.02	923.02	923.02	923.02
7	其他材料费	元	7801001	279.1	279.1	279.1	279.1	279.1
8	设备摊销费	元	7901001	2472.7	2472.7	2472.7	2472.7	2472.7
9	2.0m³以内轮胎式装载机	台班	8001047	7.46	6.57	5.28	-	-
10	3.0m³以内轮胎式装载机	台班	8001049	-	-	-	2.68	1.73
11	120t/h以内沥青混合料拌和设备	台班	8003050	3.66	-	-	-	-
12	160t/h以内沥青混合料拌和设备	台班	8003051	-	2.58	-	-	-
13	240t/h以内沥青混合料拌和设备	台班	8003052	-	-	1.72	-	-
14	320t/h以内沥青混合料拌和设备	台班	8003053	-	-	-	1.32	-
15	380t/h以内沥青混合料拌和设备	台班	8003054	-	-	-	-	1.06

续前页　　　　　　　　　　　　　　　　　　　　　　　　　　　　　　单位：1000m³ 路面实体

顺序号	项目	单位	代号	细粒式橡胶沥青混凝土				
				沥青混合料拌和设备生产能力(t/h)				
				120以内	160以内	240以内	320以内	380以内
				63	64	65	66	67
16	6.0m 以内沥青混合料摊铺机	台班	8003058	4.18	-	-	-	-
17	9.0m 以内沥青混合料摊铺机	台班	8003059	-	2.95	-	-	-
18	12.5m 以内沥青混合料摊铺机	台班	8003060	-	-	1.97	1.5	1.5
19	10t 以内振动压路机（双钢轮）	台班	8003063	11.75	11.06	-	-	-
20	15t 以内振动压路机（双钢轮）	台班	8003065	-	-	5.51	6.3	6.3
21	16~20t 轮胎式压路机	台班	8003067	5.61	2.26	2.75	2.1	2.1
22	20~25t 轮胎式压路机	台班	8003068	2.41	3.41	2.65	4.02	4.02
23	5t 以内自卸汽车	台班	8007012	3.97	2.65	1.68	1.48	1.31
24	10000L 以内洒水汽车	台班	8007043	0.41	0.41	0.51	0.51	0.51
25	基价	元	9999001	934196	925530	915853	914554	909451

Ⅳ. 改性沥青混凝土混合料拌和及铺筑

单位：1000m³ 路面实体

顺序号	项目	单位	代号	中粒式改性沥青混凝土				
				沥青混合料拌和设备生产能力(t/h)				
				120 以内	160 以内	240 以内	320 以内	380 以内
				68	69	70	71	72
1	人工	工日	1001001	68	53.8	44.2	36.6	32.1
2	中粒式改性沥青混凝土	m³	1505009	(1020)	(1020)	(1020)	(1020)	(1020)
3	改性沥青	t	3001002	116.277	116.277	116.277	116.277	116.277
4	路面用机制砂	m³	5503006	406.73	406.73	406.73	406.73	406.73
5	矿粉	t	5503013	124.45	124.45	124.45	124.45	124.45
6	路面用碎石(1.5cm)	m³	5505017	662.93	662.93	662.93	662.93	662.93
7	路面用碎石(2.5cm)	m³	5505018	440.03	440.03	440.03	440.03	440.03
8	其他材料费	元	7801001	223.3	223.3	223.3	223.3	223.3
9	设备摊销费	元	7901001	2735.3	2447	2387.9	2284.4	2284.4
10	2.0m³ 以内轮胎式装载机	台班	8001047	7.49	6.6	5.3	—	—
11	3.0m³ 以内轮胎式装载机	台班	8001049	—	—	—	2.69	1.75
12	120t/h 以内沥青混合料拌和设备	台班	8003050	3.5	—	—	—	—
13	160t/h 以内沥青混合料拌和设备	台班	8003051	—	2.47	—	—	—
14	240t/h 以内沥青混合料拌和设备	台班	8003052	—	—	1.65	—	—
15	320t/h 以内沥青混合料拌和设备	台班	8003053	—	—	—	1.26	—

续前页   单位:1000m³ 路面实体

顺序号	项 目	单位	代 号	中粒式改性沥青混凝土				
				沥青混合料拌和设备生产能力(t/h)				
				120 以内	160 以内	240 以内	320 以内	380 以内
				68	69	70	71	72
16	380t/h 以内沥青混合料拌和设备	台班	8003054	-	-	-	-	1.01
17	6.0m 以内沥青混合料摊铺机	台班	8003058	4.15	-	-	-	-
18	9.0m 以内沥青混合料摊铺机	台班	8003059	-	2.93	-	-	-
19	12.5m 以内沥青混合料摊铺机	台班	8003060	-	-	1.96	1.49	1.42
20	10t 以内振动压路机(双钢轮)	台班	8003063	11.75	11.06	-	-	-
21	15t 以内振动压路机(双钢轮)	台班	8003065	-	-	5.49	6.26	7.14
22	16～20t 轮胎式压路机	台班	8003067	5.59	2.24	2.73	2.08	1.67
23	20～25t 轮胎式压路机	台班	8003068	2.39	3.39	2.63	4	-
24	5t 以内自卸汽车	台班	8007012	4	2.67	1.7	1.49	1.31
25	10000L 以内洒水汽车	台班	8007043	0.41	0.41	0.51	0.51	0.51
26	基价	元	9999001	924415	915695	906212	904349	896258

续前页

单位:1000m³ 路面实体

顺序号	项目	单位	代号	细粒式改性沥青混凝土				
				沥青混合料拌和设备生产能力(t/h)				
				120以内	160以内	240以内	320以内	380以内
				73	74	75	76	77
1	人工	工日	1001001	69.1	54.9	45.2	37.6	33.2
2	细粒式改性沥青混凝土	m³	1505010	(1020)	(1020)	(1020)	(1020)	(1020)
3	改性沥青	t	3001002	123.317	123.317	123.317	123.317	123.317
4	路面用机制砂	m³	5503006	416.26	416.26	416.26	416.26	416.26
5	矿粉	t	5503013	132.26	132.26	132.26	132.26	132.26
6	路面用碎石(1.5cm)	m³	5505017	1072.53	1072.53	1072.53	1072.53	1072.53
7	其他材料费	元	7801001	279.1	279.1	279.1	279.1	279.1
8	设备摊销费	元	7901001	2861.8	2560.1	2498.4	2390.1	2390.1
9	2.0m³以内轮胎式装载机	台班	8001047	7.47	6.58	5.28	-	-
10	3.0m³以内轮胎式装载机	台班	8001049	-	-	-	2.68	2.68
11	120t/h以内沥青混合料拌和设备	台班	8003050	3.49	-	-	-	-
12	160t/h以内沥青混合料拌和设备	台班	8003051	-	2.46	-	-	-
13	240t/h以内沥青混合料拌和设备	台班	8003052	-	-	1.64	-	-
14	320t/h以内沥青混合料拌和设备	台班	8003053	-	-	-	1.26	-
15	380t/h以内沥青混合料拌和设备	台班	8003054	-	-	-	-	1.01

续前页

单位:1000m³ 路面实体

顺序号	项目	单位	代号	细粒式改性沥青混凝土				
				沥青混合料拌和设备生产能力(t/h)				
				120以内	160以内	240以内	320以内	380以内
				73	74	75	76	77
16	6.0m以内沥青混合料摊铺机	台班	8003058	4.18	−	−	−	−
17	9.0m以内沥青混合料摊铺机	台班	8003059	−	2.95	−	−	−
18	12.5m以内沥青混合料摊铺机	台班	8003060	−	−	1.97	1.5	1.43
19	10t以内振动压路机(双钢轮)	台班	8003063	11.75	11.06	−	−	−
20	15t以内振动压路机(双钢轮)	台班	8003065	−	−	5.51	6.3	7.18
21	16~20t轮胎式压路机	台班	8003067	5.61	2.26	2.75	2.1	1.69
22	20~25t轮胎式压路机	台班	8003068	2.41	3.41	2.65	4.02	−
23	5t以内自卸汽车	台班	8007012	3.98	2.66	1.69	1.49	1.31
24	10000L以内洒水汽车	台班	8007043	0.41	0.41	0.51	0.51	0.51
25	基价	元	9999001	963081	954262	944641	943286	936361

Ⅴ. 沥青玛蹄脂碎石混合料拌和及铺筑

单位：1000m³ 路面实体

顺序号	项目	单位	代号	沥青混合料拌和设备生产能力(t/h)				
				120以内	160以内	240以内	320以内	380以内
				78	79	80	81	82
1	人工	工日	1001001	79.5	63.4	50.7	42.6	36.6
2	沥青玛蹄脂	m³	1505014	(1020)	(1020)	(1020)	(1020)	(1020)
3	改性沥青	t	3001002	145.276	145.276	145.276	145.276	145.276
4	纤维稳定剂	t	5003001	7.34	7.34	7.34	7.34	7.34
5	路面用机制砂	m³	5503006	148.12	148.12	148.12	148.12	148.12
6	矿粉	t	5503013	207.64	207.64	207.64	207.64	207.64
7	路面用碎石(1.5cm)	m³	5505017	1236.02	1236.02	1236.02	1236.02	1236.02
8	其他材料费	元	7801001	279.1	279.1	279.1	279.1	279.1
9	设备摊销费	元	7901001	3487.1	3119.6	3044.3	2912.3	2912.3
10	2.0m³以内轮胎式装载机	台班	8001047	9.28	7.71	6.2	—	—
11	3.0m³以内轮胎式装载机	台班	8001049	—	—	—	3.14	2.61
12	120t/h以内沥青混合料拌和设备	台班	8003050	4.35	—	—	—	—
13	160t/h以内沥青混合料拌和设备	台班	8003051	—	2.89	—	—	—
14	240t/h以内沥青混合料拌和设备	台班	8003052	—	—	1.93	—	—
15	320t/h以内沥青混合料拌和设备	台班	8003053	—	—	—	1.47	—
16	380t/h以内沥青混合料拌和设备	台班	8003054	—	—	—	—	1.2
17	6.0m以内沥青混合料摊铺机	台班	8003058	5.11	—	—	—	—

续前页

单位：1000m³ 路面实体

顺序号	项 目	单位	代 号	沥青混合料拌和设备生产能力(t/h)				
				120以内	160以内	240以内	320以内	380以内
				78	79	80	81	82
18	9.0m以内沥青混合料摊铺机	台班	8003059	-	3.4	-	-	-
19	12.5m以内沥青混合料摊铺机	台班	8003060	-	-	2.28	1.82	1.63
20	15t以内振动压路机（双钢轮）	台班	8003065	13.26	12.22	11.14	10.73	10.2
21	16~20t轮胎式压路机	台班	8003067	9.18	6.12	4.55	3.63	3.06
22	5t以内自卸汽车	台班	8007012	4.47	2.97	2.2	1.51	1.23
23	10000L以内洒水汽车	台班	8007043	0.56	0.56	0.56	0.56	0.56
24	基价	元	9999001	1210099	1191561	1181471	1175406	1169569

Ⅵ. 橡胶沥青玛蹄脂碎石拌和及铺筑

单位：1000m³ 路面实体

顺序号	项目	单位	代号	沥青混合料拌和设备生产能力(t/h)				
				120以内	160以内	240以内	320以内	380以内
				83	84	85	86	87
1	人工	工日	1001001	79.5	63.4	50.7	42.6	36.6
2	橡胶沥青玛碲脂	m³	1505015	(1020)	(1020)	(1020)	(1020)	(1020)
3	橡胶沥青	t	3001004	157.328	157.328	157.328	157.328	157.328
4	路面用机制砂	m³	5503006	229.24	229.24	229.24	229.24	229.24
5	矿粉	t	5503013	231.484	231.484	231.484	231.484	231.484
6	路面用碎石(1.5cm)	m³	5505017	1146.18	1146.18	1146.18	1146.18	1146.18
7	其他材料费	元	7801001	279.1	279.1	279.1	279.1	279.1
8	设备摊销费	元	7901001	3487.1	3119.6	3044.3	2912.3	2912.3
9	2.0m³以内轮胎式装载机	台班	8001047	9.28	7.71	6.2	-	-
10	3.0m³以内轮胎式装载机	台班	8001049	-	-	-	3.14	2.61
11	120t/h以内沥青混合料拌和设备	台班	8003050	4.35	-	-	-	-
12	160t/h以内沥青混合料拌和设备	台班	8003051	-	2.89	-	-	-
13	240t/h以内沥青混合料拌和设备	台班	8003052	-	-	1.93	-	-
14	320t/h以内沥青混合料拌和设备	台班	8003053	-	-	-	1.47	-
15	380t/以h内沥青混合料拌和设备	台班	8003054	-	-	-	-	1.2
16	6.0m以内沥青混合料摊铺机	台班	8003058	5.11	-	-	-	-
17	9.0m以内沥青混合料摊铺机	台班	8003059	-	3.4	-	-	-

续前页

单位:1000m³ 路面实体

顺序号	项目	单位	代号	沥青混合料拌和设备生产能力(t/h)				
				120以内	160以内	240以内	320以内	380以内
				83	84	85	86	87
18	12.5m以内沥青混合料摊铺机	台班	8003060	-	-	2.28	1.82	1.63
19	15t以内振动压路机(双钢轮)	台班	8003065	13.26	12.22	11.14	10.73	10.2
20	16~20t轮胎式压路机	台班	8003067	9.18	6.12	4.55	3.63	3.06
21	5t以内自卸汽车	台班	8007012	4.47	2.97	2.2	1.51	1.23
22	10000L以内洒水汽车	台班	8007043	0.56	0.56	0.56	0.56	0.56
23	基价	元	9999001	1056058	1037520	1027430	1021364	1015527

VII. 沥青混合料运输

单位：1000m³ 路面实体

顺序号	项目	单位	代号	自卸汽车装载质量（t）											
				8 以内		10 以内		12 以内		15 以内		20 以内		30 以内	
				第一个 1km	每增运 0.5km 运距 15km 以内	第一个 1km	每增运 0.5km 运距 15km 以内	第一个 1km	每增运 0.5km 运距 15km 以内	第一个 1km	每增运 0.5km 运距 15km 以内	第一个 1km	每增运 0.5km 运距 15km 以内	第一个 1km	每增运 0.5km 运距 15km 以内
				88	89	90	91	92	93	94	95	96	97	98	99
1	8t 以内自卸汽车	台班	8007014	12.68	1.18	—	—	—	—	—	—	—	—	—	—
2	10t 以内自卸汽车	台班	8007015	—	—	9.99	0.87	—	—	—	—	—	—	—	—
3	12t 以内自卸汽车	台班	8007016	—	—	—	—	8.38	0.76	—	—	—	—	—	—
4	15t 以内自卸汽车	台班	8007017	—	—	—	—	—	—	7.05	0.59	—	—	—	—
5	20t 以内自卸汽车	台班	8007019	—	—	—	—	—	—	—	—	5.24	0.42	—	—
6	30t 以内自卸汽车	台班	8007020	—	—	—	—	—	—	—	—	—	—	3.96	0.33
7	基价	元	9999001	8625	803	7584	660	7051	640	6534	547	5872	471	5371	448

2-2-13 沥青混合料拌和设备安装、拆除

工程内容 1)场地清理、平整、碾压及硬化处理;2)铺设垫层;3)修建拌和设备、加热炉、储油罐(池)等基座及沉淀池的全部工作;4)砌筑上料台;5)拌和设备、加热炉、输油管线的安装、拆除、清理;6)设备调试。

单位:1 座

顺序号	项 目	单位	代 号	拌和设备生产能力(t/h)						
				30以内	60以内	120以内	160以内	240以内	320以内	380以内
				1	2	3	4	5	6	7
1	人工	工日	1001001	742.8	1021.1	1320.9	1664.3	2066.8	2612.3	3450.6
2	型钢	t	2003004	0.014	0.023	0.035	0.049	0.069	0.101	0.122
3	组合钢模板	t	2003026	0.029	0.05	0.076	0.105	0.148	0.218	0.278
4	铁件	kg	2009028	29	48.9	63.8	81.3	103.9	135.9	151.38
5	水	m^3	3005004	355	567	801	1057	1382	1849	2123.67
6	锯材	m^3	4003002	–	0.01	0.01	0.01	0.02	0.03	0.03
7	中(粗)砂	m^3	5503005	201.19	316.85	442.47	578.19	746.11	976.13	1103.16
8	片石	m^3	5505005	220.1	342.01	471.82	609.55	774.13	986.7	1090.11
9	碎石(4cm)	m^3	5505013	27.25	46.87	70.34	97.93	138.03	202.89	247.08
10	块石	m^3	5505025	301.45	468.41	646.2	834.82	1060.23	1351.35	1492.92
11	32.5级水泥	t	5509001	55.997	89.079	125.499	165.348	215.956	287.555	327.12
12	其他材料费	元	7801001	89.8	145.2	207.4	276.8	368.5	503.5	581.9

续前页 单位:1座

顺序号	项目	单位	代号	拌和设备生产能力(t/h)						
				30以内	60以内	120以内	160以内	240以内	320以内	380以内
				1	2	3	4	5	6	7
13	设备摊销费	元	7901001	11725.3	15731.7	19738	23744.4	27750.8	35469.7	37030
14	0.6m^{3}以内履带式液压单斗挖土机	台班	8001025	4.73	7.2	9.73	12.32	15.33	18.58	23.07
15	250L以内强制式混凝土搅拌机	台班	8005002	1.01	1.74	2.61	3.63	5.12	7.53	11.99
16	15t以内平板拖车组	台班	8007023	3.2	6.57	6.91	-	-	-	-
17	20t以内平板拖车组	台班	8007024	-	-	-	7.6	8.77	9.66	9.67
18	12t以内汽车式起重机	台班	8009027	15.52	16.31	1.6	2.24	3.15	4.64	-
19	20t以内汽车式起重机	台班	8009029	-	15.87	15.87	17.48	-	-	-
20	40t以内汽车式起重机	台班	8009032	-	-	15.54	-	18.82	20.72	19.17
21	75t以内汽车式起重机	台班	8009034	-	-	-	15.82	17.4	19.16	19.17
22	小型机具使用费	元	8099001	321.1	504	701.4	914.1	1174.2	1526.4	1726
23	基价	元	9999001	191300	295848	406447	528094	672512	844444	980553

2-2-14 透层、黏层、封层

工程内容 1)清扫整理下承层;2)安设、拆除熬油设备,熬油、运油;3)沥青洒布车洒油;4)人工铺撒矿料或同步碎石封层车铺料;5)稀浆封层机铺料;6)碾压、找补;7)初期养护。

单位:1000m²

顺序号	项目	单位	代号	透层				黏层					
				粒料基层		半刚性基层		沥青层			水泥混凝土		
				石油沥青	乳化沥青	石油沥青	乳化沥青	石油沥青	乳化沥青	改性乳化沥青	石油沥青	乳化沥青	改性乳化沥青
				1	2	3	4	5	6	7	8	9	10
1	人工	工日	1001001	—	—	0.2	0.2	—	—	0.5	—	—	0.3
2	石油沥青	t	3001001	1.082	—	0.824	—	0.412	—	—	0.309	—	—
3	乳化沥青	t	3001005	—	1.391	—	0.927	—	0.464	—	—	0.412	—
4	改性乳化沥青	t	3001006	—	—	—	—	—	—	0.446	—	—	0.4
5	煤	t	3005001	0.21	—	0.16	—	0.08	—	—	0.06	—	—
6	路面用石屑	m³	5503015	—	—	2.55	2.55	—	—	—	—	—	—
7	其他材料费	元	7801001	20.5	—	18.3	—	14.8	—	19.9	13.9	—	18.3
8	设备摊销费	元	7901001	11.5	—	8.7	—	4.4	—	6.8	3.2	—	5
9	8000L以内沥青洒布车	台班	8003040	0.06	0.07	0.04	0.12	0.02	0.02	0.03	0.02	0.02	0.03
10	9~16t轮胎式压路机	台班	8003066	—	—	0.12	0.12	—	—	—	—	—	—
11	小型机具使用费	元	8099001	3.3	—	2.5	—	1.2	—	5.7	0.9	—	5.7
12	基价	元	9999001	5105	4695	4257	3503	1948	1563	1712	1468	1390	1522

续前页

单位:1000m²

顺序号	项目	单位	代号	层铺法封层				乳化沥青稀浆封层		
				上封层		下封层		ES-1型	ES-2型	ES-3型
				石油沥青	乳化沥青	石油沥青	乳化沥青			
				11	12	13	14	15	16	17
1	人工	工日	1001001	4.7	4.7	2.8	2.8	4.6	5	5.2
2	石油沥青	t	3001001	1.082	-	1.185	-	-	-	-
3	乳化沥青	t	3001005	-	0.953	-	1.004	1.096	1.476	1.56
4	煤	t	3005001	0.21	-	0.23	-	-	-	-
5	砂	m³	5503004	-	-	-	-	0.38	0.6	0.67
6	矿粉	t	5503013	-	-	-	-	0.265	0.278	0.318
7	路面用石屑	m³	5503015	7.14	7.14	8.16	8.16	1.75	2.95	3.81
8	其他材料费	元	7801001	20.5	-	21.5	-	-	-	-
9	设备摊销费	元	7901001	11.5	-	12.6	-	-	-	-
10	石屑撒布机	台班	8003030	0.02	0.02	-	0.02	-	-	-
11	4000L以内液态沥青运输车	台班	8003031	-	-	-	-	0.2	0.31	0.35
12	8000L以内沥青洒布车	台班	8003040	0.06	0.05	0.06	0.05	-	-	-
13	2.5~3.5m稀浆封层机	台班	8003062	-	-	-	-	0.19	0.3	0.33
14	9~16t轮胎式压路机	台班	8003066	0.31	0.31	0.31	0.31	-	-	-
15	10000L以内洒水汽车	台班	8007043	-	-	-	-	0.14	0.22	0.25
16	小型机具使用费	元	8099001	3.3	-	3.6	-	-	-	-
17	基价	元	9999001	6583	4696	6956	4773	5202	7120	7663

续前页
单位:1000m²

顺序号	项 目	单位	代 号	同步碎石封层
				18
1	人工	工日	1001001	8.5
2	橡胶沥青	t	3001004	1.98
3	路面用石屑	m³	5503015	14.28
4	其他材料费	元	7801001	25.5
5	设备摊销费	元	7901001	11.5
6	3.0m³ 以内轮胎式装载机	台班	8001049	0.47
7	320t/h 以内沥青混合料拌和设备	台班	8003053	0.02
8	16~20t 轮胎式压路机	台班	8003067	0.75
9	同步碎石封层车	台班	8003095	0.35
10	机动路面清扫机	台班	8003102	0.12
11	20t 以内自卸汽车	台班	8007019	0.49
12	10000L 以内洒水汽车	台班	8007043	0.52
13	12m³/min 以内机动空压机	台班	8017050	0.21
14	小型机具使用费	元	8099001	2.8
15	基价	元	9999001	16350

注:粒料基层浇洒透层沥青后,不能及时铺筑面层并需开放施工车辆通行时,每1000m² 增加粗砂0.83m³、6~8t 光轮压路机0.12 台班,沥青用量乘以系数1.1。

2-2-15 水泥混凝土路面

工程内容 1)模板制作、安装、拆除、修理、涂脱模剂;2)拉杆、传力杆及补强钢筋制作、安装;3)混凝土配运料、拌和、运输、浇筑、捣固、真空吸水、抹平、压(刻)纹、养护;4)切缝,灌注填缝料。

Ⅰ.普通混凝土

单位:1000m² 路面

顺序号	项目	单位	代号	人工铺筑		摊铺机铺筑 轨道式		摊铺机铺筑 滑模式	
				路面厚度(cm)					
				20	每增减1	20	每增减1	20	每增减1
				1	2	3	4	5	6
1	人工	工日	1001001	179.4	7.5	68.1	1.9	41.3	1.2
2	HPB300钢筋	t	2001001	0.004	-	0.003	-	-	-
3	型钢	t	2003004	0.054	0.003	0.001	-	0.001	-
4	石油沥青	t	3001001	0.099	0.004	0.099	0.004	0.138	0.006
5	煤	t	3005001	0.02	0.001	0.02	0.001	0.028	0.001
6	水	m^3	3005004	29	1	30	2	31	2
7	锯材	m^3	4003002	0.07	-	0.06	-	-	-
8	中(粗)砂	m^3	5503005	93.84	4.69	93.84	4.69	93.84	4.69
9	碎石(4cm)	m^3	5505013	169.32	8.47	169.32	8.47	169.32	8.47
10	32.5级水泥	t	5509001	76.908	3.845	76.908	3.845	76.908	3.845

续前页

单位：1000m² 路面

顺序号	项目	单位	代号	人工铺筑		摊铺机铺筑			
						轨道式		滑模式	
				路面厚度（cm）					
				20	每增减1	20	每增减1	20	每增减1
				1	2	3	4	5	6
11	其他材料费	元	7801001	265	3.8	265.3	3.8	295.2	4.9
12	3.0~9.0m 滑模式水泥混凝土摊铺机	台班	8003076	-	-	-	-	0.34	0.02
13	2.5~4.5m 轨道式水泥混凝土摊铺机	台班	8003077	-	-	0.42	0.02	-	-
14	混凝土电动真空吸水机组	台班	8003079	2.52	-	-	-	-	-
15	混凝土电动刻纹机	台班	8003083	-	-	7.36	-	7.36	-
16	混凝土电动切缝机	台班	8003085	2.54	-	2.55	-	2.88	-
17	250L 以内强制式混凝土搅拌机	台班	8005002	5.39	0.27	-	-	-	-
18	10000L 以内洒水汽车	台班	8007043	1.14	-	1.51	-	1.51	-
19	小型机具使用费	元	8099001	256.1	12.8	-	-	-	-
20	基价	元	9999001	70039	3218	59359	2581	57026	2543

Ⅱ.钢纤维混凝土

单位:1000m² 路面

顺序号	项目	单位	代号	人工铺筑		摊铺机铺筑 轨道式		摊铺机铺筑 滑模式	
				路面厚度(cm)					
				16	每增减 1	16	每增减 1	16	每增减 1
				7	8	9	10	11	12
1	人工	工日	1001001	197.9	10.2	58.6	2.1	29.9	1.4
2	HPB300 钢筋	t	2001001	0.003	-	0.003	-	-	-
3	钢纤维	t	2001020	7.943	0.496	7.943	0.496	7.943	0.496
4	型钢	t	2003004	0.042	0.003	0.001	-	0.001	-
5	石油沥青	t	3001001	0.032	0.003	0.032	0.003	0.07	0.004
6	煤	t	3005001	0.006	0.001	0.006	0.001	0.014	0.001
7	水	m^3	3005004	29	2	29	2	29	2
8	锯材	m^3	4003002	0.06	-	0.05	-	-	-
9	中(粗)砂	m^3	5503005	91.39	5.71	91.39	5.71	91.39	5.71
10	碎石(4cm)	m^3	5505013	135.46	8.47	135.46	8.47	135.46	8.47
11	32.5 级水泥	t	5509001	68.087	4.255	68.087	4.255	68.087	4.255
12	其他材料费	元	7801001	211.5	2.6	211.7	2.6	241.6	3.8
13	3.0~9.0m 滑模式水泥混凝土摊铺机	台班	8003076	-	-	-	-	0.28	0.02
14	2.5~4.5m 轨道式水泥混凝土摊铺机	台班	8003077	-	-	0.34	0.02	-	-

续前页 单位:1000m² 路面

顺序号	项目	单位	代号	人工铺筑		摊铺机铺筑			
						轨道式		滑模式	
				路面厚度(cm)					
				16	每增减1	16	每增减1	16	每增减1
				7	8	9	10	11	12
15	混凝土电动真空吸水机组	台班	8003079	2.19	–	–	–	–	–
16	混凝土电动刻纹机	台班	8003083	–	–	7.36	–	7.36	–
17	混凝土电动切缝机	台班	8003085	1.43	–	1.44	–	1.77	–
18	250L以内强制式混凝土搅拌机	台班	8005002	4.32	0.37	–	–	–	–
19	10000L以内洒水汽车	台班	8007043	1.14	–	1.51	–	1.51	–
20	小型机具使用费	元	8099001	205.1	17.2	–	–	–	–
21	基价	元	9999001	105937	6283	92505	5356	89927	5313

Ⅲ. 拉杆、传力杆及钢筋

单位：1t

顺序号	项目	单位	代号	拉杆及传力杆		钢筋
				人工及轨道式摊铺机铺筑	滑模式摊铺机铺筑	
				13	14	15
1	人工	工日	1001001	6.8	4	4.9
2	HPB300 钢筋	t	2001001	0.601	0.601	0.019
3	HRB400 钢筋	t	2001002	0.537	0.537	1.006
4	20~22 号铁丝	kg	2001022	0.7	0.7	5.1
5	电焊条	kg	2009011	0.6	0.6	—
6	石油沥青	t	3001001	0.007	0.007	—
7	其他材料费	元	7801001	14.9	14.9	—
8	32kV·A 以内交流电弧焊机	台班	8015028	0.09	0.09	—
9	小型机具使用费	元	8099001	11.2	11.2	10
10	基价	元	9999001	4551	4254	3886

注：1. 本定额未包括混凝土拌和站的安、拆费用，需要时按有关定额另行计算。

2. 人工铺筑定额仅适用于一般数量不大的水泥混凝土路面。二级及二级以上公路的水泥混凝土路面应套用摊铺机铺筑定额。摊铺机铺筑定额中仅包括第 1km 的水泥混凝土运输，如需要增运，按有关定额另行计算。

2-2-16 碾压水泥混凝土路面

工程内容 1)混凝土配运料、拌和、摊铺、碾压、养护;2)切缝,灌注填缝料。

单位:1000m² 路面

顺序号	项 目	单位	代号	路面厚度(cm)	
				20	每增减1
				1	2
1	人工	工日	1001001	18.6	0.8
2	石油沥青	t	3001001	0.03	0.002
3	煤	t	3005001	0.006	-
4	水	m³	3005004	27	1
5	Ⅰ级粉煤灰	t	5501009	11.505	0.578
6	中(粗)砂	m³	5503005	101.84	5.09
7	碎石(2cm)	m³	5505012	181.86	9.09
8	32.5级水泥	t	5509001	56.598	2.83
9	其他材料费	元	7801001	1053.6	47.1
10	12~15t 光轮压路机	台班	8001081	0.36	0.01
11	9.5m 以内稳定土摊铺机	台班	8003016	0.36	0.02
12	16~20t 轮胎式压路机	台班	8003067	0.08	-
13	混凝土电动切缝机	台班	8003085	0.77	-
14	10000L 以内洒水汽车	台班	8007043	0.33	-
15	基价	元	9999001	48929	2399

注:本定额未包括混凝土拌和站的安、拆费用,需要时按有关定额另行计算。

2-2-17 自卸汽车运输碾压水泥混凝土

工程内容 1)等待装卸;2)运送;3)空回。

单位:1000m³ 路面实体

顺序号	项目	单位	代号	自卸汽车装载质量(t)					
				6 以内		8 以内		10 以内	
				第一个 1km	每增运 0.5km 运距 15km 以内	第一个 1km	每增运 0.5km 运距 15km 以内	第一个 1km	每增运 0.5km 运距 15km 以内
				1	2	3	4	5	6
1	6t 以内自卸汽车	台班	8007013	13.67	2.03	—	—	—	—
2	8t 以内自卸汽车	台班	8007014	—	—	9.99	1.42	—	—
3	10t 以内自卸汽车	台班	8007015	—	—	—	—	8.36	1.01
4	基价	元	9999001	7871	1169	6795	966	6347	767

续前页

单位：1000m³ 路面实体

顺序号	项目	单位	代号	自卸汽车装载质量(t)					
				12 以内		15 以内		20 以内	
				第一个 1km	每增运 0.5km 运距 15km 以内	第一个 1km	每增运 0.5km 运距 15km 以内	第一个 1km	每增运 0.5km 运距 15km 以内
				7	8	9	10	11	12
1	12t 以内自卸汽车	台班	8007016	6.56	0.88	-	-	-	-
2	15t 以内自卸汽车	台班	8007017	-	-	5.52	0.69	-	-
3	20t 以内自卸汽车	台班	8007019	-	-	-	-	3.89	0.39
4	基价	元	9999001	5520	740	5116	639	4359	437

2-2-18 过水路面

工程内容 1)平整、碾压河床;2)挖基;3)砌底层、边坡、护坦及截水墙;4)制作、安装水标柱;5)面层混凝土的全部工序。

单位:10 延米

顺序号	项目	单位	代号	过水路面
				1
1	人工	工日	1001001	91.8
2	HPB300 钢筋	t	2001001	0.184
3	HRB400 钢筋	t	2001002	1.273
4	20~22 号铁丝	kg	2001022	6.54
5	型钢	t	2003004	0.001
6	电焊条	kg	2009011	5.68
7	铁钉	kg	2009030	0.07
8	水	m^3	3005004	23.57
9	中(粗)砂	m^3	5503005	15.09
10	片石	m^3	5505005	34.53
11	碎石(2cm)	m^3	5505012	0.02
12	碎石(4cm)	m^3	5505013	6.5
13	32.5 级水泥	t	5509001	5.76

续前页

单位:10 延米

顺序号	项目	单位	代号	过水路面
				1
14	其他材料费	元	7801001	7.5
15	1.0m^3 以内轮胎式装载机	台班	8001045	0.25
16	12~15t 光轮压路机	台班	8001081	0.02
17	混凝土电动切缝机	台班	8003085	0.79
18	250L 以内强制式混凝土搅拌机	台班	8005002	0.31
19	400L 以内灰浆搅拌机	台班	8005010	0.46
20	1t 以内机动翻斗车	台班	8007046	0.35
21	32kV·A 以内交流电弧焊机	台班	8015028	2.34
22	小型机具使用费	元	8099001	28.3
23	基价	元	9999001	21458

第三节　路面附属工程

说　明

1. 整修和挖除旧路面按设计提出的需要整修的旧路面面积和需要挖除的旧路面体积计算。

2. 整修旧路面定额中,砂石路面均按整修厚度 6.5cm 计算,沥青表处面层按整修厚度 2cm 计算,沥青混凝土面层按整修厚度 4cm 计算,路面基层的整修厚度均按 6.5cm 计算。

3. 硬路肩工程项目,根据其不同设计层次结构,分别采用不同的路面定额项目进行计算。

4. 铺砌水泥混凝土预制块人行道、路缘石、沥青路面镶边和土硬路肩加固定额中,均已包括水泥混凝土预制块的预制,使用定额时不得另行计算。

2-3-1 全部挖除旧路面

工程内容 1)人工挖撬或机械挖除(铣刨);2)废料清除至路基外;3)场地清理、平整。

单位:10m³

顺序号	项目	单位	代号	人工整体挖除路面	挖掘机整体挖除路面
				1	2
1	人工	工日	1001001	5	0.1
2	2.0m³以内履带式液压单斗挖掘机	台班	8001030	-	0.07
3	基价	元	9999001	531	116

续前页

单位:10m³

顺序号	项　目	单位	代　号	人工局部挖清沥青面层	人工挖清水泥混凝土面层	风镐挖清		破碎机挖清
						沥青面层	水泥混凝土面层	水泥混凝土面层
				3	4	5	6	7
1	人工	工日	1001001	9.2	17.1	3.9	7.1	2.7
2	$2.0m^3$ 以内履带式液压单斗挖掘机	台班	8001030	-	-	-	-	-
3	机动破路机	台班	8003101	-	-	-	-	1.44
4	$6m^3/min$ 以内机动空压机	台班	8017048	-	-	0.76	1.14	-
5	小型机具使用费	元	8099001	6.5	4.5	10.2	15.6	3.4
6	基价	元	9999001	984	1822	828	1376	596

续前页 单位：1000m²

顺序号	项目	单位	代号	铣刨机铣刨沥青混凝土	
				路面厚度(cm)	
				5	每增减1
				8	9
1	人工	工日	1001001	6	1.4
2	2000mm 以内路面铣刨机	台班	8003094	0.31	0.06
3	8t 以内自卸汽车	台班	8007014	0.33	0.07
4	6000L 以内洒水汽车	台班	8007041	0.08	0.02
5	小型机具使用费	元	8099001	27.1	5.4
6	基价	元	9999001	2314	481

注：1. 本定额适用于每块修整面积30m²以内者；每块修整面积大于30m²者，相应人工、机械乘以系数0.8，其他不变。
2. 挖除的废渣如需远运，另按路基土方运输定额计算。
3. 废渣清除后，底层如需碾压，每1000m²可增加15t以内振动压路机0.18台班。

2-3-2 挖路槽、培路肩、修筑泄水槽

工程内容 挖路槽:1)挂线、挖槽;2)整平碾压路槽。
培路肩:1)挂线;2)培肩压实;3)修整路槽。
修筑泄水槽:1)放样挖槽;2)填料、铺草皮;3)填土压实。

单位:表列单位

顺序号	项目	单位	代号	挖路槽				培路肩	修筑泄水槽
				(土质)槽深20cm	(石质)槽深20cm	(土质)每增减1cm	(石质)每增减1cm		
				1000m²	1000m²	1000m²	1000m²	100m³	10m
				1	2	3	4	5	6
1	人工	工日	1001001	47.9	65.3	2.4	3.2	21.1	1.6
2	钢钎	kg	2009002	-	5.8	-	0.3	-	-
3	煤	t	3005001	-	0.04	-	0.002	-	-
4	草皮	m²	4013002	-	-	-	-	-	4.73
5	硝铵炸药	kg	5005002	-	33.2	-	1.7	-	-
6	非电毫秒雷管	个	5005008	-	42.5	-	2.1	-	-
7	导爆索	m	5005009	-	19.2	-	1	-	-
8	碎石(8cm)	m³	5505015	-	-	-	-	-	0.8
9	其他材料费	元	7801001	-	3.2	-	0.2	-	-

续前页

单位：表列单位

顺序号	项目	单位	代号	挖路槽				培路肩	修筑泄水槽
				（土质）槽深20cm	（石质）槽深20cm	（土质）每增减1cm	（石质）每增减1cm		
				1000m²				100m³	10m
				1	2	3	4	5	6
10	12~15t 光轮压路机	台班	8001081	0.47	-	-	-	-	-
11	0.6t 以内手扶式振动碾	台班	8001085	-	-	-	-	2.14	-
12	基价	元	9999001	5367	7573	255	372	2595	251

注：1. 本定额中挖路槽按全挖路槽编制，当设计为半填半挖路槽时，人工工日乘以系数0.8；挖除的土、石方如需远运，另按路基土、石方运输定额计算。

2. 本定额中培路肩的填方数量已计入路基填方内，使用定额时，不得再计填料的开挖、远运费用。

2-3-3 人行道及路缘石

工程内容 现浇及预制混凝土:1)模板制作、安装、拆除、修理、涂脱模剂;2)混凝土配运料、拌和、运输、浇筑、养护。
人行道铺砌:刨槽,灰土垫层的拌和、摊铺、夯实,安砌块件。
沥青表面处置:清扫放样、安拆锅灶、熬油、撒料、洒油、整形、碾压。
路缘石安砌:刨槽,安砌块件。

单位:表列单位

顺序号	项目	单位	代号	人行道			路缘石	
				混凝土预制块预制、铺砌	砖铺	沥青表面处置	混凝土路缘石预制块预制	现浇混凝土
				1000m²			10m³	
				1	2	3	4	5
1	人工	工日	1001001	222.1	89.9	94.3	32.7	2.9
2	型钢	t	2003004	0.148	-	-	0.021	-
3	钢板	t	2003005	0.014	-	-	0.001	-
4	电焊条	kg	2009011	3.7	-	-	0.1	-
5	铁件	kg	2009028	28.7	-	-	1.9	-
6	石油沥青	t	3001001	-	-	1.545	-	-
7	煤	t	3005001	-	-	0.3	-	-
8	水	m³	3005004	106	22	22	16	16
9	土	m³	5501002	132.1	132.1	132.1	-	-

续前页 单位:表列单位

顺序号	项目	单位	代号	人行道			路缘石	
				混凝土预制块预制、铺砌	砖铺	沥青表面处置	混凝土路缘石预制块预制	现浇混凝土
				1000m²			10m³	
				1	2	3	4	5
10	熟石灰	t	5503003	14.107	14.107	14.107	-	-
11	砂	m³	5503004	-	-	2.6	-	-
12	中(粗)砂	m³	5503005	35.14	-	-	5.58	4.9
13	石屑	m³	5503014	-	-	13.26	-	2.83
14	碎石(2cm)	m³	5505012	40.4	-	-	-	-
15	碎石(4cm)	m³	5505013	-	-	-	8.38	8.47
16	青(红)砖	千块	5507003	-	33.51	-	-	-
17	32.5级水泥	t	5509001	21.244	-	-	3.596	3.417
18	其他材料费	元	7801001	131.4	-	31.7	19.9	4.1
19	设备摊销费	元	7901001	-	-	16.4	-	-
20	1.0m³以内轮胎式装载机	台班	8001045	-	-	-	-	0.13
21	混凝土路缘石机动铺筑机	台班	8003090	-	-	-	-	0.4
22	250L以内强制式混凝土搅拌机	台班	8005002	1.88	-	-	0.38	-
23	3m³以内混凝土搅拌运输车	台班	8005028	-	-	-	-	0.25

续前页

单位:表列单位

顺序号	项 目	单位	代 号	人行道			路缘石	
				混凝土预制块预制、铺砌	砖铺	沥青表面处置	混凝土路缘石预制块预制	现浇混凝土
				1000m^2			10m^3	
				1	2	3	4	5
24	15m^3/h 以内混凝土搅拌站	台班	8005056	-	-	-	-	0.13
25	32kV·A 以内交流电弧焊机	台班	8015028	0.55	-	-	0.02	-
26	小型机具使用费	元	8099001	19.2	-	52.9	1.3	26.8
27	基价	元	9999001	43561	27912	23717	6016	3281

2-3-4 沥青路面镶边

工程内容 1)预制混凝土的全部工序;2)刨边、安砌、砌浆片石抹面。

单位:表列单位

顺序号	项目	单位	代号	混凝土预制块预制、铺砌	干砌片石	浆砌片石	青(红)砖	
							每米4块	每米8块
				10m³			1000m	
				1	2	3	4	5
1	人工	工日	1001001	29.7	11.7	13.1	11	17.3
2	型钢	t	2003004	0.029	-	-	-	-
3	钢板	t	2003005	0.003	-	-	-	-
4	电焊条	kg	2009011	0.5	-	-	-	-
5	铁件	kg	2009028	3.8	-	-	-	-
6	水	m^3	3005004	16	-	1	-	-
7	中(粗)砂	m^3	5503005	4.85	-	4.2	-	-
8	片石	m^3	5505005	-	12.5	11.5	-	-
9	碎石(4cm)	m^3	5505013	8.38	-	-	-	-
10	青(红)砖	千块	5507003	-	-	-	4.04	8.08
11	32.5级水泥	t	5509001	3.384	-	1.024	-	-
12	其他材料费	元	7801001	27.7	-	1.2	-	-

续前页

单位:表列单位

顺序号	项 目	单位	代 号	混凝土预制块 预制、铺砌	干砌片石	浆砌片石	青(红)砖 每米4块	青(红)砖 每米8块
				$10m^3$			$1000m$	
				1	2	3	4	5
13	250L以内强制式混凝土搅拌机	台班	8005002	0.38	-	-	-	-
14	32kV·A以内交流电弧焊机	台班	8015028	0.07	-	-	-	-
15	小型机具使用费	元	8099001	0.2	-	6.9	-	-
16	基价	元	9999001	5630	2032	2811	2750	5000

2-3-5 土路肩加固

工程内容 1)现浇、预制混凝土的全部工序;2)刨边、安砌、浆砌片石、抹面。

单位:10m^3

顺序号	项目	单位	代号	现浇混凝土	预制、铺砌混凝土预制块	浆砌片石
				1	2	3
1	人工	工日	1001001	8	28.5	13.2
2	型钢	t	2003004	0.007	0.027	-
3	钢板	t	2003005	-	0.003	-
4	电焊条	kg	2009011	-	0.4	-
5	铁件	kg	2009028	-	2.9	-
6	水	m^3	3005004	12	17	1
7	锯材	m^3	4003002	0.05	-	-
8	中(粗)砂	m^3	5503005	5	6.66	4.22
9	片石	m^3	5505005	-	-	11.5
10	碎石(4cm)	m^3	5505013	8.5	8.38	-
11	32.5 级水泥	t	5509001	3.845	3.91	1.225
12	其他材料费	元	7801001	4.3	26.1	1.2
13	1.0m^3 以内轮胎式装载机	台班	8001045	0.13	-	-
14	250L 以内强制式混凝土搅拌机	台班	8005002	-	0.38	-

续前页 单位:$10m^3$

顺序号	项　目	单位	代　号	现浇混凝土	预制、铺砌混凝土预制块	浆砌片石
				1	2	3
15	$3m^3$ 以内混凝土搅拌运输车	台班	8005028	0.25	–	–
16	$15m^3/h$ 以内混凝土搅拌站	台班	8005056	0.13	–	–
17	32kV · A 以内交流电弧焊机	台班	8015028	–	0.05	–
18	小型机具使用费	元	8099001	9.2	3.3	7.1
19	基价	元	9999001	3736	5811	2885

第三章 隧道工程

说　　明

1. 本章定额包括开挖、支护、防排水、衬砌、装饰、洞门、辅助坑道及瓦斯隧道等项目。本定额是按照一般凿岩机钻爆法施工的开挖方法进行编制的,适用于新建隧道工程、改扩建工程。

2. 本章定额按现行隧道设计、施工技术规范将围岩分为六级,即Ⅰ级~Ⅵ级。

3. 本章定额中混凝土工程均未考虑拌和的费用,应按桥涵工程相关定额另行计算。

4. 本章开挖定额中已综合考虑超挖及预留变形因素。

5. 洞内出渣运输定额已综合洞门外500m运距。当洞门外运距超过此运距时,可按照路基工程自卸汽车运输土石方的增运定额加计增运部分的费用。

6. 本定额均未包括混凝土及预制块的运输,需要时应按有关定额另行计算。

7. 本定额未考虑地震、坍塌、溶洞及大量地下水处理,以及其他特殊情况所需的费用,需要时可根据设计另行计算。

8. 本定额未考虑施工时所需进行的监控量测的费用,监控量测的费用已在编办的施工辅助费中综合考虑,使用定额时不得另行计算。

9. 隧道工程定额采用其他章节定额的规定:

(1)洞门挖基、仰坡及天沟开挖、明洞明挖土石方等,应使用其他章节有关定额计算。

(2)洞内工程项目如需采用其他章节的有关定额,所采用定额的人工工日、机械台班数量及小型机具使用费应乘以系数1.26。

第一节 洞 身 工 程

说　　明

1. 本定额人工开挖、机械开挖轻轨斗车运输项目是按上导洞、扩大、马口开挖编制的,也综合了下导洞扇形扩大开挖方法,并综合了木支撑和出渣、通风及临时管线的工料机消耗。

2. 本定额正洞机械开挖自卸汽车运输定额不分工程部位(即拱部、边墙、仰拱、底板、沟槽、洞室)均使用本定额。定额中综合了出渣、施工通风及高压风水管和照明电线路的工料机消耗。

3. 本定额连拱隧道中导洞、侧导洞开挖和中隔墙衬砌是按连拱隧道施工方法编制的,除此以外的其他部位的开挖、衬砌、支护可套用本节其他定额。

4. 格栅钢架和型钢钢架均按永久性支护编制,如作为临时支护使用,应按规定计取回收。

5. 喷射混凝土定额中已综合考虑混凝土的回弹量。钢纤维混凝土中钢纤维掺入量按喷射混凝土质量的3%掺入。当设计采用的钢纤维掺入量与本定额不同或采用其他材料时,可进行抽换。

6. 洞身衬砌项目按现浇混凝土衬砌,石料、混凝土预制块衬砌分别编制,不分工程部位(即拱部、边墙、仰拱、底板、洞室)均使用本定额。定额中已综合考虑超挖回填因素,定额中均包括拱顶、边墙衬砌,混凝土或浆砌片石回填,洞内管沟及盖板等工程内容。

7. 本定额中凡是按不同隧道长度编制的定额,均只编制到隧道长度在5000m以内。当隧道长度超过5000m时,应以隧道长度5000m以内定额为基础,与隧道长度5000m以上每增加1000m定额叠加使用。

8. 混凝土运输应按桥涵工程有关定额计算。

9. 照明设施为隧道运营所需的洞内永久性设施,按交通工程相应定额计算。

10. 工程量计算规则：

(1)本定额所指隧道长度均指隧道进出口(含与隧道相连的明洞)洞门端墙墙面之间的距离,即两端端墙面与路面的交线同路线中线交点间的距离。双线隧道按上、下行隧道长度的平均值计算。

(2)洞身开挖工程量按设计断面数量(成洞断面加衬砌断面)计算,包含洞身及所有附属洞室的数量,定额中已考虑超挖因素,不得将超挖数量计入工程量。

(3)现浇混凝土衬砌中浇筑、运输的工程数量均按设计断面衬砌数量计算,包含洞身及所有附属洞室的衬砌数量。定额中已综合因超挖及预留变形需回填的混凝土数量,不得将上述因素的工程量计入计价工程量中。

(4)防水板、明洞防水层的工程数量按设计敷设面积计算。

(5)止水带(条)、盲沟、透水管的工程数量,均按设计数量计算。

(6)拱顶压浆的工程数量按设计数量计算,设计时可按每延米 $0.25m^3$ 综合考虑。

(7)喷射混凝土的工程量按设计厚度乘以喷射面积计算,喷射面积按设计外轮廓线计算。

(8)砂浆锚杆工程量为锚杆、垫板及螺母等材料质量之和;中空注浆锚杆、自进式锚杆的工程量按锚杆设计长度计算。

(9)格栅钢架、型钢钢架工程数量按钢架的设计质量计算;连接钢筋单独计算。

(10)管棚、小导管的工程量按设计钢管长度计算。当管径与定额不同时,可调整定额中钢管的消耗量。

(11)横向塑料排水管按铺设长度计算;纵向弹簧管按隧道纵向每侧铺设长度之和计算;环向盲沟按隧道横断面敷设长度计算。

3-1-1 人工开挖

工程内容 开挖,出渣,照明,通风,防尘,木支撑制作、安装、拆除,临时管线的安装、拆除、维护,整修边沟。

单位:100m³ 自然密实土、石

顺序号	项目	单位	代号	围岩级别			
				Ⅰ~Ⅱ级	Ⅲ级	Ⅳ级	Ⅴ~Ⅵ级
				1	2	3	4
1	人工	工日	1001001	139.6	118.5	106.1	73.3
2	钢管	t	2003008	0.013	0.013	0.011	0.011
3	钢钎	kg	2009002	15	10	6.7	3
4	铁件	kg	2009028	0.7	2.2	7.3	7.3
5	铁钉	kg	2009030	0.1	0.1	0.4	0.4
6	煤	t	3005001	0.138	0.083	0.053	0.019
7	电	kW·h	3005002	173	142	108	87
8	水	m³	3005004	39	37	33	7
9	原木	m³	4003001	0.1	0.3	0.69	0.99
10	锯材	m³	4003002	0.02	0.05	0.12	0.18
11	硝铵炸药	kg	5005002	100.9	85.8	60	23.8
12	非电毫秒雷管	个	5005008	153	113	84	53
13	导爆索	m	5005009	60	60	53	53
14	其他材料费	元	7801001	164.8	158.6	137.9	130.4
15	30kW以内轴流式通风机	台班	8023002	2.9	2.64	2.2	1.98
16	小型机具使用费	元	8099001	34.3	17.1	11.5	5.2
17	基价	元	9999001	17945	15545	14262	10541

3-1-2 机械开挖轻轨斗车运输

工程内容 开挖、出渣、照明、通风、防尘、木支撑制作、安装、拆除、临时管线的安装、拆除、维护、整修边沟。

单位:100m³ 自然密实土、石

顺序号	项 目	单位	代 号	围岩级别		
				Ⅰ~Ⅱ级	Ⅲ级	Ⅳ级
				1	2	3
1	人工	工日	1001001	97.8	83.3	80.1
2	钢管	t	2003008	0.013	0.013	0.011
3	空心钢钎	kg	2009003	16	10	7
4	φ50mm 以内合金钻头	个	2009004	7	5	3
5	铁件	kg	2009028	0.7	2.2	7.3
6	铁钉	kg	2009030	0.1	0.1	0.4
7	电	kW·h	3005002	161	132	101
8	水	m³	3005004	83	72	57
9	原木	m³	4003001	0.1	0.3	0.69
10	锯材	m³	4003002	0.02	0.05	0.12
11	硝铵炸药	kg	5005002	100.9	85.8	59.3
12	非电毫秒雷管	个	5005008	153	113	84
13	导爆索	m	5005009	60	60	53

续前页

单位:100m³ 自然密实土、石

顺序号	项目	单位	代号	围岩级别		
				Ⅰ～Ⅱ级	Ⅲ级	Ⅳ级
				1	2	3
14	其他材料费	元	7801001	208.7	196.9	167.7
15	线路折旧费	元	7903001	20.2	20.2	20.2
16	ϕ100mm 电动多级水泵(≤120m)	台班	8013011	1.79	1.43	0.95
17	20m³/min 以内电动空压机	台班	8017045	2.47	1.46	1.36
18	30kW 以内轴流式通风机	台班	8023002	2.51	2.3	1.91
19	小型机具使用费	元	8099001	225	186	132.4
20	基价	元	9999001	16082	13517	12904

3-1-3 正洞机械开挖自卸汽车运输

工程内容 开挖,出渣,通风,照明,防尘,脚手架、踏步的制作、安装、拆除,临时管线的安装、拆除、维护。

单位:100m^3 自然密实土、石

顺序号	项目	单位	代号	隧道长度1000m以内					
				围岩级别					
				Ⅰ级	Ⅱ级	Ⅲ级	Ⅳ级	Ⅴ级	Ⅵ级
				1	2	3	4	5	6
1	人工	工日	1001001	35.0	33.8	31	34.9	37.5	44.9
2	8~12号铁丝	kg	2001021	2.4	2.2	2.1	1.9	1.8	-
3	钢管	t	2003008	0.015	0.015	0.015	0.013	0.013	0.002
4	空心钢钎	kg	2009003	17.1	14	10.8	6.4	4	6.1
5	ϕ50mm以内合金钻头	个	2009004	9	7	5	3	2	-
6	铁钉	kg	2009030	0.2	0.2	0.2	0.2	0.2	-
7	电	kW·h	3005002	102.89	102.89	102.89	93.22	93.22	93.22
8	水	m^3	3005004	35	35	25	25	25	-
9	原木	m^3	4003001	0.03	0.03	0.02	0.02	0.02	0.01
10	锯材	m^3	4003002	0.03	0.02	0.02	0.02	0.02	0.01
11	硝铵炸药	kg	5005002	109.1	103.8	98.5	76.7	30.5	-
12	非电毫秒雷管	个	5005008	153	113	113	84	53	-
13	导爆索	m	5005009	60	60	60	53	53	-

续前页　　　　单位：$100m^3$ 自然密实土、石

顺序号	项目	单位	代号	隧道长度1000m以内					
				围岩级别					
				Ⅰ级	Ⅱ级	Ⅲ级	Ⅳ级	Ⅴ级	Ⅵ级
				1	2	3	4	5	6
14	电缆	m	7001001	0.07	0.07	0.07	0.06	0.06	0.06
15	电线	m	7001004	0.65	0.65	0.65	0.59	0.59	0.59
16	其他材料费	元	7801001	86.1	86.1	80.4	67.4	57.8	57.8
17	$1.0m^3$ 以内履带式液压单斗挖掘机	台班	8001027	0.03	0.02	0.02	0.02	0.02	0.79
18	$3.0m^3$ 以内轮胎式装载机(三向)	台班	8001053	0.27	0.27	0.27	0.19	0.19	0.13
19	气腿式风动凿岩机	台班	8001103	11.16	10.15	6.56	4.35	4.04	-
20	3t以内载货汽车	台班	8007002	0.15	0.15	0.15	0.15	0.15	0.15
21	20t以内自卸汽车	台班	8007019	0.72	0.72	0.72	0.56	0.56	0.45
22	10m以内高空作业车	台班	8009046	0.01	0.01	0.01	0.01	0.01	0.01
23	ϕ100mm以内潜水泵	台班	8013019	0.21	0.14	0.13	0.16	0.14	-
24	$20m^3/min$ 以内电动空压机	台班	8017045	2.4	2.17	1.41	1.34	1.63	-
25	75kW以内轴流式通风机	台班	8023004	1.12	1.12	1.12	1.01	1.01	1.01
26	小型机具使用费	元	8099001	248	232.9	178.3	124.6	139.7	72.3
27	基价	元	9999001	10342	9715	8572	8019	7796	7177

续前页

单位：100m^3 自然密实土、石

顺序号	项目	单位	代号	隧道长度2000m以内					
				围岩级别					
				Ⅰ级	Ⅱ级	Ⅲ级	Ⅳ级	Ⅴ级	Ⅵ级
				7	8	9	10	11	12
1	人工	工日	1001001	39.3	38	35.1	37.3	39.8	48.4
2	8～12号铁丝	kg	2001021	2.4	2.2	2.1	1.9	1.8	–
3	钢管	t	2003008	0.017	0.017	0.017	0.014	0.014	0.003
4	空心钢钎	kg	2009003	17.1	14	10.8	6.4	4	6.1
5	ϕ50mm以内合金钻头	个	2009004	9	7	5	3	2	–
6	铁钉	kg	2009030	0.2	0.2	0.2	0.2	0.2	–
7	电	kW·h	3005002	133.41	133.41	133.41	120.88	120.88	120.88
8	水	m^3	3005004	35	35	25	25	25	–
9	原木	m^3	4003001	0.03	0.03	0.02	0.02	0.02	0.01
10	锯材	m^3	4003002	0.03	0.02	0.02	0.02	0.02	0.01
11	硝铵炸药	kg	5005002	109.1	103.8	98.5	76.7	30.5	–
12	非电毫秒雷管	个	5005008	153	133	113	84	53	–
13	导爆索	m	5005009	60	60	60	53	53	–
14	电缆	m	7001001	0.07	0.07	0.07	0.06	0.06	0.06
15	电线	m	7001004	1.13	1.13	1.13	1.02	1.02	1.02

续前页

单位：100m³ 自然密实土、石

顺序号	项目	单位	代号	隧道长度2000m以内					
				围岩级别					
				Ⅰ级	Ⅱ级	Ⅲ级	Ⅳ级	Ⅴ级	Ⅵ级
				7	8	9	10	11	12
16	其他材料费	元	7801001	92.7	92.7	87	73.4	63.8	63.8
17	$1.0m^3$ 以内履带式液压单斗挖掘机	台班	8001027	0.03	0.02	0.02	0.02	0.02	0.79
18	$3.0m^3$ 以内轮胎式装载机（三向）	台班	8001053	0.27	0.27	0.27	0.19	0.19	0.13
19	气腿式风动凿岩机	台班	8001103	11.16	10.15	6.56	4.35	4.04	-
20	3t 以内载货汽车	台班	8007002	0.18	0.18	0.18	0.18	0.18	0.18
21	20t 以内自卸汽车	台班	8007019	0.87	0.87	0.87	0.67	0.67	0.54
22	10m 以内高空作业车	台班	8009046	0.01	0.01	0.01	0.01	0.01	0.01
23	ϕ100mm 以内潜水泵	台班	8013019	0.21	0.21	0.13	0.16	0.14	-
24	$20m^3/min$ 以内电动空压机	台班	8017045	2.52	2.28	1.48	1.4	1.65	-
25	75kW 以内轴流式通风机	台班	8023004	1.36	1.36	1.36	1.23	1.23	1.23
26	小型机具使用费	元	8099001	252.5	237.4	182.7	128.6	143.7	76.4
27	基价	元	9999001	11210	10632	9384	8582	8321	7794

续前页

单位:100m^3 自然密实土、石

顺序号	项　目	单位	代　号	隧道长度3000m以内					
				围岩级别					
				Ⅰ级	Ⅱ级	Ⅲ级	Ⅳ级	Ⅴ级	Ⅵ级
				13	14	15	16	17	18
1	人工	工日	1001001	41	39.6	36.6	39	41.7	51.4
2	8~12号铁丝	kg	2001021	2.4	2.2	2.1	1.9	1.8	-
3	钢管	t	2003008	0.02	0.02	0.02	0.017	0.017	0.006
4	空心钢钎	kg	2009003	17.1	14	10.8	6.4	4	6.1
5	ϕ50mm以内合金钻头	个	2009004	9	7	5	3	2	-
6	铁钉	kg	2009030	0.2	0.2	0.2	0.2	0.2	-
7	电	kW·h	3005002	172.97	172.97	172.97	156.72	156.72	156.72
8	水	m^3	3005004	35	35	25	25	25	-
9	原木	m^3	4003001	0.03	0.03	0.02	0.02	0.02	0.01
10	锯材	m^3	4003002	0.03	0.02	0.02	0.02	0.02	0.01
11	硝铵炸药	kg	5005002	109.1	103.8	98.5	76.7	30.5	-
12	非电毫秒雷管	个	5005008	153	133	113	84	53	-
13	导爆索	m	5005009	60	60	60	53	53	-
14	电缆	m	7001001	0.18	0.18	0.18	0.17	0.17	0.17
15	电线	m	7001004	1.3	1.3	1.3	1.17	1.17	1.17

续前页　　单位：100m³ 自然密实土、石

顺序号	项　目	单位	代　号	隧道长度3000m以内					
				围岩级别					
				Ⅰ级	Ⅱ级	Ⅲ级	Ⅳ级	Ⅴ级	Ⅵ级
				13	14	15	16	17	18
16	其他材料费	元	7801001	110.9	110.9	105.2	89.8	80.2	80.2
17	$1.0m^3$ 以内履带式液压单斗挖掘机	台班	8001027	0.03	0.02	0.02	0.02	0.02	0.79
18	$3.0m^3$ 以内轮胎式装载机（三向）	台班	8001053	0.28	0.28	0.28	0.19	0.19	0.13
19	气腿式风动凿岩机	台班	8001103	11.16	10.15	6.56	4.35	4.04	-
20	3t以内载货汽车	台班	8007002	0.22	0.22	0.22	0.22	0.22	0.22
21	20t以内自卸汽车	台班	8007019	0.99	0.99	0.99	0.77	0.77	0.61
22	10m以内高空作业车	台班	8009046	0.01	0.01	0.01	0.01	0.01	0.01
23	ϕ100mm以内潜水泵	台班	8013019	0.21	0.14	0.13	0.16	0.14	-
24	$20m^3/min$ 以内电动空压机	台班	8017045	2.57	2.35	1.5	1.42	1.66	-
25	75kW以内轴流式通风机	台班	8023004	0.4	0.4	0.4	0.36	0.36	0.36
26	110kW以内轴流式通风机	台班	8023006	1.39	1.39	1.39	1.26	1.26	1.26
27	小型机具使用费	元	8099001	257.8	242.7	188.1	133.4	148.5	81.2
28	基价	元	9999001	12139	11562	10271	9405	9158	8707

续前页　　单位：100m³ 自然密实土、石

顺序号	项目	单位	代号	隧道长度4000m以内					
				围岩级别					
				Ⅰ级	Ⅱ级	Ⅲ级	Ⅳ级	Ⅴ级	Ⅵ级
				19	20	21	22	23	24
1	人工	工日	1001001	43.3	41.8	38.8	41.4	44.2	54.4
2	8～12号铁丝	kg	2001021	2.4	2.2	2.1	1.9	1.8	-
3	钢管	t	2003008	0.023	0.023	0.023	0.02	0.02	0.009
4	空心钢钎	kg	2009003	17.1	14	10.8	6.4	4	6.1
5	ϕ50mm以内合金钻头	个	2009004	9	7	5	3	2	-
6	铁钉	kg	2009030	0.2	0.2	0.2	0.2	0.2	-
7	电	kW·h	3005002	219.8	219.8	219.8	199.15	199.15	199.15
8	水	m³	3005004	35	35	25	25	25	-
9	原木	m³	4003001	0.03	0.03	0.02	0.02	0.02	0.01
10	锯材	m³	4003002	0.03	0.02	0.02	0.02	0.02	0.01
11	硝铵炸药	kg	5005002	109	104	99	77	31	-
12	非电毫秒雷管	个	5005008	153	133	113	84	53	-
13	导爆索	m	5005009	60	60	60	53	53	-
14	电缆	m	7001001	0.33	0.33	0.33	0.3	0.3	0.3
15	电线	m	7001004	1.31	1.31	1.31	1.19	1.19	1.19

续前页　　　　单位:100m³ 自然密实土、石

顺序号	项　目	单位	代　号	隧道长度4000m以内					
				围岩级别					
				Ⅰ级	Ⅱ级	Ⅲ级	Ⅳ级	Ⅴ级	Ⅵ级
				19	20	21	22	23	24
16	其他材料费	元	7801001	132.7	132.7	127	109.6	100	100
17	1.0m³ 以内履带式液压单斗挖掘机	台班	8001027	0.03	0.02	0.02	0.02	0.02	0.79
18	3.0m³ 以内轮胎式装载机(三向)	台班	8001053	0.27	0.27	0.27	0.19	0.19	0.13
19	气腿式风动凿岩机	台班	8001103	11.16	10.15	6.56	4.35	4.04	-
20	3t 以内载货汽车	台班	8007002	0.25	0.25	0.24	0.24	0.24	0.24
21	20t 以内自卸汽车	台班	8007019	1.26	1.26	1.26	0.97	0.97	0.8
22	10m 以内高空作业车	台班	8009046	0.01	0.01	0.01	0.01	0.01	0.01
23	ϕ100mm 以内潜水泵	台班	8013019	0.21	0.21	0.13	0.16	0.14	-
24	20m³/min 以内电动空压机	台班	8017045	2.59	2.37	1.52	1.44	1.68	-
25	75kW 以内轴流式通风机	台班	8023004	0.4	0.4	0.4	0.36	0.36	0.36
26	110kW 以内轴流式通风机	台班	8023006	1.72	1.72	1.72	1.56	1.56	1.56
27	小型机具使用费	元	8099001	268	252.9	198.2	142.6	157.7	90.4
28	基价	元	9999001	12997	12415	11121	10183	9949	9520

续前页

单位:100m³ 自然密实土、石

顺序号	项　目	单位	代　号	隧道长度5000m以内					
				围岩级别					
				Ⅰ级	Ⅱ级	Ⅲ级	Ⅳ级	Ⅴ级	Ⅵ级
				25	26	27	28	29	30
1	人工	工日	1001001	46.9	45.3	42	44.7	48.5	59
2	8～12号铁丝	kg	2001021	2.4	2.2	2.1	1.9	1.8	–
3	钢管	t	2003008	0.025	0.025	0.025	0.022	0.022	0.011
4	空心钢钎	kg	2009003	17.1	14	10.8	6.4	4	6.1
5	ϕ50mm以内合金钻头	个	2009004	9	7	5	3	2	–
6	铁钉	kg	2009030	0.2	0.2	0.2	0.2	0.2	–
7	电	kW·h	3005002	299.22	299.22	299.22	270.38	270.38	270.38
8	水	m³	3005004	35	35	25	25	25	–
9	原木	m³	4003001	0.03	0.03	0.02	0.02	0.02	0.01
10	锯材	m³	4003002	0.03	0.02	0.02	0.02	0.02	0.01
11	硝铵炸药	kg	5005002	109	104	99	77	31	–
12	非电毫秒雷管	个	5005008	153	133	113	84	53	–
13	导爆索	m	5005009	60	60	60	53	53	–
14	电缆	m	7001001	0.43	0.43	0.43	0.39	0.39	0.39
15	电线	m	7001004	1.33	1.33	1.33	1.2	1.2	1.2

续前页

单位:100m³ 自然密实土、石

顺序号	项　目	单位	代　号	隧道长度5000m以内					
				围岩级别					
				Ⅰ级	Ⅱ级	Ⅲ级	Ⅳ级	Ⅴ级	Ⅵ级
				25	26	27	28	29	30
16	其他材料费	元	7801001	168.6	168.6	162.9	141.8	132.2	132.2
17	1.0m³ 以内履带式液压单斗挖掘机	台班	8001027	0.03	0.02	0.02	0.02	0.02	0.79
18	3.0m³ 以内轮胎式装载机(三向)	台班	8001053	0.27	0.27	0.27	0.19	0.19	0.13
19	气腿式风动凿岩机	台班	8001103	11.16	10.15	6.56	4.35	4.04	-
20	3t以内载货汽车	台班	8007002	0.27	0.27	0.25	0.25	0.25	0.25
21	20t以内自卸汽车	台班	8007019	1.52	1.52	1.52	1.18	1.18	0.97
22	10m以内高空作业车	台班	8009046	0.01	0.01	0.01	0.01	0.01	0.01
23	ϕ100mm以内潜水泵	台班	8013019	0.21	0.14	0.13	0.16	0.14	-
24	20m³/min以内电动空压机	台班	8017045	2.61	2.39	1.54	1.46	1.7	-
25	75kW以内轴流式通风机	台班	8023004	0.48	0.48	0.48	0.43	0.43	0.43
26	110kW以内轴流式通风机	台班	8023006	1.75	1.75	1.75	1.58	1.58	1.58
27	小型机具使用费	元	8099001	308.8	293.7	239	179.2	194.3	127
28	基价	元	9999001	13902	13307	11980	10970	10842	10386

续前页

单位：100m³ 自然密实土、石

顺序号	项目	单位	代号	隧道长度5000m以上，每增加1000m					
				围岩级别					
				Ⅰ级	Ⅱ级	Ⅲ级	Ⅳ级	Ⅴ级	Ⅵ级
				31	32	33	34	35	36
1	人工	工日	1001001	1.9	1.8	1.6	1.9	2.1	2.8
2	钢管	t	2003008	0.002	0.002	0.002	0.002	0.002	0.002
3	电	kW·h	3005002	24.42	23.54	23.54	22.8	22.07	22.07
4	电缆	m	7001001	0.1	0.1	0.1	0.09	0.09	0.09
5	电线	m	7001004	0.02	0.02	0.02	0.02	0.02	0.02
6	其他材料费	元	7801001	15.1	14.6	14.6	14.1	13.7	13.7
7	1.0m³以内履带式液压单斗挖掘机	台班	8001027	—	—	—	—	—	0.01
8	3t以内载货汽车	台班	8007002	0.02	0.02	0.01	0.01	0.01	0.01
9	20t以内自卸汽车	台班	8007019	0.13	0.13	0.13	0.09	0.09	0.08
10	20m³/min以内电动空压机	台班	8017045	0.03	0.03	0.02	0.02	0.01	—
11	110kW以内轴流式通风机	台班	8023006	0.16	0.15	0.15	0.15	0.14	0.14
12	小型机具使用费	元	8099001	1.3	1.3	1.3	1.3	1.2	1.2
13	基价	元	9999001	527	509	477	462	469	537

续前页　　单位:100m³ 自然密实土、石

顺序号	项　　目	单位	代　号	连拱隧道中(侧)导洞					
				围岩级别					
				Ⅰ级	Ⅱ级	Ⅲ级	Ⅳ级	Ⅴ级	Ⅵ级
				37	38	39	40	41	42
1	人工	工日	1001001	42.2	39	35.4	40.1	40.9	45.8
2	8~12 号铁丝	kg	2001021	2.4	2.2	2.1	1.9	1.8	-
3	钢管	t	2003008	0.015	0.015	0.015	0.013	0.013	0.002
4	空心钢钎	kg	2009003	17	14	11	6	4	6.1
5	ϕ50mm 以内合金钻头	个	2009004	9	7	5	3	2	-
6	铁钉	kg	2009030	0.2	0.2	0.2	0.2	0.2	-
7	电	kW·h	3005002	82.31	82.31	82.31	74.57	74.57	74.57
8	水	m³	3005004	35	35	25	25	25	-
9	原木	m³	4003001	0.03	0.03	0.02	0.02	0.02	0.01
10	锯材	m³	4003002	0.03	0.02	0.02	0.02	0.02	0.01
11	硝铵炸药	kg	5005002	109.1	103.8	98.5	76.7	30.5	-
12	非电毫秒雷管	个	5005008	153	133	113	84	53	-
13	导爆索	m	5005009	60	60	60	53	53	-
14	电缆	m	7001001	0.05	0.05	0.05	0.05	0.05	0.05
15	电线	m	7001004	0.52	0.52	0.52	0.47	0.47	0.47

续前页

单位:100m³ 自然密实土、石

顺序号	项目	单位	代号	连拱隧道中(侧)导洞					
				围岩级别					
				Ⅰ级	Ⅱ级	Ⅲ级	Ⅳ级	Ⅴ级	Ⅵ级
				37	38	39	40	41	42
16	其他材料费	元	7801001	75.2	75.2	69.5	57.5	47.9	47.9
17	1.0m³ 以内履带式液压单斗挖掘机	台班	8001027	–	–	–	–	–	0.79
18	3.0m³ 以内轮胎式装载机(三向)	台班	8001053	0.27	0.27	0.27	0.19	0.19	0.13
19	气腿式风动凿岩机	台班	8001103	13.62	12.37	8.01	4.2	5.49	–
20	20t 以内自卸汽车	台班	8007019	0.72	0.72	0.72	0.56	0.56	0.45
21	ϕ100mm 以内潜水泵	台班	8013019	0.52	0.48	0.32	0.28	0.36	0.36
22	20m³/min 以内电动空压机	台班	8017045	2.23	2.12	1.32	1.14	1.49	–
23	75kW 以内轴流式通风机	台班	8023004	0.89	0.89	0.89	0.81	0.81	0.81
24	小型机具使用费	元	8099001	282.6	263.2	191.8	126	145.3	57.9
25	基价	元	9999001	10851	10163	8809	8232	7900	7093

3－1－4　正洞铣挖机配合破碎锤开挖土质隧道

工程内容　1)测量、划线；2)破碎锤开挖；3)铣挖机细部开挖、修边、找顶、排险；4)人工修整、排险；5)一般排水。

单位:100m³ 自然密实土、石

顺序号	项目	单位	代号	铣挖机配合破碎锤开挖土质围岩					
				隧道长度(m)					
				1000以内	2000以内	3000以内	4000以内	5000以内	5000以上每增加1000
				1	2	3	4	5	6
1	人工	工日	1001001	10.5	13	14.9	16.7	19.4	1.3
2	8~12号铁丝	kg	2001021	1.8	1.8	1.8	1.8	1.8	-
3	钢管	t	2003008	0.012	0.014	0.017	0.02	0.022	0.002
4	铁钉	kg	2009030	0.2	0.2	0.2	0.2	0.2	-
5	破碎锤钢钎	根	2009039	0.02	0.02	0.02	0.02	0.02	-
6	铣挖机刀头	个	2009040	2	2	2	2	2	-
7	电	kW·h	3005002	92.97	120.56	156.3	198.62	270.38	22.07
8	原木	m³	4003001	0.02	0.02	0.02	0.02	0.02	-
9	锯材	m³	4003002	0.02	0.02	0.02	0.02	0.02	-
10	电缆	m	7001001	0.06	0.06	0.17	0.3	0.39	0.09
11	电线	m	7001004	0.59	1.02	1.17	1.19	1.2	0.02

续前页

单位:100m³ 自然密实土、石

顺序号	项目	单位	代号	铣挖机配合破碎锤开挖土质围岩					
				隧道长度(m)					
				1000以内	2000以内	3000以内	4000以内	5000以内	5000以上每增加1000
				1	2	3	4	5	6
12	其他材料费	元	7801001	49.2	55.2	71.6	91.4	123.8	13.7
13	2.5m³ 以内履带式液压单斗挖掘机带破碎锤	台班	8001032	0.57	0.59	0.62	0.64	0.66	0.02
14	2.5m³ 以内履带式液压单斗挖掘机带ER650 铣挖机	台班	8001033	0.2	0.22	0.25	0.27	0.29	0.02
15	3.0m³ 以内轮胎式装载机(三向)	台班	8001053	0.13	0.13	0.13	0.13	0.13	-
16	20t 以内自卸汽车	台班	8007019	0.45	0.54	0.61	0.8	0.97	0.08
17	10m 以内高空作业车	台班	8009046	0.01	0.01	0.01	0.01	0.01	-
18	75kW 以内轴流式通风机	台班	8023004	1.01	1.22	0.36	0.36	0.43	-
19	110kW 以内轴流式通风机	台班	8023006	-	-	1.26	1.56	1.58	0.14
20	小型机具使用费	元	8099001	72.1	76.2	81	90.2	127	1.2
21	基价	元	9999001	5389	6017	6995	7802	8593	491

3-1-5 钢支撑

工程内容 1)下料,成型,钻孔,焊接,修正;2)安装就位,紧固螺栓;3)拆除,整理,堆放。

单位:1t

顺序号	项目	单位	代号	制作、安装		每增加一次安装	每增加一次拆除	制作、安装连接钢筋
				型钢钢架	格栅钢架			
				1	2	3	4	5
1	人工	工日	1001001	9.7	10.9	5.9	0.6	8.8
2	HPB300 钢筋	t	2001001	-	0.05	-	-	-
3	HRB400 钢筋	t	2001002	-	0.97	-	-	1.02
4	型钢	t	2003004	0.96	0.061	-	-	-
5	钢板	t	2003005	0.1	0.054	-	-	-
6	电焊条	kg	2009011	4.1	14	-	-	5.26
7	铁件	kg	2009028	15	15	-	-	-
8	其他材料费	元	7801001	15.2	92.2	-	15	12.1
9	4t以内载货汽车	台班	8007003	0.54	0.53	-	-	-
10	32kV·A以内交流电弧焊机	台班	8015028	0.8	3.44	-	-	1.53

续前页 单位:1t

顺序号	项目	单位	代号	制作、安装		每增加一次安装	每增加一次拆除	制作、安装连接钢筋
				型钢钢架	格栅钢架			
				1	2	3	4	5
11	小型机具使用费	元	8099001	5	18.6	-	23.1	13.6
12	基价	元	9999001	5263	6023	627	102	4586

注:临时钢支撑应根据下表规定的周转次数编制概算;当由于工程规模或工期限制达不到规定的周转次数时,可按施工组织设计的工程量编制概算,并按下表规定的回收率计算回收金额。连拱隧道的中(侧)导洞临时钢支撑可由设计单位按实际回收率计算回收金额。

回收项目	周转次数					
	50	40	30	20	10	
型钢、钢板、钢筋	-	30%	50%	65%	80%	材料原价

3-1-6 锚杆及金属网

工程内容 锚杆:锚杆及附件制作,运输,钻孔,安装,砂浆拌和、灌注,锚固,搭、拆、移动脚手架。
金属网:制作,挂网,绑扎,点焊,加固。

单位:表列单位

顺序号	项目	单位	代号	锚杆			金属网		药卷锚杆
				砂浆锚杆	中空注浆锚杆	自进式锚杆	钢筋网	铁丝网	
				1t	100m		1t		
				1	2	3	4	5	6
1	人工	工日	1001001	29.9	11.3	11.3	13.1	15.8	25.2
2	HPB300 钢筋	t	2001001	-	-	-	1.025	-	-
3	HRB400 钢筋	t	2001002	1.025	-	-	-	-	1.025
4	8~12 号铁丝	kg	2001021	1.8	0.9	0.9	-	1020	1.8
5	20~22 号铁丝	kg	2001022	-	-	-	0.9	0.7	-
6	空心钢钎	kg	2009003	13.9	5.1	-	-	-	13.86
7	ϕ50mm 以内合金钻头	个	2009004	9.38	3	-	-	-	9.38
8	中空注浆锚杆	m	2009008	-	101	-	-	-	-
9	自进式锚杆	m	2009009	-	-	101	-	-	-
10	电焊条	kg	2009011	-	-	-	6.3	-	-
11	铁钉	kg	2009030	0.1	0.1	0.1	-	-	0.1

续前页
单位:表列单位

顺序号	项目	单位	代号	锚杆			金属网		药卷锚杆
				砂浆锚杆	中空注浆锚杆	自进式锚杆	钢筋网	铁丝网	
				1t	100m		1t		
				1	2	3	4	5	6
12	水	m³	3005004	13	5	5	—	—	4.1
13	原木	m³	4003001	0.01	0.01	0.01	—	—	0.01
14	锯材	m³	4003002	0.02	0.01	0.01	—	—	0.02
15	锚固剂	t	5003006	—	—	—	—	—	0.409
16	中(粗)砂	m³	5503005	0.24	0.16	0.16	—	—	—
17	32.5级水泥	t	5509001	0.347	0.187	0.187	—	—	—
18	其他材料费	元	7801001	9	2.1	2.1	—	—	9
19	气腿式风动凿岩机	台班	8001103	8.43	2.9	2.9	—	—	8.18
20	1t以内机动翻斗车	台班	8007046	0.39	0.11	0.11	—	—	0.12
21	32kV·A以内交流电弧焊机	台班	8015028	—	—	—	1.53	—	—
22	20m³/min以内电动空压机	台班	8017045	2.39	0.82	0.82	—	—	2.3
23	小型机具使用费	元	8099001	97.6	36.7	36.7	23.2	—	90.8
24	基价	元	9999001	9125	4467	5458	5154	6130	9040

3-1-7 管棚、小导管

工程内容 套拱混凝土:模板安装、拆除,混凝土浇筑、捣固、养护。
套拱孔口管:制作、安装、固定。
管棚:场地清理,搭、拆脚手架,布眼、钻孔、清孔,钢管制作、运输、就位、顶进。
超前小导管:搭、拆脚手架,布眼、钻孔、清孔,钢管制作、就位、顶管。
注浆:浆液制作、注浆、检查、堵孔。

单位:表列单位

顺序号	项目	单位	代号	套拱		管棚		超前小导管	注浆	
				混凝土	孔口管	管径(mm)			水泥浆	水泥水玻璃浆
						80	108			
				$10m^3$	10m			100m	$10m^3$	
				1	2	3	4	5	6	7
1	人工	工日	1001001	14.4	0.5	2.7	3.2	12.4	12	12.5
2	HRB400 钢筋	t	2001002	-	0.071	-	-	-	-	-
3	型钢	t	2003004	0.048	-	-	-	-	-	-
4	钢管	t	2003008	-	0.126	0.08	0.161	0.355	-	-
5	组合钢模板	t	2003026	0.028	-	-	-	-	-	-
6	空心钢钎	kg	2009003	-	-	-	-	3.8	-	-
7	ϕ50mm 以内合金钻头	个	2009004	-	-	-	-	2	-	-
8	ϕ150mm 以内合金钻头	个	2009005	-	-	0.18	0.2	-	-	-

续前页

单位:表列单位

顺序号	项目	单位	代号	套拱		管棚		超前小导管	注浆	
				混凝土	孔口管	管径(mm) 80	管径(mm) 108		水泥浆	水泥水玻璃浆
				$10m^3$	10m			100m	$10m^3$	
				1	2	3	4	5	6	7
9	电焊条	kg	2009011	–	1.2	–	–	–	–	–
10	铁件	kg	2009028	29.6	–	–	–	–	–	–
11	水	m^3	3005004	12	–	2	2	9	8	6
12	原木	m^3	4003001	0.02	–	–	–	–	–	–
13	锯材	m^3	4003002	0.03	–	0.03	0.03	–	–	–
14	水玻璃	kg	5009011	–	–	–	–	–	–	3106.8
15	磷酸二氢钠	kg	5009017	–	–	–	–	–	–	73.3
16	中(粗)砂	m^3	5503005	4.9	–	–	–	–	–	–
17	碎石(4cm)	m^3	5505013	8.47	–	–	–	–	–	–
18	32.5 级水泥	t	5509001	3.417	–	–	–	–	14.154	5.462
19	其他材料费	元	7801001	7.9	–	48.5	58.3	19.4	4.5	5
20	气腿式风动凿岩机	台班	8001103	–	–	–	–	3.18	–	–
21	ϕ38 ~ 115mm 液压潜孔钻机	台班	8001112	–	–	0.52	0.75	–	–	–
22	4t 以内载货汽车	台班	8007003	0.03	–	0.02	0.02	–	0.35	0.27

续前页

单位:表列单位

顺序号	项 目	单位	代 号	套拱		管棚		超前小导管	注浆	
				混凝土	孔口管	管径(mm)			水泥浆	水泥水玻璃浆
						80	108			
				$10m^3$	10m			100m	$10m^3$	
				1	2	3	4	5	6	7
23	1t 以内机动翻斗车	台班	8007046	–	0.03	–	–	0.2	–	–
24	12t 以内汽车式起重机	台班	8009027	0.38	–	–	–	–	–	–
25	32kV·A 以内交流电弧焊机	台班	8015028	–	0.11	–	–	–	–	–
26	20m³/min 以内电动空压机	台班	8017045	–	–	0.56	0.81	0.94	–	–
27	小型机具使用费	元	8099001	6.4	2.2	24.5	31.1	19.8	62.9	130.3
28	基价	元	9999001	4630	846	1453	2167	3711	5884	9676

3-1-8 喷射混凝土

工程内容 脚手架的制作、安装、拆除、移动,清理岩面、基底,喷射混凝土的全部工作。

单位:$10m^3$

顺序号	项目	单位	代号	混凝土	钢纤维混凝土
				1	2
1	人工	工日	1001001	18.9	23.4
2	钢纤维	t	2001020	-	0.464
3	水	m^3	3005004	24	24
4	锯材	m^3	4003002	0.01	0.01
5	中(粗)砂	m^3	5503005	7.2	7.2
6	碎石(2cm)	m^3	5505012	6.84	6.84
7	32.5级水泥	t	5509001	5.628	5.628
8	其他材料费	元	7801001	378.4	378.4
9	混凝土喷射机	台班	8005011	1.32	1.42
10	$20m^3/min$以内电动空压机	台班	8017045	0.8	0.86
11	小型机具使用费	元	8099001	116.7	116.7
12	基价	元	9999001	6525	9457

3-1-9 现浇混凝土衬砌

工程内容 混凝土:1)踏步、脚手架、模板台车、拱架的制作、安装、拆除、移动;2)模板制作、安装、拆除、修理;3)清理岩面、基底;4)混凝土浇筑、捣固、养护及运输。
钢筋:除锈、制作、运输、绑扎、电焊。

单位:表列单位

顺序号	项目	单位	代号	混凝土					钢筋
				模筑		仰拱	仰拱回填	连拱隧道中隔墙	
				模板台车	模架				
				10m³					1t
				1	2	3	4	5	6
1	人工	工日	1001001	4.6	12.9	2.3	3	7.4	10.4
2	HRB400 钢筋	t	2001002	-	-	-	-	-	1.025
3	8~12 号铁丝	kg	2001021	-	1.8	-	-	0.6	-
4	20~22 号铁丝	kg	2001022	-	-	-	-	-	3.1
5	型钢	t	2003004	-	0.008	-	-	0.002	-
6	钢板	t	2003005	-	0.028	-	-	0.01	
7	钢模板	t	2003025	0.052	-	-	-	-	-
8	组合钢模板	t	2003026	-	-	-	-	0.009	-
9	电焊条	kg	2009011	-	-	-	-	-	4.3
10	铁件	kg	2009028	-	8	-	-	2.1	-

续前页 单位:表列单位

顺序号	项目	单位	代号	混凝土					钢筋
				模筑		仰拱	仰拱回填	连拱隧道中隔墙	
				模板台车	模架				
				10m³					1t
				1	2	3	4	5	6
11	铁钉	kg	2009030	-	0.1	-	-	0.1	-
12	水	m³	3005004	11	12	11	11	12	-
13	原木	m³	4003001	-	0.012	-	-	0.004	-
14	锯材	m³	4003002	0.012	0.024	0.01	-	0.008	-
15	枕木	m³	4003003	0.013	-	-	-	-	-
16	中(粗)砂	m³	5503005	6.55	6.55	5.82	6.14	5.82	-
17	碎石(4cm)	m³	5505013	8.31	8.31	7.38	7.8	7.38	-
18	32.5级水泥	t	5509001	4.762	4.762	4.233	3.338	4.233	-
19	其他材料费	元	7801001	7.1	7.2	3.4	3.4	7.8	-
20	设备摊销费	元	7901001	313.7	-	-	-	-	-
21	60m³/h以内混凝土输送泵	台班	8005051	0.1	0.11	0.09	0.09	0.09	-
22	4t以内载货汽车	台班	8007003	-	0.04	-	-	0.01	-
23	32kV·A以内交流电弧焊机	台班	8015028	-	-	-	-	-	0.47
24	小型机具使用费	元	8099001	7.7	8.9	7.7	7.7	7.7	30.7
25	基价	元	9999001	4046	4556	2863	2711	3516	4591

3-1-10 石料、混凝土预制块衬砌

工程内容 1)踏步、脚手架、拱架的制作、安装、拆除、移动;2)模板的制作、安装、拆除、修理;3)混凝土运输、浇筑、捣固及养护;4)拌和、运输砂浆;5)选料、砌筑、勾缝、养护。

单位:10m³ 实体

顺序号	项目	单位	代号	混凝土预制块	粗料石	块石
				1	2	3
1	人工	工日	1001001	27.4	13.1	13.4
2	8~12号铁丝	kg	2001021	2.93	2.93	2.93
3	型钢	t	2003004	0.012	0.001	0.001
4	钢板	t	2003005	0.001	0.001	0.001
5	圆钢	t	2003006	0.003	0.003	0.003
6	钢管	t	2003008	0.007	0.007	0.007
7	电焊条	kg	2009011	0.18	—	—
8	铁件	kg	2009028	3.87	2.86	2.86
9	铁钉	kg	2009030	0.3	0.3	0.3
10	水	m³	3005004	25.71	10.99	10.99
11	原木	m³	4003001	0.022	0.022	0.022
12	锯材	m³	4003002	0.097	0.097	0.097
13	中(粗)砂	m³	5503005	6.77	2.98	3.84

续前页
单位:10m³ 实体

顺序号	项 目	单位	代 号	混凝土预制块	粗料石	块石
				1	2	3
14	片石	m³	5505005	1.96	1.96	1.96
15	碎石(4cm)	m³	5505013	7.8	-	-
16	块石	m³	5505025	-	-	10.5
17	粗料石	m³	5505029	-	9	-
18	32.5级水泥	t	5509001	3.317	0.734	0.948
19	其他材料费	元	7801001	77.8	17.2	17.2
20	1.0m³以内轮胎式装载机	台班	8001045	0.18	0.18	0.18
21	400L以内灰浆搅拌机	台班	8005010	0.09	0.12	0.15
22	基价	元	9999001	5879	4134	3574

3-1-11 防水板与止水带(条)

工程内容 防水板、土工布:1)搭、拆、移工作平台;2)基面处理,钻孔,钉锚固钉;3)下料,运至施工现场,拼接就位,焊接,检查。
橡胶止水带:1)取运料,钢筋除锈、制作;2)钢筋卡就位,安装止水带,固定检查;3)移动工作平台。
橡胶止水条:1)清洗混凝土表面;2)安装橡胶止水条,固定,检查。

单位:表列单位

顺序号	项目	单位	代号	防水板土工布			橡胶止水带	橡胶止水条
				复合式防水板	EVA 防水板	土工布		
				$100m^2$			10m	100m
				1	2	3	4	5
1	人工	工日	1001001	4	3.5	2.9	2.1	19.5
2	复合式防水板	m^2	5001042	113	-	-	-	-
3	橡胶止水带	m	5001049	-	-	-	10.25	-
4	橡胶止水条	m	5001050	-	-	-	-	102.5
5	塑料防水板	m^2	5001056	-	113	-	-	-
6	土工布	m^2	5007001	-	-	113	-	-
7	其他材料费	元	7801001	226.4	114.4	121.4	30.7	2.8
8	小型机具使用费	元	8099001	36	36	30.6	0.8	-
9	基价	元	9999001	3875	2260	943	602	3565

3－1－12　塑料排水管沟

工程内容　塑料排水管沟:1)取运料,2)侧式排水沟基座浇筑、填碎石,3)铺挂排水管沟、连接、固定,4)移动工作平台。
环向无纺布:1)取运料,铺设无纺布、塑料布、铁丝网;2)钻孔,膨胀螺栓固定;3)移动工作平台。

单位:100m

顺序号	项目	单位	代号	纵向排水管		横向排水管	环向排水管			侧式排水沟
				弹簧管	HPDE管		弹簧管	无纺布	塑料盲沟	打孔波纹管
				1	2	3	4	5	6	7
1	人工	工日	1001001	3.4	3.4	5.1	18.1	13.3	14	12.9
2	膨胀螺栓	套	2009015	－	－	－	418	418	－	－
3	水	m^3	3005004	－	－	－	－	－	－	9
4	塑料板盲沟	m	5001012	－	－	－	－	－	106	－
5	PVC塑料管(ϕ100mm)	m	5001014	－	－	102	－	－	－	－
6	塑料弹簧软管(ϕ50mm)	m	5001018	－	－	－	102	－	－	－
7	塑料弹簧软管(ϕ110mm)	m	5001020	102	－	－	－	－	－	－
8	塑料打孔波纹管(ϕ100mm)	m	5001031	－	102	－	－	－	－	－
9	塑料打孔波纹管(ϕ400mm)	m	5001033	－	－	－	－	－	－	102
10	土工布	m^2	5007001	－	35.7	3.5	－	51	－	86.7
11	中(粗)砂	m^3	5503005	－	－	－	－	－	－	4.21
12	片石	m^3	5505005	－	－	－	－	－	－	1.61

续前页

单位：100m

顺序号	项目	单位	代号	纵向排水管 弹簧管	纵向排水管 HPDE管	横向排水管	环向排水管 弹簧管	环向排水管 无纺布	环向排水管 塑料盲沟	侧式排水沟 打孔波纹管
				1	2	3	4	5	6	7
13	碎石(8cm)	m³	5505015	–	–	–	–	–	–	6.35
14	32.5级水泥	t	5509001	–	–	–	–	–	–	1.935
15	其他材料费	元	7801001	–	0.6	41.3	–	49.5	2.6	1.6
16	250L以内强制式混凝土搅拌机	台班	8005002	–	–	–	–	–	–	0.22
17	1t以内机动翻斗车	台班	8007046	–	–	–	–	–	–	1.44
18	小型机具使用费	元	8099001	5	5	–	10.1	10.1	5	–
19	基价	元	9999001	2354	2088	1697	4956	3693	2583	11984

3-1-13 混凝土沟槽

工程内容 现浇沟槽混凝土:1)模板制作、安装、拆除、修理、涂脱模剂、堆放;2)混凝土浇筑、捣固、养护;3)清理场地。
预制沟槽、盖板:1)模板制作,安装,拆除;2)混凝土浇筑、捣固、养护;3)预制块安放,砂浆砌筑;4)清理场地。
钢筋:除锈、制作、电焊、绑扎。

单位:10m³ 实体

顺序号	项目	单位	代号	混凝土		沟槽、盖板钢筋
				现浇沟槽	预制沟槽、盖板	
				10m³		1t
				1	2	3
1	人工	工日	1001001	15.9	33.5	9.8
2	HPB300 钢筋	t	2001001	—	—	1.025
3	20~22号铁丝	kg	2001022	—	—	3.6
4	型钢	t	2003004	0.009	0.001	—
5	组合钢模板	t	2003026	0.057	0.048	—
6	铁件	kg	2009028	28.7	3.25	—
7	水	m³	3005004	12	20	—
8	原木	m³	4003001	0.08	0.005	—
9	锯材	m³	4003002	—	0.008	—
10	中(粗)砂	m³	5503005	4.9	6.24	—

续前页

单位:10m³ 实体

顺序号	项目	单位	代号	混凝土		沟槽、盖板钢筋
				现浇沟槽	预制沟槽、盖板	
				10m³		1t
				1	2	3
11	碎石(4cm)	m³	5505013	8.47	8.38	-
12	32.5级水泥	t	5509001	3.417	3.788	-
13	其他材料费	元	7801001	38.3	30.7	-
14	1t以内机动翻斗车	台班	8007046	-	0.48	-
15	小型机具使用费	元	8099001	10.7	6.8	8.3
16	基价	元	9999001	4515	6452	4484

3-1-14 洞内排水

工程内容 水泵安、拆,集水坑设置,排水,维护。

单位:100m³

顺序号	项目	单位	代号	隧道长度(m)					
				1000以内	2000以内	3000以内	4000以内	5000以内	5000以上每增加1000
				1	2	3	4	5	6
1	人工	工日	1001001	0.1	0.1	0.1	0.1	0.1	-
2	其他材料费	元	7801001	7.8	7.8	7.8	7.8	7.8	1
3	ϕ150mm电动单级离心水泵	台班	8013003	0.24	0.25	0.28	0.32	0.36	0.1
4	ϕ150mm以内污水泵	台班	8013022	0.24	0.25	0.28	0.32	0.36	0.1
5	基价	元	9999001	109	113	125	140	155	39

3-1-15 拱顶压浆

工程内容 搭、拆脚手架,钻孔,砂浆制作、压浆、检查、堵孔。

单位:$10m^3$

顺序号	项目	单位	代号	Ⅰ~Ⅲ级围岩		Ⅳ~Ⅵ级围岩	
				预留孔压浆	钻孔压浆	预留孔压浆	钻孔压浆
				1	2	3	4
1	人工	工日	1001001	17	26.6	14.2	21.3
2	ϕ50mm 以内合金钻头	个	2009004	-	1	-	1
3	水	m^3	3005004	6	7	8	9
4	锯材	m^3	4003002	0.08	0.08	0.08	0.08
5	中(粗)砂	m^3	5503005	10.15	10.15	10.15	10.15
6	32.5 级水泥	t	5509001	6.273	6.273	6.273	6.273
7	其他材料费	元	7801001	12.1	12.1	12.4	12.4
8	气腿式风动凿岩机	台班	8001103	-	1.48	-	0.94
9	$10m^3/min$ 以内电动空压机	台班	8017044	-	0.58	-	0.38
10	小型机具使用费	元	8099001	68.7	68.7	68.7	68.7
11	基价	元	9999001	4841	6163	4549	5513

3-1-16 明洞

工程内容 修筑:1)搭、拆、移脚手架及操作平台;2)选、修、洗石料;3)砂浆制作,砌筑,勾缝,养护;4)模架制作、安装、拆除、移动;5)模板制作、安装、拆除、修理、涂脱模剂、堆放;6)混凝土浇筑、捣固、养护。
钢筋:除锈、制作、运输、绑扎、电焊。
回填:1)选、修、洗石料,砂浆制作,砌筑,养护;2)回填土石整平、夯实。
防(隔)水层:制作、铺设、夯实、修整。

Ⅰ.修 筑

单位:表列单位

顺序号	项目	单位	代号	浆砌片石	浆砌块石	片石混凝土	混凝土	钢筋
				10m³				1t
				1	2	3	4	5
1	人工	工日	1001001	9.6	9.1	14.4	14.9	7.9
2	HPB300 钢筋	t	2001001	—	—	—	—	0.142
3	HRB400 钢筋	t	2001002	—	—	—	—	0.883
4	8~12 号铁丝	kg	2001021	—	—	1.63	1.8	—
5	20~22 号铁丝	kg	2001022	—	—	—	—	3.1
6	型钢	t	2003004	—	—	0.007	0.008	—
7	钢板	t	2003005	—	—	0.029	0.028	—
8	电焊条	kg	2009011	—	—	—	—	4.3
9	铁件	kg	2009028	0.59	0.61	8.16	8.1	—

续前页 单位:表列单位

顺序号	项 目	单位	代 号	浆砌片石	浆砌块石	片石混凝土	混凝土	钢筋
				10m^3				1t
				1	2	3	4	5
10	水	m^3	3005004	7	7	12	12	-
11	原木	m^3	4003001	0.04	0.04	0.01	0.01	-
12	锯材	m^3	4003002	0.06	0.06	0.03	0.02	-
13	中(粗)砂	m^3	5503005	3.84	3.07	4.18	4.9	-
14	片石	m^3	5505005	11.5	-	2.19	-	-
15	碎石(4cm)	m^3	5505013	-	-	7.24	8.47	-
16	块石	m^3	5505025	-	10.5	-	-	-
17	32.5级水泥	t	5509001	1.116	0.893	2.907	3.417	-
18	其他材料费	元	7801001	10.2	10.2	8.5	7.2	-
19	1.0m^{3}以内轮胎式装载机	台班	8001045	0.11	0.11			
20	400L以内灰浆搅拌机	台班	8005010	0.15	0.12	-	-	-
21	12t以内汽车式起重机	台班	8009027	-	-	0.51	0.49	0.03
22	32kV·A以内交流电弧焊机	台班	8015028	-	-	-	-	0.64
23	小型机具使用费	元	8099001	-	-	6.7	7.1	24.3
24	基价	元	9999001	2684	2743	4264	4472	4388

Ⅱ. 回填及防水层

单位:表列单位

顺序号	项目	单位	代号	回填					防水层
				浆砌片石	干砌片石	回填碎石	回填土石	黏土隔水层	
				10m³					10m²
				6	7	8	9	10	11
1	人工	工日	1001001	5.1	4.1	1.3	1.2	4.3	1.3
2	乳化沥青	t	3001005	-	-	-	-	-	0.019
3	水	m³	3005004	7	-	-	-	-	-
4	玻璃纤维布	m²	5007002	-	-	-	-	-	11.3
5	黏土	m³	5501003	-	-	-	-	11.08	-
6	中(粗)砂	m³	5503005	3.82	-	-	-	-	0.62
7	片石	m³	5505005	11.5	12.5	-	-	-	-
8	碎石	m³	5505016	-	-	12.44	-	-	-
9	32.5级水泥	t	5509001	0.931	-	-	-	-	0.369
10	其他材料费	元	7801001	6.1	6.1	-	-	0.6	0.8
11	1.0m³以内轮胎式装载机	台班	8001045	0.12	0.12	0.12	0.08	-	-
12	400L以内灰浆搅拌机	台班	8005010	0.15	-	-	-	-	-
13	基价	元	9999001	2004	1301	1150	174	587	397

注:本定额不包括明洞开挖。

3-1-17 洞内装饰

工程内容 镶贴瓷砖：脚手架安装、拆除、移动，清理、修补基层表面，拌浆、运浆，打底、抹浆、镶贴瓷砖、调缝、擦缝、擦净。
喷防火涂料、面漆：脚手架安装、拆除、移动，清洗壁面，刷胶水，磨砂纸，喷涂涂料。

单位：100m²

顺序号	项目	单位	代号	洞内镶贴瓷砖	洞内喷涂防火涂料	洞内喷涂面漆
				1	2	3
1	人工	工日	1001001	32.5	2.6	0.4
2	8~12号铁丝	kg	2001021	1	-	-
3	铁钉	kg	2009030	0.1	-	-
4	水	m³	3005004	2	0.37	0.3
5	原木	m³	4003001	0.01	0.01	0.01
6	锯材	m³	4003002	0.01	0.01	0.01
7	防火涂料	kg	5009018	-	940.8	-
8	面漆	kg	5009019	-	-	82.8
9	中(粗)砂	m³	5503005	2.28	-	-
10	瓷砖	m²	5507002	102	-	-
11	32.5级水泥	t	5509001	1.05	-	-
12	其他材料费	元	7801001	42.8	20.6	20.6
13	1t以内机动翻斗车	台班	8007046	0.42	-	-
14	小型机具使用费	元	8099001	2.4	10.7	4
15	基价	元	9999001	8734	2021	804

第二节　洞 门 工 程

说　　明

1. 隧道和明洞洞门,均采用本节定额。

2. 洞门墙工程量为主墙和翼墙等圬工体积之和。仰坡、截水沟等应按有关定额另行计算。

3. 本节定额的工程量均按设计工程数量计算。

3-2-1　洞门墙砌筑

工程内容　搭、拆脚手架,砂浆制作,选料,砌筑,勾缝,养护。

单位:$10m^3$ 实体

顺序号	项　目	单位	代　号	混凝土预制块	粗料石	块石	片石
				1	2	3	4
1	人工	工日	1001001	27.2	9.2	6.9	6.3
2	混凝土预制块	m^3	1517002	9.2	–	–	–
3	8~12号铁丝	kg	2001021	6.04	5.85	5.81	5.92
4	型钢	t	2003004	0.011	–	–	–
5	电焊条	kg	2009011	0.18	–	–	–
6	铁件	kg	2009028	1.34	0.4	0.39	0.4

续前页

单位:10m³ 实体

顺序号	项　　目	单位	代　号	混凝土预制块	粗料石	块石	片石
				1	2	3	4
7	水	m^3	3005004	21.72	7	7	7
8	原木	m^3	4003001	0.08	0.07	0.07	0.07
9	锯材	m^3	4003002	0.05	0.05	0.05	0.05
10	中(粗)砂	m^3	5503005	6.06	2.28	3.14	4.14
11	片石	m^3	5505005	–	–	–	11.5
12	碎石(4cm)	m^3	5505013	7.8	–	–	–
13	块石	m^3	5505025	–	–	10.5	–
14	粗料石	m^3	5505029	–	9	–	–
15	32.5 级水泥	t	5509001	3.143	0.56	0.774	1.024
16	其他材料费	元	7801001	66.6	6.1	6.1	6.1
17	$1.0m^3$ 以内轮胎式装载机	台班	8001045	0.1	0.1	0.1	0.1
18	400L 以内灰浆搅拌机	台班	8005010	0.06	0.09	0.12	0.15
19	小型机具使用费	元	8099001	3.5	3.8	5.2	6.7
20	基价	元	9999001	5507	3357	2522	2376

3－2－2　现浇混凝土洞门墙

工程内容　1)搭、拆脚手架;2)选、修、洗、埋片石;3)模板制作、安装、拆除、修理、涂脱模剂、堆放;4)混凝土浇筑、捣固、养护;5)钢筋除锈、制作、电焊、绑扎。

单位:表列单位

顺序号	项　目	单位	代　号	片石混凝土	混凝土	钢筋
				10m³		1t
				1	2	3
1	人工	工日	1001001	10.5	10.7	7.2
2	HPB300 钢筋	t	2001001	–	–	0.929
3	HRB400 钢筋	t	2001002	–	–	0.096
4	8～12 号铁丝	kg	2001021	0.29	0.26	–
5	20～22 号铁丝	kg	2001022	–	–	2.47
6	型钢	t	2003004	0.011	0.011	–
7	钢管	t	2003008	0.007	0.007	–
8	组合钢模板	t	2003026	0.022	0.022	–
9	电焊条	kg	2009011	–	–	3.8
10	铁件	kg	2009028	16.22	16.9	–
11	铁钉	kg	2009030	0.2	0.23	–
12	水	m^3	3005004	12	12	–

续前页 单位:表列单位

顺序号	项　目	单位	代　号	片石混凝土	混凝土	钢筋
				10m³		1t
				1	2	3
13	原木	m^3	4003001	0.07	0.07	-
14	锯材	m^3	4003002	0.08	0.08	-
15	中(粗)砂	m^3	5503005	4.18	4.9	-
16	片石	m^3	5505005	2.19	-	-
17	碎石(4cm)	m^3	5505013	7.24	8.47	-
18	32.5 级水泥	t	5509001	2.907	3.417	-
19	其他材料费	元	7801001	40.3	40.3	-
20	12t 以内汽车式起重机	台班	8009027	0.34	0.41	-
21	32kV·A 以内交流电弧焊机	台班	8015028	-	-	0.9
22	小型机具使用费	元	8099001	10.3	10.3	17.9
23	基价	元	9999001	3968	4240	4391

3－2－3 洞门墙装饰

工程内容 镶水刷石:脚手架搭、拆,清洗、修补墙面,砂浆制作、运输,打底、弹线、嵌条、抹面、起线、刷石、养护。

镶贴瓷砖:脚手架搭、拆、移,清理修补基层表面,砂浆制作、运输,打底、抹浆、镶贴、调缝、擦缝、清理、养护。

单位:100m²

顺序号	项目	单位	代号	镶水刷石		镶贴瓷砖
				砌石墙面	混凝土墙面	
				1	2	3
1	人工	工日	1001001	38.5	33.7	25.8
2	8~12号铁丝	kg	2001021	1	1	1.02
3	铁钉	kg	2009030	0.08	0.08	0.08
4	水	m³	3005004	5	5	2
5	原木	m³	4003001	0.01	0.01	0.01
6	锯材	m³	4003002	0.01	0.01	0.01
7	中(粗)砂	m³	5503005	2.28	1.31	2.11
8	白石子	m³	5505011	0.93	0.93	－
9	瓷砖	m²	5507002	－	－	102
10	32.5级水泥	t	5509001	1.052	0.694	0.915
11	其他材料费	元	7801001	10.1	10.1	10.1
12	1t以内机动翻斗车	台班	8007046	－	－	0.42
13	小型机具使用费	元	8099001	7.3	7.3	1.9
14	基价	元	9999001	4949	4244	7932

第三节 辅助坑道

说 明

1. 斜井、竖井项目定额中已综合了出渣、通风及管线路。
2. 斜井相关定额系按斜井长度 1500m 以内综合编制。
3. 斜井支护按正洞相关定额计算。
4. 工程量计算规则：

（1）开挖工程量按设计断面数量（成洞断面加衬砌断面）计算，定额中已考虑超挖因素，不得将超挖数量计入工程量。

（2）现浇混凝土衬砌工程数量均按设计断面衬砌数量计算。

（3）喷射混凝土工程量按设计厚度乘以喷射面积计算，喷射面积按设计外轮廓线计算。

（4）锚杆工程量为锚杆、垫板及螺母等材料质量之和。

3-3-1 斜井机械开挖自卸汽车运输

工程内容 开挖,出渣,通风,照明,防尘,脚手架、踏步的制作、安装、拆除,临时管线的安装、拆除、维护。

单位:100m³ 自然密实土、石

顺序号	项目	单位	代号	纵坡 7°以内 围岩级别 Ⅰ级	Ⅱ级	Ⅲ级	Ⅳ级	Ⅴ级	Ⅵ级
				1	2	3	4	5	6
1	人工	工日	1001001	53.6	49.9	46.0	47.0	47.3	60.9
2	8~12号铁丝	kg	2001021	2.4	2.2	2.1	1.9	1.8	-
3	钢管	t	2003008	0.033	0.033	0.033	0.029	0.029	0.018
4	空心钢钎	kg	2009003	17.1	14.0	10.8	6.4	4.0	6.1
5	ϕ50mm以内合金钻头	个	2009004	9	7	5	3	2	-
6	铁钉	kg	2009030	0.2	0.2	0.2	0.2	0.2	-
7	电	kW·h	3005002	193.12	193.12	193.12	174.51	174.51	174.51
8	水	m³	3005004	35	35	25	25	25	-
9	原木	m³	4003001	0.03	0.03	0.02	0.02	0.02	0.01
10	锯材	m³	4003002	0.03	0.02	0.02	0.02	0.02	0.01
11	硝铵炸药	kg	5005002	110.65	105.28	99.90	77.90	38.00	-

续前页 单位:100m³ 自然密实土、石

顺序号	项 目	单位	代 号	纵坡					
				7°以内					
				围岩级别					
				Ⅰ级	Ⅱ级	Ⅲ级	Ⅳ级	Ⅴ级	Ⅵ级
				1	2	3	4	5	6
12	非电毫秒雷管	个	5005008	129.17	112.29	95.40	90.00	50.00	—
13	导爆索	m	5005009	81.00	81.00	81.00	71.55	30.00	—
14	电缆	m	7001001	0.17	0.17	0.17	0.16	0.16	0.16
15	电线	m	7001004	5.86	5.86	5.86	5.29	5.29	5.29
16	其他材料费	元	7801001	169.7	169.7	164.0	142.8	133.2	133.2
17	1.0m³以内履带式液压单斗挖掘机	台班	8001027	0.06	0.06	0.03	0.03	0.02	—
18	3.0m³以内轮胎式装载机(三向)	台班	8001053	0.37	0.37	0.37	0.31	0.31	0.20
19	气腿式风动凿岩机	台班	8001103	16.08	14.62	10.16	9.30	9.79	—
20	3t以内载货汽车	台班	8007002	0.15	0.14	0.10	0.10	0.10	—
21	20t以内自卸汽车	台班	8007019	1.01	1.01	1.01	0.89	0.89	0.73
22	10m以内高空作业车	台班	8009046	0.05	0.05	0.05	0.04	0.04	0.04
23	20m³/min以内电动空压机	台班	8017045	5.01	4.56	3.38	2.91	3.51	1.57
24	100kW以内轴流式通风机	台班	8023005	3.77	3.77	3.77	3.40	3.40	3.40
25	小型机具使用费	元	8099001	362.0	347.4	310.2	296.9	289.9	184.6
26	基价	元	9999001	16473	15503	13845	12743	12435	10977

续前页　　　　单位:100m³ 自然密实土、石

顺序号	项目	单位	代号	纵坡					
				9°以内					
				围岩级别					
				Ⅰ级	Ⅱ级	Ⅲ级	Ⅳ级	Ⅴ级	Ⅵ级
				7	8	9	10	11	12
1	人工	工日	1001001	55.4	51.2	47.3	49.0	49.4	67.7
2	8~12 号铁丝	kg	2001021	2.4	2.2	2.1	1.9	1.8	-
3	钢管	t	2003008	0.033	0.033	0.033	0.029	0.029	0.018
4	空心钢钎	kg	2009003	17.1	14.0	10.8	6.4	4.0	6.1
5	ϕ50mm 以内合金钻头	个	2009004	9	7	5	3	2	-
6	铁钉	kg	2009030	0.2	0.2	0.2	0.2	0.2	-
7	电	kW·h	3005002	193.12	193.12	193.12	174.51	174.51	174.51
8	水	m³	3005004	35	35	25	25	25	
9	原木	m³	4003001	0.03	0.03	0.02	0.02	0.02	0.01
10	锯材	m³	4003002	0.03	0.02	0.02	0.02	0.02	0.01
11	硝铵炸药	kg	5005002	110.65	105.28	99.90	77.90	38.00	-
12	非电毫秒雷管	个	5005008	129.17	112.29	95.40	90.00	50.00	-
13	导爆索	m	5005009	81.00	81.00	81.00	71.55	30.00	-
14	电缆	m	7001001	0.17	0.17	0.17	0.16	0.16	0.16

续前页

单位：100m³ 自然密实土、石

顺序号	项目	单位	代号	纵坡 9°以内 围岩级别					
				Ⅰ级	Ⅱ级	Ⅲ级	Ⅳ级	Ⅴ级	Ⅵ级
				7	8	9	10	11	12
15	电线	m	7001004	5.86	5.86	5.86	5.29	5.29	5.29
16	其他材料费	元	7801001	169.7	169.7	164.0	142.8	133.2	133.2
17	1.0m³ 以内履带式液压单斗挖掘机	台班	8001027	0.06	0.06	0.03	0.03	0.03	-
18	3.0m³ 以内轮胎式装载机（三向）	台班	8001053	0.41	0.41	0.41	0.39	0.39	0.26
19	气腿式风动凿岩机	台班	8001103	16.08	14.62	10.16	9.30	9.79	-
20	3t 以内载货汽车	台班	8007002	0.15	0.14	0.10	0.10	0.10	-
21	20t 以内自卸汽车	台班	8007019	1.28	1.28	1.28	1.16	1.16	0.97
22	10m 以内高空作业车	台班	8009046	0.05	0.05	0.05	0.04	0.04	0.04
23	20m³/min 以内电动空压机	台班	8017045	5.18	4.72	3.49	3.01	3.67	1.94
24	100kW 以内轴流式通风机	台班	8023005	3.77	3.77	3.77	3.40	3.40	3.40
25	小型机具使用费	元	8099001	368.40	353.80	314.40	294.70	289.00	184.60
26	基价	元	9999001	17145	16115	14420	13433	13190	12307

续前页

单位：100m^3 自然密实土、石

顺序号	项目	单位	代号	纵坡					
				12°以内					
				围岩级别					
				Ⅰ级	Ⅱ级	Ⅲ级	Ⅳ级	Ⅴ级	Ⅵ级
				13	14	15	16	17	18
1	人工	工日	1001001	68.8	63.8	58.6	61.1	61.6	85.1
2	8～12号铁丝	kg	2001021	2.4	2.2	2.1	1.9	1.8	-
3	钢管	t	2003008	0.033	0.033	0.033	0.029	0.029	0.018
4	空心钢钎	kg	2009003	17.1	14.0	10.8	6.4	4.0	6.1
5	ϕ50mm以内合金钻头	个	2009004	9	7	5	3	2	-
6	铁钉	kg	2009030	0.2	0.2	0.2	0.2	0.2	-
7	电	kW·h	3005002	193.12	193.12	193.12	174.51	174.51	174.51
8	水	m^3	3005004	35	35	25	25	25	-
9	原木	m^3	4003001	0.03	0.03	0.02	0.02	0.02	0.01
10	锯材	m^3	4003002	0.03	0.02	0.02	0.02	0.02	0.01
11	硝铵炸药	kg	5005002	110.65	105.28	99.90	77.90	38.00	-
12	非电毫秒雷管	个	5005008	129.17	112.29	95.40	90.00	50.00	-
13	导爆索	m	5005009	81.00	81.00	81.00	71.55	30.00	-
14	电缆	m	7001001	0.17	0.17	0.17	0.16	0.16	0.16

续前页

单位:100m³ 自然密实土、石

顺序号	项目	单位	代号	纵坡 12°以内 围岩级别					
				Ⅰ级	Ⅱ级	Ⅲ级	Ⅳ级	Ⅴ级	Ⅵ级
				13	14	15	16	17	18
15	电线	m	7001004	5.86	5.86	5.86	5.29	5.29	5.29
16	其他材料费	元	7801001	169.7	169.7	164.0	142.8	133.2	133.2
17	1.0m³以内履带式液压单斗挖掘机	台班	8001027	0.07	0.07	0.06	0.04	0.04	-
18	3.0m³以内轮胎式装载机(三向)	台班	8001053	0.54	0.54	0.54	0.51	0.51	0.34
19	气腿式风动凿岩机	台班	8001103	16.08	14.62	10.16	9.30	9.79	-
20	3t以内载货汽车	台班	8007002	0.19	0.18	0.13	0.13	0.13	-
21	20t以内自卸汽车	台班	8007019	1.69	1.69	1.69	1.55	1.55	1.3
22	10m以内高空作业车	台班	8009046	0.05	0.05	0.05	0.04	0.04	0.04
23	20m³/min以内电动空压机	台班	8017045	6.74	6.13	4.54	3.92	4.72	2.52
24	100kW以内轴流式通风机	台班	8023005	3.77	3.77	3.77	3.40	3.40	3.40
25	小型机具使用费	元	8099001	416.9	398.8	347.5	327.8	320.3	184.6
26	基价	元	9999001	20364	19140	17066	16006	15869	15036

3-3-2 斜井机械开挖轨道运输

工程内容 开挖,出渣,通风,照明,防尘,脚手架、踏步的制作、安装、拆除,临时管线的安装、拆除、维护。

单位:100m³ 自然密实土、石

顺序号	项目	单位	代号	纵坡					
				25°以内					
				围岩级别					
				Ⅰ级	Ⅱ级	Ⅲ级	Ⅳ级	Ⅴ级	Ⅵ级
				1	2	3	4	5	6
1	人工	工日	1001001	91.0	82.1	75.1	76.7	78.5	106.0
2	8~12号铁丝	kg	2001021	2.4	2.2	2.1	1.9	1.8	-
3	钢管	t	2003008	0.030	0.033	0.033	0.029	0.029	0.018
4	空心钢钎	kg	2009003	17.1	14.0	10.8	6.4	4.0	6.1
5	ϕ50mm以内合金钻头	个	2009004	9	7	5	3	2	-
6	铁钉	kg	2009030	0.2	0.2	0.2	0.2	0.2	-
7	电	kW·h	3005002	193.12	193.12	193.12	174.51	174.51	174.51
8	水	m³	3005004	35	35	25	25	25	-
9	原木	m³	4003001	0.03	0.03	0.02	0.02	0.02	0.01
10	锯材	m³	4003002	0.03	0.02	0.02	0.02	0.02	0.01
11	硝铵炸药	kg	5005002	110.65	105.28	99.90	77.90	50.00	-

续前页

单位:100m³ 自然密实土、石

顺序号	项目	单位	代号	纵坡 25°以内					
				围岩级别					
				Ⅰ级	Ⅱ级	Ⅲ级	Ⅳ级	Ⅴ级	Ⅵ级
				1	2	3	4	5	6
12	非电毫秒雷管	个	5005008	129.17	112.29	95.40	90.00	71.20	—
13	导爆索	m	5005009	81.00	81.00	81.00	71.55	71.55	—
14	电缆	m	7001001	0.17	0.17	0.17	0.16	0.16	0.16
15	电线	m	7001004	5.86	5.86	5.86	5.29	5.29	5.29
16	其他材料费	元	7801001	1821.7	1821.7	1816.0	1794.8	1785.2	1785.2
17	1.0m³以内履带式液压单斗挖掘机	台班	8001027	0.37	0.51	0.48	0.46	0.49	0.27
18	气腿式风动凿岩机	台班	8001103	16.08	14.62	10.16	9.30	9.79	—
19	8m³以内梭式矿车	台班	8007060	2.00	2.58	2.58	2.40	2.40	2.00
20	10m以内高空作业车	台班	8009046	0.05	0.05	0.05	0.04	0.04	0.04
21	2.0m×1.5m单筒绞车	台班	8009135	0.08	0.17	0.17	0.12	0.12	0.08
22	2.0m×1.5m双筒绞车	台班	8009136	0.79	1.27	1.27	1.19	1.19	0.79
23	20m³/min以内电动空压机	台班	8017045	5.89	5.35	3.96	3.84	3.87	2.08
24	100kW以内轴流式通风机	台班	8023005	3.77	3.77	3.77	3.40	3.40	3.40
25	小型机具使用费	元	8099001	424.3	402.2	326.6	306.9	324.8	184.6
26	基价	元	9999001	22817	22012	19857	19104	18927	18386

3-3-3 斜井衬砌

工程内容 混凝土:清理岩面及基底,脚手架及衬砌平台制作、安装、拆除,模板制作、安装、拆除、维护,混凝土浇筑、捣固及养护。
钢筋:除锈、制作、运输、绑扎、电焊。

单位:表列单位

顺序号	项目	单位	代号	模筑混凝土	仰拱混凝土	钢筋
				10m³		1t
				1	2	3
1	人工	工日	1001001	14.7	6.2	10.7
2	HRB400 钢筋	t	2001002	—	—	1.025
3	20~22 号铁丝	kg	2001022	—	—	3.08
4	型钢	t	2003004	0.08	—	—
5	钢板	t	2003005	—	0.002	—
6	组合钢模板	t	2003026	0.024	0.023	—
7	电焊条	kg	2009011	—	—	5.01
8	铁件	kg	2009028	2.02	0.40	—
9	铁钉	kg	2009030	1.01	—	—
10	水	m³	3005004	6	6	—
11	锯材	m³	4003002	0.11	—	—
12	中(粗)砂	m³	5503005	6.03	6.03	—

续前页

单位:表列单位

顺序号	项目	单位	代号	模筑混凝土	仰拱混凝土	钢筋
				10m³		1t
				1	2	3
13	碎石(4cm)	m³	5505013	7.59	7.59	—
14	32.5级水泥	t	5509001	3.869	3.869	—
15	其他材料费	元	7801001	17.1	14.1	—
16	10m³/h以内混凝土输送泵	台班	8005047	0.17	0.26	—
17	50kN以内单筒慢动卷扬机	台班	8009081	0.62	—	—
18	32kV·A以内交流电弧焊机	台班	8015028	—	—	0.49
19	小型机具使用费	元	8099001	11.6	8.4	34.4
20	基价	元	9999001	4736	3305	4634

3－3－4　斜井施工排水

工程内容　水泵安、拆，集水坑设置，排水，维护。

单位：100m^3

顺序号	项　目	单位	代　号	斜井长度(m)							
				100 以内	200 以内	300 以内	400 以内	500 以内	600 以内	700 以内	800 以内
				1	2	3	4	5	6	7	8
1	人工	工日	1001001	0.2	0.2	0.3	0.4	0.4	0.5	0.6	0.7
2	其他材料费	元	7801001	22.3	22.8	23.3	23.8	24.3	24.8	25.3	25.8
3	ϕ100mm 电动多级水泵(≤120m)	台班	8013011	0.17	–	–	–	–	–	–	–
4	ϕ100mm 电动多级水泵(＞120m)	台班	8013012	–	0.18	0.18	–	–	–	–	–
5	ϕ150mm 电动多级水泵(≤180m)	台班	8013013	–	–	–	0.13	0.13	–	–	–
6	ϕ150mm 电动多级水泵(＞180m)	台班	8013014	–	–	–	–	–	0.15	0.16	0.17
7	基价	元	9999001	81	100	111	126	127	164	181	198

续前页　　　　单位：$100m^3$

顺序号	项　　目	单位	代　号	斜井长度(m)						
				900 以内	1000 以内	1100 以内	1200 以内	1300 以内	1400 以内	1500 以内
				9	10	11	12	13	14	15
1	人工	工日	1001001	0.9	1.0	1.2	1.5	1.8	2.2	2.7
2	其他材料费	元	7801001	26.3	26.8	27.3	27.8	28.3	28.8	29.3
3	ϕ150mm 电动多级水泵(>180m)	台班	8013014	0.18	0.19	0.20	0.21	0.22	0.24	0.25
4	基价	元	9999001	225	242	270	308	346	401	460

3-3-5 竖井开挖

工程内容 量测、画线、钻孔、装药、爆破、装渣、提升、卸渣至井口渣仓、空回、清面、修整，通风、防尘，安全处理。

单位：$100m^3$ 自然密实土、石

顺序号	项目	单位	代号	围岩级别			
				Ⅰ~Ⅱ级	Ⅲ级	Ⅳ级	Ⅴ~Ⅵ级
				1	2	3	4
1	人工	工日	1001001	71.8	65.9	62.9	59.8
2	钢丝绳	t	2001019	0.117	0.117	0.117	0.117
3	钢管	t	2003008	0.018	0.018	0.018	0.018
4	空心钢钎	kg	2009003	20.6	11.9	9.6	7.7
5	ϕ50mm 以内合金钻头	个	2009004	12.0	8.0	6.0	4.5
6	电	kW·h	3005002	232.17	213.00	157.00	126.00
7	水	m^3	3005004	63	52	41	9
8	锯材	m^3	4003002	0.01	0.01	0.01	0.01
9	硝铵炸药	kg	5005002	146.50	119.60	87.40	63.87
10	非电毫秒雷管	个	5005008	144.00	108.00	80.00	59.26
11	其他材料费	元	7801001	135.9	135.9	135.9	135.9
12	设备摊销费	元	7901001	247.9	247.9	247.9	247.9
13	$0.2m^3$ 以内轮胎式液压单斗挖掘机	台班	8001038	1.72	1.58	1.47	1.15

续前页

单位：100m³ 自然密实土、石

顺序号	项目	单位	代号	围岩级别			
				Ⅰ～Ⅱ级	Ⅲ级	Ⅳ级	Ⅴ～Ⅵ级
				1	2	3	4
14	气腿式风动凿岩机	台班	8001103	16.30	10.31	6.99	4.15
15	30kN以内单筒慢动卷扬机	台班	8009080	1.55	1.43	1.30	1.07
16	50kN以内单筒慢动卷扬机	台班	8009081	5.95	5.46	5.17	4.66
17	100kN以内单筒慢动卷扬机	台班	8009083	6.94	6.37	6.08	4.66
18	100kN以内双筒快动卷扬机	台班	8009104	1.73	1.59	1.49	1.16
19	ϕ100mm电动多级水泵（>120m）	台班	8013012	3.32	3.05	2.52	2.18
20	20m³/min以内电动空压机	台班	8017045	4.58	4.20	2.66	0.99
21	30kW以内轴流式通风机	台班	8023002	2.52	2.32	2.16	1.56
22	小型机具使用费	元	8099001	144.6	132.7	89.7	68.0
23	基价	元	9999001	21489	19319	16771	13717

3-3-6 竖井支护与衬砌

工程内容 喷射混凝土:冲洗岩面,安、拆、移机具设备,混凝土上料、喷射、养护,冲洗机具。

锚杆:搭、拆、移工作台,锚杆及附件制作,吊运,钻孔,安装,砂浆拌和、灌注,锚固。

模筑混凝土:清理岩面,搭、拆、移工作台,模板制作、安装、拆除、维护,混凝土吊运、浇筑、捣固及养护。

钢筋:除锈、制作、吊运、绑扎、电焊。

单位:表列单位

顺序号	项目	单位	代号	喷射混凝土	模筑混凝土	锚杆	钢筋
				$10m^3$		1t	
				1	2	3	4
1	人工	工日	1001001	25.9	14.1	29.2	11.4
2	HRB400 钢筋	t	2001002	-	-	1.025	1.025
3	8~12 号铁丝	kg	2001021	-	1.8	-	-
4	20~22 号铁丝	kg	2001022	-	-	-	3.1
5	型钢	t	2003004	-	0.008	-	-
6	钢板	t	2003005	-	0.028	-	-
7	空心钢钎	kg	2009003	-	-	5.92	-
8	ϕ50mm 以内合金钻头	个	2009004	-	-	9.38	-
9	电焊条	kg	2009011	-	-	-	4.3
10	铁件	kg	2009028	-	8	-	-
11	铁钉	kg	2009030	-	0.1	-	-

续前页　　单位:表列单位

顺序号	项　目	单位	代　号	喷射混凝土	模筑混凝土	锚杆	钢筋
				10m³		1t	
				1	2	3	4
12	电	kW·h	3005002	42	31	64	–
13	水	m^3	3005004	24.00	12.00	4.44	–
14	原木	m^3	4003001	–	0.01	0.01	–
15	锯材	m^3	4003002	0.01	0.02	0.02	–
16	锚固剂	t	5003006	–	–	0.41	–
17	中(粗)砂	m^3	5503005	7.20	6.79	–	–
18	碎石(4cm)	m^3	5505013	6.84	8.54	–	–
19	32.5 级水泥	t	5509001	5.628	4.352	–	–
20	其他材料费	元	7801001	378.4	7.2	8.7	–
21	气腿式风动凿岩机	台班	8001103	–	–	8.43	–
22	混凝土喷射机	台班	8005011	0.9	–	–	–
23	$60m^3/h$ 以内混凝土输送泵	台班	8005051	–	0.12	–	–
24	4t 以内载货汽车	台班	8007003	–	0.05	–	–
25	1t 以内机动翻斗车	台班	8007046	–	–	0.14	–
26	50kN 以内单筒慢动卷扬机	台班	8009081	0.45	0.51	1.04	0.31
27	200kN 以内单筒慢动卷扬机	台班	8009084	0.13	0.14	0.30	0.10

续前页

单位：表列单位

顺序号	项 目	单位	代 号	喷射混凝土 10m³	模筑混凝土 10m³	锚杆 1t	钢筋 1t
				1	2	3	4
28	80kN 以内双筒快动卷扬机	台班	8009103	0.32	0.37	-	-
29	φ100mm 电动多级水泵（>120m）	台班	8013012	0.35	0.39	-	-
30	32kV·A 以内交流电弧焊机	台班	8015028	-	-	-	0.71
31	20m³/min 以内电动空压机	台班	8017045	0.80	-	2.39	-
32	小型机具使用费	元	8099001	116.7	4.5	97.5	30.7
33	基价	元	9999001	7503	5018	9842	4837

第四节 瓦 斯 隧 道※

说　　明

1. 瓦斯隧道项目按瓦斯隧道超前探测钻孔、瓦斯排放钻孔、瓦斯隧道正洞机械开挖、瓦斯隧道现浇混凝土衬砌、瓦斯隧道正洞通风、瓦斯隧道施工监测监控系统分别编制。

2. 格栅钢架和型钢钢架均按永久性支护编制,如作为临时支护使用,应按规定计取回收。

3. 喷射混凝土定额分气密性混凝土和钢纤维混凝土,定额中已综合考虑混凝土的回弹量。气密性混凝土考虑了气密剂费用,气密剂掺量按水泥用量的7%掺入;钢纤维混凝土中钢纤维掺入量按喷射混凝土质量的3%掺入。当设计采用的气密剂、钢纤维掺入量与本定额不同或采用其他材料时,可进行抽换。

4. 洞身衬砌项目按现浇混凝土衬砌编制,定额中已综合考虑超挖回填因素。

5. 本定额中凡是按不同隧道长度编制的项目,均只编制到隧道长度在5000m以内。当隧道长度超过5000m时,应按以下规定计算:

(1)洞身开挖:以隧道长度5000m以内定额为基础,与隧道长度5000m以上每增加1000m定额叠加使用。

(2)正洞出渣运输:通过隧道进出口开挖正洞,以换算隧道长度套用相应的出渣定额计算。换算隧道长度的计算公式为:

$$换算隧道长度 = 全隧长度 - 通过辅助坑道开挖正洞的长度$$

当换算隧道长度超过5000m时,以隧道长度5000m以内定额为基础,与隧道长度5000m以上每增加1000m定额叠加使用。

(3)通风、管线路定额,按正洞隧道长度综合编制;当隧道长度超过5000m时,以隧道长度5000m以内定额为基础,与隧道长度5000m以上每增加1000m定额叠加使用。

6. 瓦斯隧道采用对向平行施工时,套用本节定额,隧道长度按单向施工长度计;若仅有单向为瓦斯隧道,则瓦斯隧道一侧套用本节定额,另一侧套用本章第一节相应定额。

7. 本节未包括的其他内容,套用本章相应定额。

3-4-1 瓦斯隧道超前探测钻孔

工程内容 超前初探钻孔:测量放样,操作平台搭设,钻孔机具安装、钻孔、清孔、移动、拆除,套管装拔。

超前探测钻孔(取芯):测量放样,操作平台搭设,钻孔机具安装、钻孔、清孔、取芯、移动、拆除,套管装拔。

钻屑指标法预测孔:测量放样,操作平台搭设,钻孔机具安装、钻孔、清孔、移动、拆除,套管装拔。

Ⅰ.超前初探钻孔

单位:10m

顺序号	项目	单位	代号	孔径76mm以内					
				孔深(m)					
				20以内			40以内		
				围岩级别					
				Ⅳ级	Ⅴ级	Ⅵ级	Ⅳ级	Ⅴ级	Ⅵ级
				1	2	3	4	5	6
1	人工	工日	1001001	5.1	3.8	1.5	5.9	4.3	1.9
2	20~22号铁丝	kg	2001022	0.3	0.3	0.3	0.3	0.3	0.3
3	钢管	t	2003008	0.005	0.004	0.003	0.005	0.004	0.003
4	ϕ150mm以内合金钻头	个	2009005	0.2	0.2	0.1	0.2	0.2	0.1
5	钻杆	kg	2009007	4.6	4.2	2.6	9.6	8.8	5.7
6	铁钉	kg	2009030	1.9	1.9	1.9	1.9	1.9	1.9
7	水	m^3	3005004	2	2	2	2	2	2
8	锯材	m^3	4003002	0.014	0.014	0.014	0.007	0.007	0.007

续前页

单位:10m

顺序号	项 目	单位	代 号	孔径76mm 以内					
				孔深(m)					
				20 以内			40 以内		
				围岩级别					
				Ⅳ级	Ⅴ级	Ⅵ级	Ⅳ级	Ⅴ级	Ⅵ级
				1	2	3	4	5	6
9	其他材料费	元	7801001	20.6	12.2	6.2	23.6	14.1	7.5
10	全液压履带钻机 ZYL－1250	台班	8001119	1.15	0.84	0.33	1.32	0.94	0.43
11	20m³/min 以内电动空压机	台班	8017045	1.05	0.78	0.30	1.20	0.87	0.42
12	小型机具使用费	元	8099001	37.3	25.0	12.4	44.3	28.3	17.0
13	基价	元	9999001	1851	1386	581	2136	1564	760

续前页 单位:10m

顺序号	项 目	单位	代 号	孔径76mm以内 孔深(m) 60以内 围岩级别		
				Ⅳ级	Ⅴ级	Ⅵ级
				7	8	9
1	人工	工日	1001001	6.6	4.7	2.3
2	20~22号铁丝	kg	2001022	0.3	0.3	0.3
3	钢管	t	2003008	0.005	0.004	0.003
4	ϕ150mm以内合金钻头	个	2009005	0.2	0.2	0.1
5	钻杆	kg	2009007	15.8	14.6	9.9
6	铁钉	kg	2009030	1.9	1.9	1.9
7	水	m^3	3005004	2	2	2
8	锯材	m^3	4003002	0.005	0.005	0.005
9	其他材料费	元	7801001	25.3	14.7	9.2
10	全液压履带钻机ZYL-1250	台班	8001119	1.48	1.06	0.51
11	20m^3/min以内电动空压机	台班	8017045	1.35	0.95	0.49
12	小型机具使用费	元	8099001	52.1	31.7	20.4
13	基价	元	9999001	2421	1746	911

Ⅱ. 超前探测钻孔（取芯）

单位：10m

顺序号	项 目	单位	代 号	孔径76mm以内					
				孔深(m)					
				20以内			40以内		
				围岩级别					
				Ⅳ级	Ⅴ级	Ⅵ级	Ⅳ级	Ⅴ级	Ⅵ级
				10	11	12	13	14	15
1	人工	工日	1001001	6.6	5.0	2.2	7.8	5.6	3.0
2	20~22号铁丝	kg	2001022	0.3	0.3	0.3	0.3	0.3	0.3
3	钢管	t	2003008	0.005	0.004	0.003	0.005	0.005	0.003
4	ϕ150mm以内合金取芯钻头	个	2009006	0.3	0.3	0.2	0.3	0.3	0.2
5	钻杆	kg	2009007	5.9	5.4	3.4	12.4	11.4	7.3
6	铁钉	kg	2009030	1.9	1.9	1.9	1.9	1.9	1.9
7	水	m^3	3005004	2	2	2	2	2	2
8	锯材	m^3	4003002	0.014	0.014	0.014	0.007	0.007	0.007
9	其他材料费	元	7801001	22.5	13.7	6.9	26.5	15.7	8.3
10	全液压履带钻机ZYL-1250	台班	8001119	1.48	1.10	0.49	1.70	1.22	0.66
11	20m^3/min以内电动空压机	台班	8017045	1.38	1.01	0.45	1.58	1.12	0.61
12	小型机具使用费	元	8099001	45.3	29.5	14.8	53.2	34.0	20.4
13	基价	元	9999001	2403	1806	845	2795	2031	1126

续前页

单位:10m

顺序号	项 目	单位	代 号	孔径76mm以内		
				孔深(m)		
				60以内		
				围岩级别		
				Ⅳ级	Ⅴ级	Ⅵ级
				16	17	18
1	人工	工日	1001001	8.7	6.1	3.6
2	20~22号铁丝	kg	2001022	0.3	0.3	0.3
3	钢管	t	2003008	0.005	0.004	0.003
4	ϕ150mm以内合金取芯钻头	个	2009006	0.3	0.3	0.2
5	钻杆	kg	2009007	20.5	19.0	13.2
6	铁钉	kg	2009030	1.9	1.9	1.9
7	水	m³	3005004	2	2	2
8	锯材	m³	4003002	0.005	0.005	0.005
9	其他材料费	元	7801001	27.8	16.4	10.4
10	全液压履带钻机ZYL-1250	台班	8001119	1.91	1.37	0.78
11	20m³/min以内电动空压机	台班	8017045	1.74	1.21	0.73
12	小型机具使用费	元	8099001	62.3	37.3	23.8
13	基价	元	9999001	3140	2249	1360

Ⅲ. 钻屑指标法预测孔

单位:10m

顺序号	项　　目	单位	代　号	围岩级别		
				Ⅳ级	Ⅴ级	Ⅵ级
				19	20	21
1	人工	工日	1001001	5.1	3.8	1.8
2	20~22 号铁丝	kg	2001022	0.3	0.3	0.3
3	钢管	t	2003008	0.002	0.002	0.001
4	ϕ50mm 以内合金钻头	个	2009004	0.2	0.2	0.1
5	钻杆	kg	2009007	7.2	6.6	4.2
6	铁钉	kg	2009030	1.9	1.9	1.9
7	水	m^3	3005004	2	2	2
8	锯材	m^3	4003002	0.016	0.016	0.016
9	其他材料费	元	7801001	26.0	15.8	10.8
10	风煤钻	台班	8001118	1.05	0.87	0.36
11	$10m^3$/min 以内电动空压机	台班	8017044	0.92	0.67	0.28
12	小型机具使用费	元	8099001	18.1	12.4	3.5
13	基价	元	9999001	1106	839	410

3-4-2 瓦斯排放钻孔

工程内容 测量放样,操作平台搭设,钻孔机具安装、钻孔、清孔、移动、拆除,套管装拔。

单位:10m

顺序号	项目	单位	代号	孔径 76mm 以内		
				围岩级别		
				Ⅳ级	Ⅴ级	Ⅵ级
				1	2	3
1	人工	工日	1001001	3.3	2.3	1.3
2	20~22 号铁丝	kg	2001022	0.3	0.3	0.3
3	钢管	t	2003008	0.005	0.004	0.003
4	ϕ150mm 以内合金钻头	个	2009005	0.2	0.2	0.1
5	钻杆	kg	2009007	4.6	4.2	2.6
6	铁钉	kg	2009030	1.9	1.9	1.9
7	水	m^3	3005004	2	2	2
8	锯材	m^3	4003002	0.014	0.014	0.014
9	其他材料费	元	7801001	22.2	12.4	6.8
10	全液压履带钻机 ZYL-1250	台班	8001119	0.78	0.58	0.35
11	$20m^3$/min 以内电动空压机	台班	8017045	0.68	0.57	0.31
12	小型机具使用费	元	8099001	19.3	15.8	8.0
13	基价	元	9999001	1252	977	570

3-4-3 瓦斯隧道正洞机械开挖自卸汽车运输

工程内容 开挖:测量、画线、打眼、装药、爆破、找顶、修整,脚手架、踏步安、拆,一般排水。
出渣:洞渣装、运、卸及道路养护。

单位:100m³ 自然密实土、石

顺序号	项目	单位	代号	隧道长度					
				1000m 以内			2000m 以内		
				围岩级别					
				Ⅳ级	Ⅴ级	Ⅵ级	Ⅳ级	Ⅴ级	Ⅵ级
				1	2	3	4	5	6
1	人工	工日	1001001	42.6	44.1	58.6	45.9	46.7	61.6
2	8~12 号铁丝	kg	2001021	1.9	1.8	–	1.8	1.8	–
3	钢管	t	2003008	0.018	0.018	0.007	0.022	0.022	0.011
4	空心钢钎	kg	2009003	6.5	4.0	6.2	6.5	4.0	6.1
5	ϕ50mm 以内合金钻头	个	2009004	3	2	–	3	2	–
6	铁钉	kg	2009030	0.2	0.2	–	0.2	0.2	–
7	电	kW·h	3005002	92.97	92.97	92.97	120.56	120.56	120.56
8	水	m³	3005004	25	25	–	25	25	–
9	原木	m³	4003001	0.022	0.021	0.011	0.022	0.021	0.011
10	锯材	m³	4003002	0.020	0.019	0.011	0.020	0.019	0.011

续前页

单位:100m³ 自然密实土、石

顺序号	项目	单位	代号	隧道长度					
				1000m 以内			2000m 以内		
				围岩级别					
				Ⅳ级	Ⅴ级	Ⅵ级	Ⅳ级	Ⅴ级	Ⅵ级
				1	2	3	4	5	6
11	乳化炸药	kg	5005001	99	41	—	99	41	—
12	非电毫秒雷管	个	5005008	116	116	—	116	116	—
13	阻燃电缆	m	7001011	0.12	0.12	0.12	0.12	0.12	0.12
14	阻燃电线	m	7001012	9.59	9.59	0.59	10.02	10.02	1.02
15	其他材料费	元	7801001	85.6	65.2	61.1	89.8	69.4	65.3
16	2.0m³ 以内轮胎式防爆型装载机	台班	8001051	0.29	0.29	0.17	0.30	0.30	0.17
17	气腿式风动凿岩机	台班	8001103	3.79	4.95	—	3.79	4.95	—
18	风煤钻	台班	8001118	—	—	2.44	—	—	2.44
19	15t 以内防爆型自卸汽车	台班	8007022	0.64	0.64	0.52	0.77	0.77	0.64
20	10m 以内高空作业车	台班	8009046	0.01	0.01	0.01	0.01	0.01	0.01
21	20m³/min 以内电动空压机	台班	8017045	1.35	1.71	0.30	1.35	1.71	0.30
22	200kW 以内轴流式通风机	台班	8023008	2.13	2.13	2.13	2.36	2.36	2.36
23	小型机具使用费	元	8099001	140.3	157.1	84.0	148.5	165.4	92.2
24	基价	元	9999001	11199	10930	10117	12015	11673	10881

续前页

单位:100m³ 自然密实土、石

顺序号	项目	单位	代号	隧道长度					
				3000m 以内			4000m 以内		
				围岩级别					
				Ⅳ级	Ⅴ级	Ⅵ级	Ⅳ级	Ⅴ级	Ⅵ级
				7	8	9	10	11	12
1	人工	工日	1001001	48.0	48.6	63.8	49.7	50.9	66.2
2	8～12 号铁丝	kg	2001021	1.9	1.8	–	1.9	1.8	–
3	钢管	t	2003008	0.024	0.024	0.013	0.030	0.030	0.019
4	空心钢钎	kg	2009003	6.5	4.0	6.1	6.4	4.0	6.1
5	ϕ50mm 以内合金钻头	个	2009004	3	2	–	3	2	–
6	铁钉	kg	2009030	0.2	0.2	–	0.2	0.2	–
7	电	kW·h	3005002	156.30	156.30	156.30	198.62	198.62	198.62
8	水	m³	3005004	25	25	–	25	25	–
9	原木	m³	4003001	0.022	0.021	0.011	0.022	0.021	0.011
10	锯材	m³	4003002	0.020	0.019	0.011	0.020	0.019	0.011
11	乳化炸药	kg	5005001	99	41	–	99	41	–
12	非电毫秒雷管	个	5005008	116	116	–	116	116	–

续前页 单位：100m³ 自然密实土、石

顺序号	项目	单位	代号	隧道长度					
				3000m 以内			4000m 以内		
				围岩级别					
				Ⅳ级	Ⅴ级	Ⅵ级	Ⅳ级	Ⅴ级	Ⅵ级
				7	8	9	10	11	12
13	阻燃电缆	m	7001011	0.36	0.36	0.36	0.60	0.60	0.60
14	阻燃电线	m	7001012	10.17	10.17	1.17	10.19	10.19	1.19
15	其他材料费	元	7801001	97.0	76.6	72.5	100.6	80.2	76.1
16	2.0m³ 以内轮胎式防爆型装载机	台班	8001051	0.31	0.31	0.19	0.31	0.31	0.20
17	气腿式风动凿岩机	台班	8001103	3.79	4.93	-	3.76	4.93	-
18	风煤钻	台班	8001118	-	-	2.44	-	-	2.44
19	15t 以内防爆型自卸汽车	台班	8007022	0.89	0.89	0.73	1.12	1.12	0.92
20	10m 以内高空作业车	台班	8009046	0.01	0.01	0.01	0.01	0.01	0.01
21	20m³/min 以内电动空压机	台班	8017045	1.35	1.71	0.30	1.35	1.71	0.30
22	200kW 以内轴流式通风机	台班	8023008	2.62	2.62	2.62	2.83	2.83	2.83
23	小型机具使用费	元	8099001	169.7	186.5	113.4	174.2	191.0	117.9
24	基价	元	9999001	12758	12393	11616	13491	13191	12397

续前页

单位:$100m^3$ 自然密实土、石

顺序号	项目	单位	代号	隧道长度					
				5000m 以内			5000m 以上每增加 1000m		
				围岩级别					
				Ⅳ级	Ⅴ级	Ⅵ级	Ⅳ级	Ⅴ级	Ⅵ级
				13	14	15	16	17	18
1	人工	工日	1001001	53.0	54.2	69.8	2.7	3.6	4.1
2	8～12 号铁丝	kg	2001021	1.9	1.8	–	–	–	–
3	钢管	t	2003008	0.038	0.038	0.027	0.004	0.004	0.004
4	空心钢钎	kg	2009003	6.4	4.0	6.1	–	–	–
5	ϕ50mm 以内合金钻头	个	2009004	3	2	–	–	–	–
6	铁钉	kg	2009030	0.2	0.2	–	–	–	–
7	电	kW·h	3005002	270.38	270.38	270.38	22.07	22.07	22.07
8	水	m^3	3005004	25	25	–	–	–	–
9	原木	m^3	4003001	0.022	0.021	0.011	–	–	–
10	锯材	m^3	4003002	0.02	0.019	0.011	–	–	–
11	乳化炸药	kg	5005001	99	41	–	–	–	–
12	非电毫秒雷管	个	5005008	116	116	–	–	–	–

续前页 单位:100m³ 自然密实土、石

顺序号	项目	单位	代号	隧道长度					
				5000m 以内			5000m 以上每增加 1000m		
				围岩级别					
				Ⅳ级	Ⅴ级	Ⅵ级	Ⅳ级	Ⅴ级	Ⅵ级
				13	14	15	16	17	18
13	阻燃电缆	m	7001011	1.14	1.14	1.14	0.18	0.18	0.18
14	阻燃电线	m	7001012	10.55	10.55	1.55	0.02	0.02	0.02
15	其他材料费	元	7801001	107.2	86.8	82.7	8.7	8.7	8.7
16	2.0m³ 以内轮胎式防爆型装载机	台班	8001051	0.32	0.32	0.22	—	—	—
17	气腿式风动凿岩机	台班	8001103	3.76	4.93	—	0.07	0.08	—
18	风煤钻	台班	8001118	—	—	2.44	—	—	0.03
19	15t 以内防爆型自卸汽车	台班	8007022	1.37	1.37	1.12	0.11	0.11	0.09
20	10m 以内高空作业车	台班	8009046	0.01	0.01	0.01	—	—	—
21	20m³/min 以内电动空压机	台班	8017045	1.35	1.71	0.30	0.02	0.03	0.01
22	200kW 以内轴流式通风机	台班	8023008	2.98	2.98	2.98	0.26	0.26	0.26
23	小型机具使用费	元	8099001	188.6	205.5	132.3	1.2	1.2	1.2
24	基价	元	9999001	14415	14115	13317	776	878	898

3-4-4 瓦斯隧道钢支撑

工程内容 1)下料,成型,钻孔,冷连接,修正;2)安装就位,紧固螺栓;3)拆除,整理,堆放。

单位:1t 钢架

顺序号	项目	单位	代号	制作、安装(冷连接)型钢钢架	每增加一次安装	每增加一次拆除
				1	2	3
1	人工	工日	1001001	12.6	6.1	1.7
2	HRB400 钢筋	t	2001002	0.117	—	—
3	型钢	t	2003004	0.96	—	—
4	钢板	t	2003005	0.1	—	—
5	电焊条	kg	2009011	4.2	—	—
6	铁件	kg	2009028	19.1	—	—
7	其他材料费	元	7801001	117.4	—	—
8	4t 以内防爆型载货汽车	台班	8007021	0.52	—	—
9	32kV·A 以内交流电弧焊机	台班	8015028	1.01	—	—
10	小型机具使用费	元	8099001	5	—	—
11	基价	元	9999001	6118	648	181

3-4-5 瓦斯隧道管棚、小导管

工程内容 管棚:场地清理,搭、拆脚手架,布眼、钻孔、清孔,钢管制作、运输、就位、顶进。
超前小导管:搭、拆脚手架,布眼、钻孔、清孔,钢管制作、运输、就位、顶管。
注浆:浆液制作、注浆、检查、堵孔。

单位:表列单位

顺序号	项目	单位	代号	管棚		超前小导管	注浆	
				管径 80mm	管径 108mm		水泥浆	水泥水玻璃浆
				100m			100m³	
				1	2	3	4	5
1	人工	工日	1001001	28.6	33.7	16.6	13.0	13.6
2	水泥水玻璃浆	m³	1501023	-	-	-	-	(10.50)
3	钢管	t	2003008	0.800	1.610	0.355	-	-
4	空心钢钎	kg	2009003	-	-	3.80	-	-
5	ϕ50mm 以内合金钻头	个	2009004	-	-	2	-	-
6	ϕ150mm 以内合金钻头	个	2009005	1.8	2.0	-	-	-
7	水	m³	3005004	20	20	9	8	6
8	锯材	m³	4003002	0.3	0.3	-	-	-
9	水玻璃	kg	5009011	-	-	-	-	3106.8
10	磷酸二氢钠	kg	5009017	-	-	-	-	73.3

续前页

单位:表列单位

顺序号	项 目	单位	代 号	管棚		超前小导管	注浆	
				管径80mm	管径108mm		水泥浆	水泥水玻璃浆
				100m			100m³	
				1	2	3	4	5
11	32.5级水泥	t	5509001	-	-	-	7.872	5.462
12	其他材料费	元	7801001	485.0	583.0	19.4	4.5	5.0
13	风煤钻	台班	8001118	-	-	3.83	-	-
14	全液压履带钻机 ZYL-3200	台班	8001120	5.20	7.45	-	-	-
15	4t 以内防爆型载货汽车	台班	8007021	0.20	0.20	-	0.35	0.27
16	1t 以内防爆型机动翻斗车	台班	8007049	-	-	0.2	-	-
17	20m³/min 以内电动空压机	台班	8017045	5.61	8.06	0.94	-	-
18	小型机具使用费	元	8099001	244.8	311.1	19.8	62.9	130.3
19	基价	元	9999001	14701	21782	4240	4068	9801

3-4-6 瓦斯隧道喷射混凝土

工程内容 冲洗岩面,安、拆、移机具设备,混凝土及钢钎混凝土上料、喷射、养护,冲洗机具,移动喷浆架。

单位:10m³

顺序号	项目	单位	代号	气密性混凝土	钢纤维混凝土
				1	2
1	人工	工日	1001001	19.6	24.4
2	钢纤维	t	2001020	-	0.464
3	水	m³	3005004	22	22
4	锯材	m³	4003002	0.11	0.01
5	气密剂	kg	5003007	380	-
6	中(粗)砂	m³	5503005	6.78	7.20
7	碎石(2cm)	m³	5505012	6.70	6.84
8	32.5 级水泥	t	5509001	5.429	5.628
9	其他材料费	元	7801001	347.9	347.9
10	混凝土防爆型喷射机	台班	8005012	1.53	1.94
11	9m³/min 以内机动空压机	台班	8017049	1.45	1.67
12	小型机具使用费	元	8099001	88.9	88.9
13	基价	元	9999001	8240	10235

3-4-7 瓦斯隧道现浇混凝土衬砌

工程内容 模板台车浇筑混凝土:1)清理岩面及基底;2)台车就位、调整、挡头板制作、安装、拆除、修理、涂脱模剂、堆放、台车维护;3)混凝土浇筑、捣固及养护。

模架浇筑混凝土:1)清理岩面及基底;2)模架制作、安装、拆除、移动;3)模板制作、安装、拆除、修理、涂脱模剂、堆放;4)混凝土浇筑、捣固及养护。

瓦斯隔离板:1)搭、拆、移工作平台;2)基面处理,钻孔,钉锚固钉;3)下料,运至施工现场,拼接就位连接。

钢筋:除锈、制作、运输、绑扎、电焊。

混凝土运输:1)第一个1km:等待、装、卸、运行、掉头、空回、清洗车辆;2)每增运500m:运走500m及空回。

单位:表列单位

顺序号	项 目	单位	代 号	现浇混凝土				
				模筑模板台车	模筑模架	仰拱	仰拱回填	瓦斯隔离板
				10m³				10m²
				1	2	3	4	5
1	人工	工日	1001001	6.4	15.6	4.6	4.4	0.4
2	8~12号铁丝	kg	2001021	—	1.8	—	—	—
3	型钢	t	2003004	—	0.008	—	—	—
4	钢板	t	2003005	—	0.028	—	—	—
5	钢模板	t	2003025	0.056	—	—	—	—
6	铁件	kg	2009028	—	8.0	—	—	—
7	铁钉	kg	2009030	—	0.1	—	—	—

续前页 单位:表列单位

顺序号	项目	单位	代号	现浇混凝土				
				模筑模板台车	模筑模架	仰拱	仰拱回填	瓦斯隔离板
				10m³				10m²
				1	2	3	4	5
8	水	m³	3005004	11	12	11	11	-
9	原木	m³	4003001	-	0.018	-	-	-
10	锯材	m³	4003002	0.017	0.020	0.022	-	-
11	枕木	m³	4003003	0.013	-	-	-	-
12	气密剂	kg	5003007	283.4	283.4	251.9	204.5	-
13	中(粗)砂	m³	5503005	6.79	6.79	6.03	6.14	-
14	碎石(4cm)	m³	5505013	8.54	8.54	7.59	8.01	-
15	32.5级水泥	t	5509001	4.048	4.048	3.598	2.921	-
16	橡胶瓦斯隔离板	m²	6009008	-	-	-	-	10.6
17	其他材料费	元	7801001	7.6	19.9	5.0	4.7	18.0
18	设备摊销费	元	7901001	206.8	-	-	-	-
19	60m³/h以内混凝土输送泵	台班	8005051	0.12	0.18	0.13	0.13	-
20	4t以内防爆型载货汽车	台班	8007021	-	0.07	-	-	-
21	小型机具使用费	元	8099001	7.6	5.1	5.8	6.5	3.2
22	基价	元	9999001	4853	5627	3770	3411	462

续前页

单位:表列单位

顺序号	项目	单位	代号	现浇混凝土				
				钢筋	搅拌运输车(容量:m^3)			
					6以内		8以内	
					第一个1km	每增运0.5km	第一个1km	每增运0.5km
				1t	100m^3			
				6	7	8	9	10
1	人工	工日	1001001	12.6	-	-	-	-
2	HRB400钢筋	t	2001002	1.025	-	-	-	-
3	20~22号铁丝	kg	2001022	3.9	-	-	-	-
4	电焊条	kg	2009011	4.3	-	-	-	-
5	3m^3以内防爆型混凝土搅拌运输车	台班	8005037	-	2.14	0.15	-	-
6	6m^3以内防爆型混凝土搅拌运输车	台班	8005038	-	-	-	1.28	0.09
7	32kV·A以内交流电弧焊机	台班	8015028	0.92	-	-	-	-
8	小型机具使用费	元	8099001	30.7	-	-	-	-
9	基价	元	9999001	4912	1879	132	1769	124

3-4-8 瓦斯隧道施工监测监控系统

工程内容 通风机、风管搬运、安装、调试、使用、维护及拆除。

单位:1 套

顺序号	项目	单位	代号	1000m 以内				
				瓦斯监测系统	人员管理系统	放炮连锁系统	视频监控及语音广播系统	煤与瓦斯突出实时诊断系统
				1	2	3	4	5
1	人工	工日	1001001	33.4	24.7	18.1	24.6	52.0
2	其他材料费	元	7801001	37468.0	18371.8	441.7	14480.1	2047.6
3	设备摊销费	元	7901001	71965.8	123846.2	38888.9	48247.9	234017.1
4	小型机具使用费	元	8099001	131.1	87.4	11.1	80.3	181.4
5	基价	元	9999001	113115	144931	41265	65423	241773

续前页

单位:1套

顺序号	项 目	单位	代 号	每增加1000m		
				瓦斯监测系统	人员管理系统	视频监控及语音广播系统
				6	7	8
1	人工	工日	1001001	16.7	12.3	12.3
2	其他材料费	元	7801001	8009.7	16019.4	13252.4
3	基价	元	9999001	9785	17327	14560

第四章 桥涵工程

说 明

1. 本章定额包括涵洞工程、基础工程、下部构造、上部构造、钢筋及预应力钢筋、钢丝束、钢绞线、杂项工程等。

2. 本章主体工程中的基础工程、下部构造、上部构造、人行道的定额区分为：

（1）基础工程：天然地基上的基础为基础顶面以下；打桩和灌注桩基础为横系梁底面以下或承台顶面以下；沉井基础为井盖顶面以下的全部工程。

（2）下部构造：

桥台：指基础顶面或承台顶面以上的全部工程，但不包括桥台上的路面、人行道、栏杆，如 U 形桥台有二层帽缘石者，第二层以下属桥台，以上属人行道。

桥墩：指基础顶面或承台顶面（柱式墩台为系梁底面）以上、墩帽或盖梁（拱桥为拱座）顶面以下的全部工程。

索塔：塔墩固结的为基础顶面或承台顶面以上至塔顶的全部工程；塔墩分离的为桥面顶部以上至塔顶的全部工程，桥面顶部以下部分按桥墩定额计算。

（3）上部构造：梁、板桥指墩台帽或盖梁顶面以上，拱桥指拱座顶以上两桥背墙前缘之间，人行道梁底面以下（无人行道梁时为第二层缘石顶面以下）的全部工程，但不包括桥面铺装。

（4）人行道及安全带：人行道梁或安全带底面以上（无人行道梁时为第一层缘石底面以上）的全部工程。

3. 本章的混凝土工程中，除钢吊桥中的桥面系混凝土工程外，均不包括钢筋及预应力系统。

4. 本章定额中除轨道铺设、电信电力线路、场内临时便道、便桥未计入定额外,其余场内需要设置的各种安装设备以及构件运输、平整场地等均摊入定额中,悬拼箱梁还计入了栈桥码头,使用定额时均不得另行计算。

5. 定额中除注明者外,均未包括混凝土的拌和和运输,应根据施工组织设计按本章第六节的相关定额另行计算。

6. 定额中混凝土均按露天养护考虑,如采用蒸汽养护时,应从各有关定额中每 $10m^3$ 实体减去人工 1.5 工日及其他材料费 4 元,另按蒸汽养护定额计算混凝土的养护费用。

7. 定额中混凝土工程均已包括操作范围内的混凝土运输。现浇混凝土工程的混凝土平均运距超过 50m 时,可根据施工组织设计的混凝土平均运距,按混凝土运输定额增列混凝土运输。

8. 大体积混凝土项目必须采用埋设冷却管来降低混凝土水化热时,可按冷却管定额另行计算。

9. 定额中的模板均为常规模板,当设计或施工对混凝土结构的外观有特殊要求需要对模板进行特殊处理时,可根据定额中所列的混凝土模板接触面积增列相应的特殊模板材料的费用。

10. 行车道部分的桥头搭板,应根据设计数量按桥头搭板定额计算。人行道部分的桥头搭板已综合在人行道定额中,使用定额时不得另行计算。

11. 定额中设备摊销费的设备指属于固定资产的金属设备,包括万能杆件、装配式钢桥桁架及有关配件拼装的金属架桥设备。挂篮、移动模架设备摊销费按设备质量每吨每月 180 元计算,其他设备摊销费按设备质量每吨每月 140 元(除设备本身折旧费用,还包括设备的维修、保养等费用)。各项目中凡注明允许调整的,可按计划使用时间调整。

12. 本章定额不含导流工程、改河土石方工程、桥头引道工程,需要时按有关定额另行计算。

13. 工程量计算一般规则:

(1)现浇混凝土、预制混凝土的工程量为构筑物或预制构件的实际体积,不包括其中空心部分的体积,钢筋混凝土项目的工程量不扣除钢筋所占体积。

(2)钢筋工程量为钢筋的设计质量,定额中已计入施工操作损耗。钢筋设计按施工现场接长考虑时,其钢筋所需的搭接长度的数量本定额中未计入,应在钢筋的设计质量内计算。

第一节 涵洞工程

说 明

1. 本定额按常用的结构分为石盖板涵、石(混凝土)拱涵、钢筋混凝土圆管涵、钢筋混凝土盖板涵、钢筋混凝土箱涵、波纹管涵六类,并适用于同类型的通道工程。如为其他类型,可参照有关定额进行编制。

2. 各类涵洞定额中均不包括涵洞顶上及台背填土、涵上路面等工程内容,这部分工程量应包括在路基、路面工程数量中。

3. 涵洞洞身定额中已按不同结构分别计入了拱盔、支架和安装设备以及其他附属设施等。为了计算方便,并已将涵洞基础开挖需要的全部水泵台班计入洞身定额中,洞口工程不得另行计算。

4. 定额中涵洞洞口按一般标准洞口计算,遇有特殊洞口时,可根据圬工实体数量,套用相应定额计算。

5. 定额中圆管涵的管径为外径。

6. 涵洞洞身、洞口及倒虹吸管洞口工程数量包括的项目见下表:

定额名称		工程量包括的项目
洞 身	石盖板涵	基础、墩台身、盖板、洞身涵底铺砌
	石拱涵	基础、墩台身、拱圈、护拱、洞身涵底铺砌、栏杆柱及扶手(台背排水及防水层作为附属工程摊入定额)
	钢筋混凝土盖板涵	基础、墩台身、墩台帽、盖板、洞身涵底铺砌、支撑梁、混凝土桥面铺装、栏杆柱及扶手
	钢筋混凝土圆管涵	圆管涵身、端节基底

续前页

定额名称		工程量包括的项目
洞身	波纹管涵	波纹管涵身、底座铺砌
	钢筋混凝土箱涵	涵身基础、箱涵身、混凝土桥面铺装、栏杆柱及扶手
涵洞洞口		基础、翼墙、侧墙、帽石、锥坡铺砌、洞口两侧路基边坡加固铺砌、洞口河底铺砌、隔水墙、特殊洞口的蓄水井、急流槽、防滑墙、消力池、跌水井、挑坎等圬工实体
倒虹吸管洞口		竖井、留泥井、水槽

7. 涵洞扩大定额按每道单孔和取定涵长计算,如涵长与定额中涵长不同,可用每增减1m定额进行调整;如为双孔,可按调整好的单孔定额乘以下列系数：

结构类型	石盖板涵	钢筋混凝土圆管涵	石拱涵	钢筋混凝土盖板涵
双孔系数	1.6	1.8	1.5	1.6

4-1-1 涵洞洞身

工程内容 1)排水、挖基、回填、夯实;2)铺筑管(箱)涵砂砾垫层;3)制作、安装、拆除扒杆、拱架;4)基础、墩(台)身、拱圈、护拱及管涵端节基底砌筑的全部工序;5)浇筑墩台身及墩台帽的全部工序;6)安砌石盖板和铺筑胶泥防水层及拱顶防水层和台背防水设施;7)预制、运输、安装管涵和钢筋混凝土盖板涵的行车道板及栏杆、扶手;8)钢筋混凝土盖板涵的桥面铺装;9)盖板涵及拱涵的洞身河底铺砌;10)波纹管涵:①砂砾垫层;②混凝土底座、侧墙等浇筑;③管体安装;④密封防腐处理;⑤管体底部两侧楔形部回填夯实等全部工序。

Ⅰ.砌石洞身

单位:10m³ 实体

顺序号	项目	单位	代号	石盖板涵	石拱涵	
					浆砌	干砌
				1	2	3
1	人工	工日	1001001	15.2	15.0	13.3
2	8~12 号铁丝	kg	2001021	0.30	0.46	0.34
3	钢管	t	2003008	0.002	0.002	0.001
4	空心钢钎	kg	2009003	-	0.03	0.03
5	ϕ50mm 以内合金钻头	个	2009004	-	0.04	0.04
6	铁件	kg	2009028	-	1.31	0.97
7	铁钉	kg	2009030	0.05	0.11	0.10
8	水	m^3	3005004	8.26	7.52	0.06
9	原木	m^3	4003001	-	0.05	0.04
10	锯材	m^3	4003002	0.01	0.04	0.04

续前页 单位:10m³ 实体

顺序号	项目	单位	代号	石盖板涵	石拱涵	
					浆砌	干砌
				1	2	3
11	硝铵炸药	kg	5005002	–	0.31	0.31
12	非电毫秒雷管	个	5005008	–	0.4	0.4
13	导爆索	m	5005009	–	0.18	0.18
14	黏土	m^3	5501003	0.62	0.20	0.03
15	熟石灰	t	5503003	–	0.218	0.038
16	中(粗)砂	m^3	5503005	3.09	4.24	0.13
17	砂砾	m^3	5503007	–	0.29	0.38
18	片石	m^3	5505005	5.77	6.97	1.63
19	块石	m^3	5505025	3.76	4.14	10.01
20	盖板石	m^3	5505027	1.4	–	–
21	32.5 级水泥	t	5509001	0.755	0.857	–
22	其他材料费	元	7801001	2.0	2.7	0.4
23	1.0m^3 以内轮胎式装载机	台班	8001045	0.1	0.1	0.1
24	400L 以内灰浆搅拌机	台班	8005010	0.13	0.15	–
25	ϕ500mm 以内木工圆锯机	台班	8015013	–	0.01	0.01
26	3m^3/min 以内机动空压机	台班	8017047	–	0.02	0.02
27	小型机具使用费	元	8099001	–	1	1
28	基价	元	9999001	3210	3389	2685

Ⅱ.混凝土洞身

单位：10m³ 实体

顺序号	项目	单位	代号	钢筋混凝土圆管涵				钢筋混凝土盖板涵		现浇钢筋混凝土箱涵	现浇钢筋混凝土拱涵
				普通钢筋		冷拔低碳钢丝	基础混凝土	混凝土台、墙身	砌石台、墙身		
				人工安装	起重机安装						
				管径(m)							
				0.75～1.50	1.00～2.00	2.00 以上					
				4	5	6	7	8	9	10	11
1	人工	工日	1001001	71.6	62.7	74.2	6.4	28.4	24.3	43.1	19.6
2	HPB300 钢筋	t	2001001	0.549	0.557	0.167	–	0.026	0.019	0.001	0.060
3	HRB400 钢筋	t	2001002	–	–	–	–	0.077	0.057	0.968	0.255
4	冷拔低碳钢丝	t	2001012	–	–	0.347	–	–	–	–	–
5	钢丝绳	t	2001019	–	–	–	–	0.002	–	–	–
6	8～12 号铁丝	kg	2001021	–	–	–	–	0.23	1.09	–	0.01
7	20～22 号铁丝	kg	2001022	2.48	2.51	2.21	–	0.34	0.25	2.02	1.72
8	型钢	t	2003004	–	–	–	–	0.001	0.001	0.004	–
9	钢管	t	2003008	–	–	–	–	0.006	0.003	0.008	0.002
10	钢模板	t	2003025	0.073	0.064	0.074	–	0.033	0.011	0.070	0.035
11	组合钢模板	t	2003026	–	–	–	–	0.002	0.001	–	–
12	门式钢支架	t	2003027	–	–	–	–	–	–	0.004	–
13	空心钢钎	kg	2009003	–	–	–	–	0.03	0.01	–	–

续前页 单位：10m³ 实体

顺序号	项目	单位	代号	钢筋混凝土圆管涵 普通钢筋 人工安装 管径(m) 0.75~1.50	钢筋混凝土圆管涵 普通钢筋 起重机安装 管径(m) 1.00~2.00	钢筋混凝土圆管涵 冷拔低碳钢丝 管径(m) 2.00以上	基础混凝土	钢筋混凝土盖板涵 混凝土台、墙身	钢筋混凝土盖板涵 砌石台、墙身	现浇钢筋混凝土箱涵	现浇钢筋混凝土拱涵
				4	5	6	7	8	9	10	11
14	φ50mm以内合金钻头	个	2009004	–	–	–	–	0.04	0.02	–	–
15	电焊条	kg	2009011	–	–	0.47	–	0.09	0.07	7.95	1.14
16	螺栓	kg	2009013	–	–	–	–	4.14	0.65	–	0.15
17	铁件	kg	2009028	–	–	–	1.30	4.79	3.84	1.69	4.72
18	铁钉	kg	2009030	–	–	–	1.80	0.20	0.59	–	0.04
19	石油沥青	t	3001001	–	–	0.272	–	–	–	–	0.022
20	水	m³	3005004	15.18	15.21	17.45	10.00	10.64	11.41	12.00	11.94
21	原木	m³	4003001	–	–	–	–	–	0.01	0.02	0.04
22	锯材	m³	4003002	0.01	0.02	0.02	0.21	0.03	0.06	0.01	0.03
23	硝铵炸药	kg	5005002	–	–	–	–	0.31	0.16	–	–
24	非电毫秒雷管	个	5005008	–	–	–	–	0.4	0.2	–	–
25	导爆索	m	5005009	–	–	–	–	0.18	0.09	–	–
26	油毛毡	m²	5009012	–	–	19.36	–	2.38	–	–	9.28

续前页 单位:10m³ 实体

顺序号	项目	单位	代号	钢筋混凝土圆管涵				钢筋混凝土盖板涵		现浇钢筋混凝土箱涵	现浇钢筋混凝土拱涵
				普通钢筋		冷拔低碳钢丝	基础混凝土	混凝土台、墙身	砌石台、墙身		
				人工安装	起重机安装						
				管径(m)							
				0.75~1.50	1.00~2.00	2.00 以上					
				4	5	6	7	8	9	10	11
27	中(粗)砂	m^3	5503005	4.98	4.90	5.10	5.10	4.72	4.26	4.75	4.73
28	砂砾	m^3	5503007	20.08	19.67	9.35	–	–	–	5.24	5.36
29	片石	m^3	5505005	1.61	1.59	–	–	2.19	1.61	–	1.97
30	碎石(2cm)	m^3	5505012	6.86	6.88	7.98	–	–	0.70	–	–
31	碎石(4cm)	m^3	5505013	–	–	–	8.67	5.05	1.34	8.51	5.08
32	碎石(8cm)	m^3	5505015	–	–	–	–	1.52	1.52	–	1.95
33	块石	m^3	5505025	–	–	–	–	–	5.2	–	–
34	32.5 级水泥	t	5509001	3.846	3.819	4.283	2.723	2.596	1.948	3.678	3.102
35	其他材料费	元	7801001	19.20	20.00	33.30	16.70	60.70	24.00	25.60	33.10
36	1.0m³ 以内履带式机械单斗挖掘机	台班	8001035	–	–	–	–	0.01	–	–	0.08
37	1.0m³ 以内轮胎式装载机	台班	8001045	0.01	0.01	–	–	0.02	0.06	–	0.01
38	12~15t 光轮压路机	台班	8001081	–	–	–	–	–		0.02	0.01
39	400L 以内灰浆搅拌机	台班	8005010	0.02	0.02	–	–	0.03	0.08	–	0.02

续前页

单位:10m³ 实体

顺序号	项目	单位	代号	钢筋混凝土圆管涵				钢筋混凝土盖板涵		现浇钢筋混凝土箱涵	现浇钢筋混凝土拱涵
				普通钢筋		冷拔低碳钢丝	基础混凝土	混凝土台、墙身	砌石台、墙身		
				人工安装	起重机安装						
				管径(m)							
				0.75~1.50	1.00~2.00	2.00 以上					
				4	5	6	7	8	9	10	11
40	$60m^3/h$ 以内混凝土输送泵车	台班	8005039	–	–	–	–	–		–	0.03
41	4t 以内载货汽车	台班	8007003	0.36	0.40	0.40	–	–		–	
42	6t 以内载货汽车	台班	8007005	–	–	–	–	0.04	0.03	–	
43	5t 以内汽车式起重机	台班	8009025	0.44	1.44	1.48	0.13	0.03	0.02	0.06	0.02
44	8t 以内汽车式起重机	台班	8009026	–	–	–	–	0.12		–	
45	12t 以内汽车式起重机	台班	8009027	–	–	–	–	–		0.65	0.18
46	20t 以内汽车式起重机	台班	8009029	–	–	–	–	–		0.29	0.15
47	25t 以内汽车式起重机	台班	8009030	–	–	–	–	0.29	0.11	–	0.06
48	50kN 以内单筒慢动电动卷扬机	台班	8009081	–	–	–	–	0.01		–	
49	ϕ500mm 以内木工圆锯机	台班	8015013	–	–	–	–	–		–	0.01
50	32kV·A 以内交流电弧焊机	台班	8015028	–	–	0.08	–	0.02	0.01	1.90	0.20
51	$3m^3/min$ 以内机动空压机	台班	8017047	–	–	–	–	0.02	0.01	–	
52	小型机具使用费	元	8099001	7.60	7.60	8.10	2.80	10.70	6.10	32.60	17.60
53	基价	元	9999001	13648	13318	15971	3173	6266	5199	12194	6589

Ⅲ. 波纹管洞身

单位：10m

顺序号	项目	单位	代号	整体安装 管径(cm) 150 以内	整体安装 管径(cm) 250 以内	分片拼装 管径(cm) 250	分片拼装 管径(cm) 400	分片拼装 管径(cm) 600
				12	13	14	15	16
1	人工	工日	1001001	24.7	11.2	14.5	25.5	37.8
2	钢管	t	2003008	-	-	0.006	0.013	0.023
3	整装波形钢管涵(φ150cm)	m	2003057	10	-	-	-	-
4	整装波形钢管涵(φ250cm)	m	2003058	-	10	-	-	-
5	拼装波形钢管涵(φ300cm)	m	2003059	-	-	10	-	-
6	拼装波形钢管涵(φ400cm)	m	2003060	-	-	-	10	-
7	拼装波形钢管涵(φ600cm)	m	2003061	-	-	-	-	10
8	镀锌螺栓	kg	2009014	-	-	237.9	380.6	570.9
9	镀锌法兰	kg	2009018	54.4	59.8	-	-	-
10	铁件	kg	2009028	3.94	0.52	0.52	0.74	1.15
11	铁钉	kg	2009030	5.46	0.72	0.72	1.02	1.60
12	石油沥青	t	3001001	0.243	0.404	0.416	0.647	0.971
13	水	m³	3005004	30.34	3.98	3.99	5.68	8.87

续前页
单位:10m

顺序号	项目	单位	代号	整体安装		分片拼装		
				管径(cm)				
				150以内	250以内	250	400	600
				12	13	14	15	16
14	锯材	m³	4003002	0.65	0.09	0.09	0.14	0.22
15	耐候胶	kg	5001059	11.7	14.4	40.0	64.1	96.1
16	中(粗)砂	m³	5503005	15.48	2.03	2.03	2.89	4.52
17	砂砾	m³	5503007	9.72	12.59	12.59	28.05	43.83
18	碎石(4cm)	m³	5505013	26.31	3.45	3.46	4.92	7.69
19	32.5级水泥	t	5509001	8.263	1.084	1.086	1.546	2.415
20	其他材料费	元	7801001	112.7	101.6	113.4	138.4	165.0
21	1.0m³以内履带式机械单斗挖掘机	台班	8001035	0.05	0.09	0.09	0.16	0.27
22	12t以内载货汽车	台班	8007008	0.06	0.08	0.09	0.11	0.13
23	5t以内汽车式起重机	台班	8009025	0.41	0.05	0.05	0.08	0.12
24	12t以内汽车式起重机	台班	8009027	0.19	0.29	0.61	0.92	1.10
25	小型机具使用费	元	8099001	31.1	33.0	64.0	97.0	103.0
26	基价	元	9999001	41148	55812	69192	107668	174462

4-1-2 涵洞及倒虹吸管洞口

工程内容 1)挖基、回填夯实;2)浇筑混凝土或砌筑块、片石翼墙、竖井、水槽等全部工序;3)洞口河底及边坡铺砌;4)砌石洞口翼墙顶及倒虹吸管面墙和顶面砂浆抹面;5)设置倒虹吸管沉降缝。

单位:$10m^3$ 实体

顺序号	项目	单位	代号	砌石洞口		混凝土洞口		倒虹吸洞口
				浆砌	干砌	一字式	八字式	
				1	2	3	4	5
1	人工	工日	1001001	15.9	15.3	18.4	18.2	28.5
2	钢丝绳	t	2001019	-	-	0.002	0.002	-
3	8~12 号铁丝	kg	2001021	0.15	0.16	0.32	0.28	-
4	钢管	t	2003008	0.001	0.001	0.009	0.008	-
5	钢模板	t	2003025	-	-	0.042	0.041	-
6	空心钢钎	kg	2009003	0.04	0.04	0.03	0.03	-
7	ϕ50mm 以内合金钻头	个	2009004	0.06	0.06	0.04	0.04	-
8	螺栓	kg	2009013	-	-	5.23	4.73	-
9	铁件	kg	2009028	-	-	5.28	5.63	-
10	铁钉	kg	2009030	0.02	0.03	0.27	0.23	-
11	石油沥青	t	3001001	-	-	-	-	0.006
12	水	m^3	3005004	2.92	0.46	10.89	10.49	19.65
13	锯材	m^3	4003002	-	0.01	0.03	0.03	-

续前页　　单位:$10m^3$ 实体

顺序号	项　目	单位	代　号	砌石洞口		混凝土洞口		倒虹吸洞口
				浆砌	干砌	一字式	八字式	
				1	2	3	4	5
14	硝铵炸药	kg	5005002	0.47	0.47	0.31	0.31	–
15	非电毫秒雷管	个	5005008	0.6	0.6	0.4	0.4	–
16	导爆索	m	5005009	0.27	0.27	0.18	0.18	–
17	中(粗)砂	m^3	5503005	1.61	0.1	4.99	4.96	3.43
18	砂砾	m^3	5503007	1.84	1.80	–	–	0.13
19	片石	m^3	5505005	8.38	6.25	2.16	2.17	–
20	碎石(4cm)	m^3	5505013	–	–	4.96	4.37	–
21	碎石(8cm)	m^3	5505015	–	–	1.97	2.55	–
22	块石	m^3	5505025	3.23	5.73	0.23	–	10.50
23	粗料石	m^3	5505029	0.11	–	–	–	–
24	32.5 级水泥	t	5509001	0.395	0.029	2.554	2.503	0.863
25	其他材料费	元	7801001	1.0	0.4	66.3	62.0	17.2
26	$1.0m^3$ 以内轮胎式装载机	台班	8001045	0.09	0.09	0.02	0.02	0.08
27	400L 以内灰浆搅拌机	台班	8005010	0.06	–	0.03	0.03	0.12
28	25t 以内汽车式起重机	台班	8009030	–	–	0.35	0.34	–
29	$3m^3$/min 以内机动空压机	台班	8017047	0.04	0.04	0.02	0.02	–
30	小型机具使用费	元	8099001	1.1	1.1	10.2	10.1	–
31	基价	元	9999001	2987	2754	4922	4827	4740

4-1-3 石盖板涵

工程内容 1)排水、挖基、回填夯实;2)基础、墙身砌筑的全部工序;3)洞身与洞口铺砌及加固;4)安砌盖板和铺设胶泥防水层。

Ⅰ.1 道涵洞

单位:1 道

顺序号	项目	单位	代号	涵长 13m 标准跨径(m)				
				0.75	1.00	1.25	1.50	2.00
				1	2	3	4	5
1	人工	工日	1001001	47.5	60.7	78.6	115.8	124.1
2	8~12号铁丝	kg	2001021	0.83	1.18	1.62	2.87	2.71
3	钢管	t	2003008	0.006	0.008	0.011	0.019	0.018
4	铁钉	kg	2009030	0.14	0.20	0.27	0.48	0.45
5	水	m³	3005004	22.83	31.51	43.54	68.22	75.68
6	锯材	m³	4003002	0.03	0.04	0.05	0.10	0.09
7	黏土	m³	5501003	1.66	2.08	2.39	2.70	3.43
8	中(粗)砂	m³	5503005	10.16	13.36	17.71	28.05	28.16
9	片石	m³	5505005	19.32	25.07	32.89	51.41	51.41
10	块石	m³	5505025	11.76	15.75	21.00	34.44	33.71
11	盖板石	m³	5505027	2.2	3.5	5.5	7.5	12.1
12	粗料石	m³	5505029	0.18	0.18	0.18	0.18	0.27
13	32.5级水泥	t	5509001	2.494	3.278	4.348	6.885	6.917
14	其他材料费	元	7801001	44.3	54.1	64.5	79.0	94.6
15	1.0m³以内轮胎式装载机	台班	8001045	0.28	0.38	0.51	0.82	0.85
16	400L以内灰浆搅拌机	台班	8005010	0.44	0.57	0.76	1.19	1.20
17	基价	元	9999001	9862	12888	17011	25860	27558

Ⅱ.涵长每增减1m

单位:1道

顺序号	项目	单位	代号	涵长每增减1m 标准跨径(m)				
				0.75	1.00	1.25	1.50	2.00
				6	7	8	9	10
1	人工	工日	1001001	2.4	3.3	4.5	5.5	6.2
2	8~12号铁丝	kg	2001021	0.04	0.06	0.09	0.16	0.14
3	钢管	t	2003008	-	-	0.001	0.001	0.001
4	铁钉	kg	2009030	0.01	0.01	0.02	0.03	0.02
5	水	m³	3005004	1.25	1.80	2.78	3.78	4.25
6	锯材	m³	4003002	-	-	-	0.01	-
7	黏土	m³	5501003	0.1	0.21	0.21	0.21	0.31
8	中(粗)砂	m³	5503005	0.51	0.68	1.24	1.39	1.38
9	片石	m³	5505005	1.04	1.27	2.65	2.53	2.53
10	块石	m³	5505025	0.53	0.84	1.16	1.79	1.68
11	盖板石	m³	5505027	0.2	0.3	0.4	0.6	0.9
12	32.5级水泥	t	5509001	0.124	0.166	0.302	0.341	0.338
13	其他材料费	元	7801001	0.3	0.4	0.7	1.0	1.0
14	1.0m³以内轮胎式装载机	台班	8001045	0.02	0.02	0.04	0.04	0.05
15	400L以内灰浆搅拌机	台班	8005010	0.02	0.03	0.05	0.06	0.06
16	基价	元	9999001	507	696	1070	1308	1416

4－1－4　浆砌石拱涵

工程内容　1)排水、挖基、回填夯实;2)支木架、拱盔的制作、安装、拆除;3)基础、墙身、拱圈、护拱砌筑的全部工序;4)铺设拱顶防水层和台背排水设施;5)洞身与洞口河底铺砌及边坡加固。

单位:1 道

顺序号	项　目	单位	代　号	涵长 13m				涵长每增减 1m			
				标准跨径(m)							
				1.00	2.00	3.00	4.00	1.00	2.00	3.00	4.00
				1	2	3	4	5	6	7	8
1	人工	工日	1001001	100.2	206.9	392.3	547.1	5.0	9.3	14.4	20.1
2	8~12 号铁丝	kg	2001021	1.80	4.39	9.47	13.62	0.12	0.26	0.51	0.75
3	钢管	t	2003008	0.007	0.019	0.045	0.067	–	0.001	0.002	0.003
4	空心钢钎	kg	2009003	0.19	0.37	0.69	0.97	0.01	0.01	0.01	0.03
5	ϕ50mm 以内合金钻头	个	2009004	0.30	0.58	1.07	1.50	0.02	0.02	0.02	0.04
6	铁件	kg	2009028	11.32	22.65	16.69	22.26	0.87	1.74	1.28	1.71
7	铁钉	kg	2009030	0.65	1.43	2.16	3.04	0.05	0.10	0.13	0.19
8	水	m^3	3005004	32.40	73.13	145.60	206.83	2.01	4.19	7.64	11.15
9	原木	m^3	4003001	0.43	0.86	0.97	1.30	0.03	0.07	0.07	0.10
10	锯材	m^3	4003002	0.27	0.56	0.88	1.20	0.02	0.04	0.06	0.08
11	硝铵炸药	kg	5005002	2.20	4.24	7.86	11.00	0.16	0.16	0.16	0.31
12	非电毫秒雷管	个	5005008	2.81	5.43	10.05	14.07	0.20	0.20	0.20	0.40

续前页

单位:1 道

顺序号	项目	单位	代号	涵长 13m				涵长每增减 1m			
				标准跨径(m)							
				1.00	2.00	3.00	4.00	1.00	2.00	3.00	4.00
				1	2	3	4	5	6	7	8
13	导爆索	m	5005009	1.27	2.45	4.54	6.36	0.09	0.09	0.09	0.18
14	黏土	m^3	5501003	0.70	1.42	2.12	2.83	0.05	0.11	0.16	0.22
15	熟石灰	t	5503003	0.757	1.524	2.281	3.041	0.058	0.118	0.175	0.233
16	中(粗)砂	m^3	5503005	18.53	40.16	74.87	106.00	1.16	2.32	3.92	5.72
17	砂砾	m^3	5503007	4.45	10.71	24.65	36.15	0.08	0.18	0.31	0.43
18	片石	m^3	5505005	44.25	100.26	203.15	295.15	2.07	4.21	7.18	10.82
19	块石	m^3	5505025	19.01	41.18	80.65	112.10	1.22	2.43	4.32	6.10
20	粗料石	m^3	5505029	0.34	0.52	0.70	0.88	–	–	–	–
21	32.5 级水泥	t	5509001	3.910	8.572	16.441	23.430	0.235	0.470	0.815	1.206
22	其他材料费	元	7801001	87.9	140.5	264.8	339.7	0.7	1.5	2.7	3.9
23	1.0m^3 以内轮胎式装载机	台班	8001045	0.51	1.15	2.33	3.35	0.03	0.06	0.10	0.15
24	400L 以内灰浆搅拌机	台班	8005010	0.70	1.50	2.84	4.03	0.04	0.08	0.14	0.21
25	ϕ500mm 以内木工圆锯机	台班	8015013	0.08	0.17	0.23	0.31	0.01	0.01	0.02	0.02
26	3m^3/min 以内机动空压机	台班	8017047	0.17	0.33	0.61	0.85	0.01	0.01	0.01	0.02
27	小型机具使用费	元	8099001	7.80	15.30	25.40	35.00	0.60	0.80	1.00	1.50
28	基价	元	9999001	20264	42941	81281	114338	1081	2101	3353	4787

4-1-5 钢筋混凝土圆管涵

工程内容 1)排水、挖基、回填夯实;2)基底夯实,铺筑垫层;3)洞口铺砌及加固;4)基础、墙身砌筑的全部工序;5)预制、运输、安装钢筋混凝土圆管。

Ⅰ.1 道涵洞   单位:1 道

顺序号	项目	单位	代号	涵长13m 直径(m)				
				0.75	1.00	1.25	1.50	2.00
				1	2	3	4	5
1	人工	工日	1001001	45.8	69.9	98.7	113.3	163.3
2	HPB300 钢筋	t	2001001	0.193	0.259	0.392	0.620	0.961
3	8~12 号铁丝	kg	2001021	1.26	1.83	2.50	3.22	4.89
4	20~22 号铁丝	kg	2001022	0.87	1.17	1.76	2.80	4.33
5	钢管	t	2003008	0.003	0.005	0.007	0.009	0.013
6	钢模板	t	2003025	0.032	0.053	0.078	0.073	0.096
7	铁钉	kg	2009030	0.11	0.17	0.23	0.29	0.44
8	水	m³	3005004	12.59	19.17	27.06	36.93	52.52
9	原木	m³	4003001	0.01	0.02	0.02	0.03	0.04
10	锯材	m³	4003002	0.03	0.04	0.06	0.08	0.12
11	中(粗)砂	m³	5503005	5.93	8.88	12.33	16.16	23.25

续前页

单位:1 道

顺序号	项目	单位	代号	涵长 13m					
				直径（m）				
				0.75	1.00	1.25	1.50	2.00
				1	2	3	4	5
12	砂砾	m^3	5503007	8.11	12.47	17.49	23.08	35.74
13	片石	m^3	5505005	13.19	19.06	25.74	33.07	49.13
14	碎石(2cm)	m^3	5505012	2.15	3.55	5.30	7.84	10.37
15	32.5级水泥	t	5509001	2.286	3.551	5.075	6.928	9.630
16	其他材料费	元	7801001	48.8	62.8	78.1	91.0	117.8
17	1.0m^3以内轮胎式装载机	台班	8001045	0.11	0.15	0.21	0.27	0.40
18	400L以内灰浆搅拌机	台班	8005010	0.18	0.26	0.35	0.45	0.66
19	4t以内载货汽车	台班	8007003	0.23	0.39	0.57	0.44	0.61
20	5t以内汽车式起重机	台班	8009025	0.17	0.28	0.42	1.42	1.95
21	小型机具使用费	元	8099001	2.6	4.0	6.0	8.6	12.0
22	基价	元	9999001	8777	13269	18793	23657	34210

Ⅱ. 涵长每增减1m

单位:1道

顺序号	项 目	单位	代 号	涵长每增减1m 直径(m)				
				0.75	1.00	1.25	1.50	2.00
				6	7	8	9	10
1	人工	工日	1001001	2.1	2.9	4.1	5.8	7.6
2	HPB300钢筋	t	2001001	0.014	0.019	0.030	0.048	0.074
3	20~22号铁丝	kg	2001022	0.06	0.09	0.13	0.22	0.33
4	钢模板	t	2003025	0.002	0.003	0.004	0.005	0.007
5	水	m³	3005004	0.36	0.58	0.87	1.21	1.70
6	中(粗)砂	m³	5503005	0.11	0.17	0.26	0.36	0.50
7	砂砾	m³	5503007	0.61	0.94	1.33	1.75	2.72
8	碎石(2cm)	m³	5505012	0.17	0.27	0.41	0.57	0.80
9	32.5级水泥	t	5509001	0.093	0.146	0.219	0.305	0.426
10	其他材料费	元	7801001	0.6	0.8	1.2	1.6	2.3
11	4t以内载货汽车	台班	8007003	0.02	0.03	0.04	0.06	0.05
12	5t以内汽车式起重机	台班	8009025	0.01	0.02	0.02	0.03	0.15
13	小型机具使用费	元	8099001	0.2	0.3	0.4	0.6	0.9
14	基价	元	9999001	380	545	782	1114	1593

4-1-6 钢筋混凝土盖板涵

工程内容 1)排水、挖基、回填夯实;2)制作、安装、拆除扒杆;3)基础、墙身砌筑或浇注混凝土;4)洞身与洞口铺砌及加固;5)预制、运输、安装行车道板及栏杆、扶手;6)桥面铺装。

I.1 道涵洞

单位:1 道

顺序号	项目	单位	代号	混凝土台、墙身 涵长8.5m 标准跨径(m)				
				1.50	2.00	2.50	3.00	4.00
				1	2	3	4	5
1	人工	工日	1001001	82.9	120.0	127.7	231.4	355.9
2	HPB300 钢筋	t	2001001	0.043	0.059	0.088	0.112	0.168
3	HRB400 钢筋	t	2001002	0.135	0.182	0.264	0.332	0.487
4	钢丝绳	t	2001019	0.007	0.012	0.012	0.025	0.044
5	8~12 号铁丝	kg	2001021	1.02	1.65	1.65	3.44	6.10
6	20~22 号铁丝	kg	2001022	0.58	0.79	1.17	1.48	2.20
7	型钢	t	2003004	0.003	0.004	0.004	0.006	0.009
8	钢管	t	2003008	0.028	0.045	0.045	0.094	0.166
9	钢模板	t	2003025	0.159	0.240	0.240	0.464	0.780
10	组合钢模板	t	2003026	0.003	0.005	0.006	0.007	0.012

续前页

单位:1 道

顺序号	项　　目	单位	代　号	混凝土台、墙身				
				涵长 8.5m				
				标准跨径(m)				
				1.50	2.00	2.50	3.00	4.00
				1	2	3	4	5
11	空心钢钎	kg	2009003	0.11	0.15	0.17	0.26	0.39
12	ϕ50mm 以内合金钻头	个	2009004	0.17	0.24	0.26	0.41	0.60
13	电焊条	kg	2009011	0.19	0.24	0.32	0.39	0.54
14	螺栓	kg	2009013	18.12	28.52	28.52	57.92	101.11
15	铁件	kg	2009028	23.46	33.66	34.04	61.03	97.16
16	铁钉	kg	2009030	0.86	1.38	1.38	2.88	5.10
17	水	m^3	3005004	44.99	66.48	68.54	125.31	206.96
18	原木	m^3	4003001	–	–	–	–	0.01
19	锯材	m^3	4003002	0.12	0.20	0.20	0.40	0.71
20	硝铵炸药	kg	5005002	1.26	1.73	1.89	2.98	4.40
21	非电毫秒雷管	个	5005008	1.61	2.21	2.41	3.82	5.63
22	导爆索	m	5005009	0.73	1.00	1.09	1.73	2.54
23	油毛毡	m^2	5009012	4.36	5.94	7.33	9.70	15.44
24	中(粗)砂	m^3	5503005	20.57	30.39	31.59	57.34	94.34

续前页

单位:1 道

顺序号	项目	单位	代号	混凝土台、墙身 涵长8.5m 标准跨径(m)				
				1.50	2.00	2.50	3.00	4.00
				1	2	3	4	5
25	片石	m³	5505005	8.05	12.21	14.71	24.13	39.91
26	碎石(4cm)	m³	5505013	18.77	29.48	30.07	59.63	104.67
27	碎石(8cm)	m³	5505015	10.4	13.66	13.66	21.75	29.90
28	32.5级水泥	t	5509001	10.797	16.031	16.512	30.417	50.574
29	其他材料费	元	7801001	350.1	504.6	528.4	981.4	1504.5
30	1.0m³以内轮胎式装载机	台班	8001045	0.06	0.09	0.10	0.17	0.28
31	400L以内灰浆搅拌机	台班	8005010	0.11	0.16	0.20	0.33	0.54
32	6t以内载货汽车	台班	8007005	0.07	0.10	0.12	0.16	0.26
33	5t以内汽车式起重机	台班	8009025	0.05	0.07	0.08	0.11	0.17
34	8t以内汽车式起重机	台班	8009026	0.22	0.30	0.37	0.49	0.78
35	25t以内汽车式起重机	台班	8009030	1.37	2.06	2.06	3.95	6.63
36	32kV·A以内交流电弧焊机	台班	8015028	0.03	0.04	0.05	0.07	0.09
37	3m³/min以内机动空压机	台班	8017047	0.10	0.13	0.15	0.23	0.34
38	小型机具使用费	元	8099001	43.9	64.7	67.1	122.2	200.8
39	基价	元	9999001	21698	31877	33654	60946	97934

续前页

单位:1 道

顺序号	项目	单位	代号	砌石台、墙身				
				涵长 8.5m				
				标准跨径(m)				
				1.50	2.00	2.50	3.00	4.00
				6	7	8	9	10
1	人工	工日	1001001	88.2	125.0	132.3	228.6	352.7
2	HPB300 钢筋	t	2001001	0.043	0.059	0.088	0.112	0.168
3	HRB400 钢筋	t	2001002	0.135	0.182	0.264	0.332	0.487
4	8 ~ 12 号铁丝	kg	2001021	6.20	9.77	9.77	19.27	32.64
5	20 ~ 22 号铁丝	kg	2001022	0.58	0.79	1.17	1.48	2.20
6	型钢	t	2003004	0.003	0.004	0.004	0.006	0.009
7	钢管	t	2003008	0.017	0.027	0.027	0.053	0.089
8	钢模板	t	2003025	0.072	0.092	0.092	0.139	0.189
9	组合钢模板	t	2003026	0.003	0.005	0.006	0.007	0.012
10	空心钢钎	kg	2009003	0.11	0.17	0.18	0.28	0.40
11	ϕ50mm 以内合金钻头	个	2009004	0.17	0.26	0.28	0.43	0.62
12	电焊条	kg	2009011	0.19	0.24	0.32	0.39	0.54
13	螺栓	kg	2009013	3.65	4.47	4.47	6.90	9.18
14	铁件	kg	2009028	16.87	21.95	22.33	33.12	46.07

续前页 单位:1道

顺序号	项目	单位	代号	砌石台、墙身 涵长8.5m 标准跨径(m)				
				1.50	2.00	2.50	3.00	4.00
				6	7	8	9	10
15	铁钉	kg	2009030	0.56	0.89	0.89	1.75	2.97
16	水	m^3	3005004	56.31	81.42	83.47	146.30	232.74
17	原木	m^3	4003001	0.06	0.09	0.09	0.18	0.30
18	锯材	m^3	4003002	0.12	0.19	0.20	0.38	0.63
19	硝铵炸药	kg	5005002	1.26	1.89	2.04	3.14	4.56
20	非电毫秒雷管	个	5005008	1.61	2.41	2.61	4.02	5.83
21	导爆索	m	5005009	0.73	1.09	1.18	1.82	2.63
22	油毛毡	m^2	5009012	4.36	5.94	7.33	9.70	15.44
23	中(粗)砂	m^3	5503005	22.48	32.24	33.44	57.52	90.89
24	片石	m^3	5505005	13.39	21.14	23.63	43.26	74.22
25	碎石(4cm)	m^3	5505013	4.41	5.42	6.01	8.77	12.50
26	碎石(8cm)	m^3	5505015	12.15	15.89	15.89	23.72	32.73
27	块石	m^3	5505025	24.72	38.46	38.46	74.48	124.47
28	32.5级水泥	t	5509001	8.657	11.913	12.394	20.305	30.972

续前页 单位:1道

顺序号	项　目	单位	代　号	砌石台、墙身				
				涵长8.5m				
				标准跨径(m)				
				1.50	2.00	2.50	3.00	4.00
				6	7	8	9	10
29	其他材料费	元	7801001	201.5	252.7	276.4	435.3	586.6
30	1.0m³以内轮胎式装载机	台班	8001045	0.35	0.54	0.56	1.07	1.81
31	400L以内灰浆搅拌机	台班	8005010	0.47	0.74	0.77	1.46	2.47
32	6t以内载货汽车	台班	8007005	0.07	0.10	0.12	0.16	0.26
33	5t以内汽车式起重机	台班	8009025	0.05	0.07	0.08	0.11	0.17
34	8t以内汽车式起重机	台班	8009026	0.22	0.30	0.37	0.49	0.78
35	25t以内汽车式起重机	台班	8009030	0.71	0.89	0.89	1.35	1.83
36	32kV·A以内交流电弧焊机	台班	8015028	0.03	0.04	0.05	0.07	0.09
37	3m³/min以内机动空压机	台班	8017047	0.10	0.15	0.16	0.24	0.35
38	小型机具使用费	元	8099001	25.6	33.6	36.1	52.8	73.9
39	基价	元	9999001	21908	31040	32790	55766	86663

Ⅱ. 涵长每增减 1m

单位:1 道

顺序号	项目	单位	代号	混凝土台、墙身				
				涵长每增减 1m				
				标准跨径(m)				
				1.50	2.00	2.50	3.00	4.00
				11	12	13	14	15
1	人工	工日	1001001	4.9	6.8	7.2	11.0	16.2
2	HPB300 钢筋	t	2001001	0.005	0.007	0.010	0.013	0.020
3	HRB400 钢筋	t	2001002	0.016	0.021	0.030	0.038	0.059
4	钢丝绳	t	2001019	–	0.001	0.001	0.001	0.002
5	8 ~ 12 号铁丝	kg	2001021	0.06	0.1	0.1	0.18	0.3
6	20 ~ 22 号铁丝	kg	2001022	0.07	0.09	0.13	0.17	0.27
7	型钢	t	2003004	–	–	–	0.001	0.001
8	钢管	t	2003008	0.002	0.003	0.003	0.005	0.008
9	钢模板	t	2003025	0.010	0.013	0.013	0.023	0.036
10	组合钢模板	t	2003026	–	–	0.001	0.001	0.001
11	空心钢钎	kg	2009003	–	0.01	0.01	0.01	0.01
12	ϕ50mm 以内合金钻头	个	2009004	–	0.02	0.02	0.02	0.02

续前页
单位:1道

顺序号	项　　目	单位	代　号	混凝土台、墙身				
				涵长每增减1m				
				标准跨径(m)				
				1.50	2.00	2.50	3.00	4.00
				11	12	13	14	15
13	电焊条	kg	2009011	0.02	0.03	0.04	0.04	0.06
14	螺栓	kg	2009013	1.15	1.68	1.68	3.03	4.87
15	铁件	kg	2009028	1.37	1.79	1.83	2.96	4.34
16	铁钉	kg	2009030	0.05	0.08	0.08	0.15	0.25
17	水	m^3	3005004	2.85	3.88	4.05	6.57	9.69
18	锯材	m^3	4003002	0.01	0.01	0.01	0.02	0.04
19	硝铵炸药	kg	5005002	-	0.16	0.16	0.16	0.16
20	非电毫秒雷管	个	5005008	-	0.2	0.2	0.2	0.2
21	导爆索	m	5005009	-	0.09	0.09	0.09	0.09
22	油毛毡	m^2	5009012	0.46	0.61	0.75	1.03	1.26
23	中(粗)砂	m^3	5503005	1.28	1.72	1.82	2.89	4.25
24	片石	m^3	5505005	0.52	0.69	0.86	1.04	1.38
25	碎石(4cm)	m^3	5505013	1.31	1.90	1.96	3.43	5.32

续前页

单位:1道

顺序号	项目	单位	代号	混凝土台、墙身 涵长每增减1m 标准跨径(m)				
				1.50	2.00	2.50	3.00	4.00
				11	12	13	14	15
26	碎石(8cm)	m³	5505015	0.51	0.57	0.57	0.80	1.01
27	32.5级水泥	t	5509001	0.694	0.949	0.991	1.619	2.378
28	其他材料费	元	7801001	16.4	23.3	23.8	41.2	63.6
29	1.0m³以内轮胎式装载机	台班	8001045	-	-	0.01	0.01	0.01
30	400L以内灰浆搅拌机	台班	8005010	0.01	0.01	0.01	0.01	0.02
31	6t以内载货汽车	台班	8007005	0.01	0.01	0.01	0.02	0.02
32	5t以内汽车式起重机	台班	8009025	-	0.01	0.01	0.01	0.01
33	8t以内汽车式起重机	台班	8009026	0.02	0.03	0.04	0.05	0.06
34	25t以内汽车式起重机	台班	8009030	0.08	0.12	0.12	0.20	0.30
35	32kV·A以内交流电弧焊机	台班	8015028	-	-	0.01	0.01	0.01
36	3m³/min以内机动空压机	台班	8017047	-	0.01	0.01	0.01	0.01
37	小型机具使用费	元	8099001	2.7	4.0	4.2	6.7	10.0
38	基价	元	9999001	1353	1880	2021	3150	4667

续前页 单位:1 道

顺序号	项目	单位	代号	砌石台、墙身 涵长每增减1m 标准跨径(m)				
				1.50	2.00	2.50	3.00	4.00
				16	17	18	19	20
1	人工	工日	1001001	5.9	7.5	8.1	12.4	18.2
2	HPB300 钢筋	t	2001001	0.005	0.007	0.010	0.013	0.019
3	HRB400 钢筋	t	2001002	0.016	0.021	0.030	0.038	0.056
4	8~12 号铁丝	kg	2001021	0.43	0.65	0.65	1.19	1.91
5	20~22 号铁丝	kg	2001022	0.07	0.09	0.13	0.17	0.25
6	型钢	t	2003004	-	-	-	0.001	0.001
7	钢管	t	2003008	0.001	0.002	0.002	0.003	0.005
8	钢模板	t	2003025	0.005	0.006	0.006	0.008	0.010
9	组合钢模板	t	2003026	-	-	0.001	0.001	0.001
10	空心钢钎	kg	2009003	0.01	0.01	0.01	0.01	0.01
11	φ50mm 以内合金钻头	个	2009004	0.02	0.02	0.02	0.02	0.02
12	电焊条	kg	2009011	0.02	0.03	0.04	0.04	0.06
13	螺栓	kg	2009013	0.32	0.36	0.36	0.54	0.68

续前页

单位:1 道

顺序号	项目	单位	代号	砌石台、墙身 涵长每增减1m 标准跨径(m)				
				1.50	2.00	2.50	3.00	4.00
				16	17	18	19	20
14	铁件	kg	2009028	1.11	1.28	1.32	1.73	2.21
15	铁钉	kg	2009030	0.04	0.06	0.06	0.11	0.17
16	水	m³	3005004	3.96	5.32	5.52	8.87	13.31
17	原木	m³	4003001	-	0.01	0.01	0.01	0.02
18	锯材	m³	4003002	0.01	0.01	0.01	0.02	0.04
19	硝铵炸药	kg	5005002	0.16	0.16	0.16	0.16	0.16
20	非电毫秒雷管	个	5005008	0.2	0.2	0.2	0.2	0.2
21	导爆索	m	5005009	0.09	0.09	0.09	0.09	0.09
22	油毛毡	m²	5009012	0.46	0.61	0.75	1.03	1.66
23	中(粗)砂	m³	5503005	1.53	2.01	2.11	3.25	4.75
24	片石	m³	5505005	0.52	0.69	0.86	1.04	1.38
25	碎石(4cm)	m³	5505013	0.50	0.59	0.66	0.99	1.41
26	碎石(8cm)	m³	5505015	0.71	0.81	0.81	1.02	1.22

续前页   单位:1道

顺序号	项目	单位	代号	砌石台、墙身 涵长每增减1m 标准跨径(m)				
				1.50	2.00	2.50	3.00	4.00
				16	17	18	19	20
27	块石	m³	5505025	2.05	3.09	3.09	5.68	9.11
28	32.5级水泥	t	5509001	0.635	0.797	0.843	1.256	1.788
29	其他材料费	元	7801001	8.5	10.2	10.7	15.7	21.5
30	1.0m³以内轮胎式装载机	台班	8001045	0.02	0.04	0.04	0.06	0.10
31	400L以内灰浆搅拌机	台班	8005010	0.03	0.05	0.05	0.08	0.13
32	6t以内载货汽车	台班	8007005	0.01	0.01	0.01	0.02	0.03
33	5t以内汽车式起重机	台班	8009025	-	0.01	0.01	0.01	0.02
34	8t以内汽车式起重机	台班	8009026	0.02	0.03	0.04	0.05	0.08
35	25t以内汽车式起重机	台班	8009030	0.05	0.06	0.06	0.09	0.11
36	32kV·A以内交流电弧焊机	台班	8015028	-	-	0.01	0.01	0.01
37	3m³/min以内机动空压机	台班	8017047	0.01	0.01	0.01	0.01	0.01
38	小型机具使用费	元	8099001	2.1	2.5	2.7	3.5	4.5
39	基价	元	9999001	1539	2020	2178	3320	4884